모빌리티 텍스트학

이 저서는 2018년 대한민국 교육부와 한국연구재단의 지원을 받아 수행된 연구임 (NRF—2018S1A6A3A03043497)

대안적 텍스트 연구 방법의 모색

모빌리티 텍스트학

이진형 | 마리아 루이사 토레스 레예스 | 유가은
권유리야 | 김수철 | 함충범 | 우연희 | 김주영
박인성 | 양명심 | 박종명

앨피

모빌리티인문학 Mobility Humanities

모빌리티인문학은 기차, 자동차, 비행기, 인터넷, 모바일 기기 등 모빌리티 테크놀로지의 발전에 따른 인간, 사물, 관계의 실재적·가상적 이동을 인간과 테크놀로지의 공-진화co-evolution라는 관점에서 사유하고, 모빌리티가 고도화됨에 따라 발생하는 현재와 미래의 문제들에 대한 해법을 인문학적 관점에서 제안함으로써 생명, 사유, 문화가 생동하는 인문-모빌리티 사회 형성에 기여하는 학문이다.

모빌리티는 기차, 자동차, 비행기, 인터넷, 모바일 기기 같은 모빌리티 테크놀로지에 기초한 사람, 사물, 정보의 이동과 이를 가능하게 하는 테크놀로지를 의미한다. 그리고 이에 수반하는 것으로서 공간(도시) 구성과 인구 배치의 변화, 노동과 자본의 변형, 권력 또는 통치성의 변용 등을 통칭하는 사회적 관계의 이동까지도 포함한다.

오늘날 모빌리티 테크놀로지는 인간, 사물, 관계의 이동에 시간적·공간적 제약을 거의 남겨 두지 않을 정도로 발전해 왔다. 개별 국가와 지역을 연결하는 항공로와 무선 통신망의 구축은 사람, 물류, 데이터의 무제약적 이동 가능성을 증명하는 물질적 지표들이다. 특히 전 세계에 무료 인터넷을 보급하겠다는 구글Google의 프로젝트 룬Project Loon이 현실화되고 우주 유영과 화성 식민지 건설이 본격화될 경우 모빌리티는 지구라는 행성의 경계까지도 초월하게 될 것이다. 이 점에서 오늘날은 모빌리티 테크놀로지가 인간의 삶을 위한 단순한 조건이나 수단이 아닌 인간의 또 다른 본성이 된 시대, 즉 고-모빌리티high-mobilities 시대라고 말할 수 있다. 말하자면, 인간과 테크놀로지의 상호보완적·상호구성적 공-진화가 고도화된 시대인 것이다.

고-모빌리티 시대를 사유하기 위해서는 우선 과거 '영토'와 '정주' 중심 사유의 극복이 필요하다. 지난 시기 글로컬화, 탈중심화, 혼종화, 탈영토화, 액체화에 대한 주장은 글로벌과 로컬, 중심과 주변, 동질성과 이질성, 질서와 혼돈 같은 이분법에 기초한 영토주의 또는 정주주의 패러다임을 극복하려는 중요한 시도였다. 하지만 그 역시 모빌리티 테크놀로지의 의의를 적극적으로 사유하지 못했다는 점에서, 그와 동시에 모빌리티 테크놀로지를 단순한 수단으로 간주했다는 점에서 고-모빌리티 시대를 사유하는 데 한계를 지니고 있었다. 말하자면, 글로컬화, 탈중심화, 혼종화, 탈영토화, 액체화를 추동하는 실재적·물질적 행위자agency로서의 모빌리티 테크놀로지를 인문학적 사유의 대상으로서 충분히 고려하지 못했던 것이다. 게다가 첨단 웨어러블 기기에 의한 인간의 능력 향상과 인간과 기계의 경계 소멸을 추구하는 포스트-휴먼 프로젝트, 또한 사물 인터넷과 사이버 물리 시스템 같은 첨단 모빌리티 테크놀로지에 기초한 스마트 도시 건설은 오늘날 모빌리티 테크놀로지를 인간과 사회, 심지어는 자연의 본질적 요소로 만들고 있다. 이를 사유하기 위해서는 인문학 패러다임의 근본적 전환이 필요하다.

이에 건국대학교 모빌리티인문학 연구원은 '모빌리티' 개념으로 '영토'와 '정주'를 대체하는 동시에 인간과 모빌리티 테크놀로지의 공-진화라는 관점에서 미래세계를 설계하기 위한 사유 패러다임을 정립하려고 한다.

머리말 **모빌리티 텍스트 연구의 실천을 위하여**_이진형　•8

🔳 텍스트의 모빌리티 체현과 공통 문화의 형성

미학의 윤리, 윤리의 미학_마리아 루이사 토레스 레예스　•31

미적인 것과 윤리적인 것의 접점
일상의 윤리를 위한 타나가Tanaga
"살라맛 낭 와랑 항가Salamat nang Walang Hanga"는 윤리적 혼종인가?
필리핀 교양소설의 윤리적-정치적 미학
호세 리살, 소설가
나를 만지지 마라: 장편소설의 미적 동학과 윤리적-정치적 동학
미적 충동과 윤리적 충동 사이 필리핀 문학사

네트워크를 통한 예술과 공동체 윤리: 안토니 아바드의 〈바르셀로나*억세서블〉 연구_유가은　•63

들어가며
〈바르셀로나*억세서블〉과 〈메가포네.넷〉
코이노니아와 도래하는 공동체
〈바르셀로나*억세서블〉에 나타나는 네트워크에 의한 공동체 윤리
네트워크에 의한 집단지성
대화적 매체로서의 모바일폰 네트워크
〈바르셀로나*억세서블〉이 내포한 공동체 윤리
나가며

슬라이드 텍스트와 감성공론장_권유리야   ·101

슬라이드 텍스트와 스낵컬처 콘텐츠
내부와 외부의 경계를 무너뜨리는 감정
카드뉴스, 시처럼 매우 짧은 숏폼short form
게임적 몰입감
대중이 보고 싶은 환각의 세계
검은 화면에 하얀 글씨, 절제된 사유
캡슐언어, 강렬한 감정의 충격
분노를 자극하는 테마
감성적 공중의 탄생

2부 문화의 초국적 이동과 모빌리티의 정치학

문화 콘텐츠의 초국적 이동의 조건들: 한국 인디음악의 해외
진출을 중심으로_김수철   ·133

창의 산업 담론 연구와 한류
한국 인디 뮤지션들의 이동성
한국 인디음악씬의 진화: 생계 유지와 배반 사이에서 균형 잡기
한국의 창의 문화정책과 그 불만들
문화 콘텐츠와 문화 산업, 그 이동의 조건들

1960년대 한국 괴수영화와 동북아시아 영화 교류·관계
의 양상_함충범   ·165

서론
'사극' 괴수영화에서 'SF' 괴수영화로, 그리고 일본영화의 영향
SF 괴수영화 제작 과정에서의 기술적 격차와 파급 효과
괴수 형상 및 시대적 표상의 유사성과 차이
북한영화를 통한 교류·관계의 확장
이후의 흐름과 영화사적 의의
근대 기술의 발전과 텍스트의 이동

텍스트의 이동과 문화적 효과: 일본판 〈수상한 그녀〉를 중심으로_ 우연희 •197

근대 기술의 발전과 텍스트의 이동
한국과 일본의 〈수상한 그녀〉
현지화 전략을 통한 〈수상한 그녀〉의 각색
팔랭프세스트적 텍스트 〈수상한 그녀〉
반복과 차이의 혼합, 그리고 효과

3부 고-모빌리티 시대 서사 연구의 흐름

이동성과 부동성의 서사: 미야모토 유리코의 《반슈평야播州平野)론_ 김주영 •227

'제국'의 기억을 소환히디
'부동성'의 공간 '아바시리형무소'
'제국'의 해체를 노정하다
'부동성'과 '이동성'의 서사

한국 SF문학의 시공간 및 초공간 활용 양상 연구 : 배명훈 · 김초엽 · 김보영의 소설을 중심으로_ 박인성 •249

재현의 위기와 SF의 크로노토프
알레고리적 시공간과 우주론적 균질성: 배명훈, 《첫숨》
외삽적 시공간과 스키마적 지시성: 김초엽, 《우리가 빛의 속도로 갈 수 없다면》
사유적 초공간과 독아론적 폐쇄성: 김보영, 《저 이승의 선지자》
3차원으로 되돌아가기 위한 4차원 여행

재일서사와 '서울'의 생산: 이회성의 《이루지 못한 꿈》과 이양지의 《유희》를 중심으로_ 양명심 · 박종명 •287

재일서사 속 '서울'이라는 공간
역사의 재생과 정치적 장소의 생산: 이회성의 《이루지 못한 꿈》
경계넘기를 통한 장소 생산과 장소 착오: 이양지의 《유희由熙》
재일서사와 모빌리티, 그리고 '서울'의 생산

머리말

모빌리티 텍스트 연구의 실천을 위하여

이진형

자율주행자동차, 퍼스널 모빌리티, 플랫폼 경제 등은 어느덧 우리 (미래) 사회를 묘사하는 필수 단어들이 되었다. 여기에 글로벌 팬데믹 상황이 1년 넘게 이어지면서 '(임)모빌리티'의 의미 폭은 특정 산업이나 삶의 방식을 훨씬 더 초월하게 되었다. '(임)모빌리티'는 우리 문화 그 자체를 포괄적으로 이해하고 설명하려면 반드시 염두에 두어야 하는 핵심 용어가 된 것이다. 이와 같은 '(임)모빌리티'의 의미론적 신분 상승은 최근 들어 갑작스럽게 이루어진 것처럼 보이지만, 사실은 지난 수세기 동안 점진적으로 또는 혁신적으로 이루어진 모빌리티 테크놀로지의 발달과 그에 따른 지구적 이동의 보편화에 따른 인식론적 결과다. 근대 초기 선박과 기차의 발명부터 자동차와 초음속 비행기, 그리고 오늘날 스마트폰과 각종 첨단 디지털 기기만 생각해 보더라도 이는 쉽게 확인할 수 있다.《모빌리티 텍스트학: 대안적 텍스트 연구 방법의 모색》은 이러한 인식 아래 '모빌리티'가 텍스트 연구를 풍요를 가져다줄 수 있는 개념임을 보여 주고, 모빌리티 텍스트학이라는 대안적 연구 방법을 모색하려는 시도다.

모빌리티 연구가 "사회제도와 실천에서 이동이 수행하는 구성적 역할"에 초점을 맞추면서 "다양한 스케일의 모빌리티, 부동성, 시기와 속도, 연결과 제한을 관리하는 시스템을 둘러싼 권력의 구성"에 주목한다면,[1] 모빌리티 텍스트학은 문학과 예술을 포함한 문화적 텍스트의 생산에서 모빌리티가 수행하는 역할과 그 과정을 둘러싼 권력의 구성에 관심을 갖는다. 이는 다음과 같은 물음들로 표현될 수 있다. 인간과 사물을 포함한, 모바일 행위자들이 생활세계에서 수행하는 물리적·가상적·상상적 이동들은 문화적 텍스트에서 어떻게 재현되고 의미화되는가? 모빌리티 테크놀로지의 발전에 기반한 텍스트의 이동은 어떤 식으로 이루어지는가, 그리고 그에 따른 문화적 효과는 어떠한가? 오늘날 지역적 수준에서 이루어지는 모빌리티의 상이한 관리와 지구적 수준에서 전개되는 모빌리티의 불균등한 분배를 고려할 때, 텍스트에 의한 이동의 상이한 재현과 체현은 모빌리티를 둘러싼 지역적 또는 지구적 권력과 어떤 관계를 맺고 있는가?

이와 같은 물음들은 각각 모빌리티 재현representation, 모빌리티 체현embodiment, 그리고 모빌리티 정치politics로 항목화될 수 있을 것이다. 우선, 팀 크레스웰Tim Cresswell의 말처럼 "모빌리티 재현은 의미들을 생산하면서 모빌리티를 포착하고 이해한다."[2] 물리적 공간 이동은 그 자체로는 의미가 규정되지 않은 추상적 움직임에 그칠 수 있지만 텍스트를 통해 서사화되거나 가시화되면서 특정한 방식으로 의미화될 수 있다. 이 점에서 모빌리티 재현 연구는 특정한 문화적 텍스트에 의한 모빌리티(물리적·가상적·상상적 이동들과 그 테크놀로지들)의 재현 과정과 방법, 그리고 그를 통해서 생산되는 의미에

---

1 미미 셸러, 《모빌리티 정의》, 최영석 옮김, 앨피, 2019, 53~54쪽.
2 팀 크레스웰, 《온 더 무브》, 최영석 옮김, 앨피, 2021, 19쪽.

대한 탐구라고 말할 수 있다. 이와 달리, 모빌리티 체현 연구는 텍스트 그 자체의 이동에 관심을 갖는다. 오늘날 텍스트의 생산-유통-소비는 책과 모바일 디바이스, 현장 공연과 유튜브 콘텐츠, 물리적 집합과 가상 네트워크의 컨버전스 속에서 전개된다. 이 점에서 모빌리티 테크놀로지의 발전에 기반한 텍스트 이동 양태, 시대나 국경을 횡단하는 텍스트 이동과 그에 따른 문화적 효과(문화 적응·변용·융합·갈등), 그리고 상호텍스트적인 문화적 공통성의 형성 등은 텍스트 연구의 주요 대상이 된다.

게다가 모빌리티 텍스트학은 텍스트의 모빌리티 재현과 체현이 지역적·지구적 권력과의 긴장 관계 속에서 수행되는 실천임을 강조한다. 특정한 시공간을 배경으로 한 인간 이동의 텍스트적 재현은 그 이동을 조건 짓는 복잡한 권력관계의 무대화를 내포하고, (비)물리적 국경을 횡단하는 텍스트의 이동은 모빌리티의 지리적 불균등성을 폭로하면서 그 텍스트의 생산-소비-유통을 통치하(고자 하)는 정치적·경제적 권력들과 긴장 관계를 형성하게 된다. 그러므로 모빌리티 재현은 생활세계의 모빌리티를 관리하는 복잡한 권력관계의 가시화 또는 재편성이라는 점에서, 모빌리티 체현은 모빌리티를 관리(하기를 원)하는 자본과 국가의 권력을 배경으로 전개된다는 점에서 그 자체로 정치성을 내포하게 된다. 문화적 텍스트에 접근하는 하나의 방법으로서 모빌리티 정치 연구가 주목하는 바는 바로 여기에 있다.

텍스트의 재현, 체현, 정치 등을 다루는 모빌리티 텍스트학은 어쩌면 '전혀 새로운 것'임을 주장할 수 없을지도 모른다. 이동하는 인간과 사물의 재현, 텍스트의 (비)물리적 이동과 상호문화적 교류, 그리고 그 효과로서 (문화적) 식민화, 현지화, 지구(지역)화 같은 용어들의 보편적 사용은 그동안 많은 연구자들의 주요 관심 대상이었기 때문이다. 하지만 모빌리티에 대한 연구자들의 그와 같은 관심은 모빌리티 개념이 텍스트 연구에서 갖는 유용성을 보여 주는 증거이기도 할 것이다. 이 점에서 모빌리티 텍스트학은 의식적이든 무의식적이든 그동안 모빌리티 개념에 기반해서 이루어진 연구 성과들에 부여될 수 있는 명칭, 그리고 향후 그 렌즈에 기대어 수행될 수 있는 여러 연구들에 붙여질 수 있는 '새로운' 명칭이라고 말할 수 있다.

이 책에 실린 9편의 글은 지역, 시기, 장르 등에서 전혀 이질적인 것처럼 보이지만 넓은 의미에서는 모빌리티 재현·체현·정치에 대한 연구 사례로 볼 수 있다. 모빌리티의 재현과 텍스트의 이동적 구성, 그리고 그를 둘러싼 권력관계를 다루고 있다는 점에서 말이다. 《모빌리티 텍스트학: 대안적 텍스트 연구 방법의 모색》은 그 글들을 '텍스트의 모빌리티 체현과 공통 문화의 형성', '문화의 초구적 이동과 모빌리티의 정치학', '고-모빌리티 시대 서사 연구의 흐름' 등 세 부분으로 나누어 배치함으로써 모빌리티 텍스트학의 상이한 면모들을 변별력 있게 보여 주고자 한다. 모빌리티 테크놀로지의 발전에 기반한 텍스트의 이동과 그를 통한 문화적 공통성의 형성 가능성, 텍스트의 초국적·초문화적 이동 내부에서 작동하는 정치적·경제적·문화적 권력 역학, 고-모빌리티 시대 문학 텍스트에 의한 이동의 재현과 다양한 의미화 가능성 등이 그 주요 내용이다.

◆ ◆ ◆

제1부 '텍스트의 모빌리티 체현과 공통 문화의 형성'은 텍스트의 이동적 구성과 그에 따른 문화적 효과를 다룬 세 편의 글로 이루어

져 있다. 그 각각은 구체적으로 필리핀의 식민지 시기 스페인 문학이 피식민지에 유입되면서 발생한 문화적 혼종화와 그 효과, 모바일 네트워크를 활용한 텍스트의 집단적 제작과 그 과정에서 형성되는 공동체 윤리, 그리고 오늘날 미디어 환경의 변화에 따라 새롭게 등장한 양식으로서 슬라이드 텍스트에 의한 감성 공론장의 형성에 관한 논의를 담고 있다.

첫 번째 글 〈미학의 윤리, 윤리의 미학〉은 스페인 식민지 시기(1565~1898) 서구 문학 장르들이 비서구적 맥락에서 전개되고, 협상되고, 재창조되고, 저항에 부딪히는 가운데 미학과 윤리학의 뒤얽힘을 유발하면서 필리핀 근대문학을 형성하는 과정을 다룬다. 이 시기 '선한' 식민자를 육성하려는 목적으로 필리핀에 도입된 스페인 식민지 문학 장르들은 19세기 말 필리핀 혁명운동 시기 지식인과 작가들에 의해서 반식민주의적 목적에 따라 비판적으로 전유되곤 했는데, 이 과정에서 이른바 '근대 필리핀 문학'이라는 혼종 장르가 형성된 것이다.

이 글에서 마리아 루이사 토레스 레예스가 특히 주목하는 것은 페르난도 바공반타Fernando Bagongbanta의 작품 〈무한한 감사Salamt nang ualang hanga〉(1605)와 필리핀 민족 영웅 호세 리살José Rizal이 개척한 문학 장르로서의 '교양소설Bildungsroman'이다. 우선 〈무한한 감사〉는 그 저자의 이름(스페인어 '페르난도'와 타갈로그어 '바공반타'의 결합)에서도 드러나는 것처럼 필리핀 '토착민' 시학과 유럽 운율 로만스 사이의 절충을 통해서 탄생한 라디노ladino 시편이다. 레예스에 따르면, 이와 같은 라디노적 특성은 스페인 식민자에 의한 필리핀인의 개종 작업이 성공적이었음을 보여 줌과 동시에, 식민권력에 단순히 영합하는 데 대한 필리핀인의 저항을 의미하기도 한다. 다음으로 《나를 만지지 마라Noli Me Tangere》(1887), 《라 솔리다리다드La Solidaridad》(1889), 《엘 필리부스테리스모El Filibusterismo》(1891) 같은 호세 리살의 작품들은 서구 장르(교양소설)의 미학이 비서구적 맥락에서 전개되는 방식을 보여 준다. 여기서 특징적인 것은 이른바 필리핀 문학의 라살적 전통이다. 이는 서구 교양소설의 전통에 따라 개인과 사회의 축을 중심으로 서사를 구성하면서도, 식민계급과 지배계급에 대한 비판적 태도를 고수하는 사회적 리얼리즘의 전통을 말한다. 필리핀 근대소설은 이 전통을 계승하면서 발전해 온 것이다.

〈미학의 윤리, 윤리의 미학〉은 무엇보다도 라디노 시편과 리살의 작품들을 통해서 특정한 미학을 뒷받침하는 서구 기원 장르 또는 형식 개념이 마찬가지로 특수한 비서구적 환경에 놓인 텍스트의 윤리적·해석학석 결정 요소들과 생산적으로 접속하는 방식을 설명한다. 그리고 윤리적인 것과 미적인 것의 접점이 미적 가치 평가와 윤리적 판단 사이의 이동적 텍스트성mobile textuality을 내포하고 있음을 강조한다. 이와 같은 레예스의 논의는 문학 텍스트의 초국적 이동이 그 구성 요소들(미학과 윤리학)의 독특한 뒤얽힘(절충과 갈등)을 유발하면서 새로운 문학적 전통(필리핀 근대문학)을 형성하는 과정을 설득력 있게 보여 준다.

유가은의 〈네트워크를 통한 예술과 공동체 윤리: 안토니 아바드의 〈바르셀로나*억세서블〉 연구〉는 안토니 아바드Antoni Abad의 예술 프로젝트 〈바르셀로나*억세서블BARCELONA *accessible〉(2006~2013)을 통해서 모바일 테크놀로지와 네트워크를 활용한 공동체 윤리의 실현 가능성을 검토한다. 이를 위해서 그리스도교의 공동체 개념 '코이노니아koinonia'와 조르조 아감벤Giorgio Agamben의 '도래하는 공동체la comunità che viene' 논의를 호출하는데, 〈바르셀로나*억세서블〉이 다루고 있는 '사회 속 배제된 타자에 대한 진정한 수용' 문제가 그 두 개념에 내재하는 환대와 공존의 문제의식에 부합한다는 게 그 이유다.

〈바르셀로나*억세서블〉은 〈메가포네.넷megafone.net〉(2004~현재)이라는 연작 작품의 하위 프로젝트 가운데 하나다. 아바드가 20여 년 동안 제작하고 있는 〈메가포네.넷megafone.net〉은 홈페이지를 통해 불특정인 또는 불특정 집단의 신청을 받아 구성되는 작품으로서, 사회에서 침묵을 강요당하는 약자들이 모바일폰과 자체 제작 웹방송을 통해 사회적 발언을 할 수 있는 기회를 제공한다. 멕시코의 택시 운전사, 스페인의 젊은 집시와 성노동자, 코스타리카의 이주노동자, 브라질의 택배 배달원, 스위스의 휠체어 장애인, 알제리의 난민, 미국의 이민자 등이 이 프로젝트에 참여한 대표적 집단들이다. 〈바르셀로나*억세서블〉은 바르셀로나에 거주하는 40명의 휠체어 장애인들이 도시의 거리에서 만나는 장애물의 사진을 찍은 뒤 모바일폰을 통해 그것들의 위치를 웹에 전송·게재함으로써 도시에 대한 실시간 자기 접근성(또는 접근 불가능성) 지도를 제작함으로써 완성된 작품이다. 유가은에 따르면, 이러한 제작 과정에 참여한 사람들은 다른 사람들과 함께 작업을 하면서 자기 생각을 확장함과 동시에 생활의 변화를 위한 실천에도 나서게 된다. 그 결과 〈바르셀로나*억세서블〉의 공동 제작 실천은 '열린 환대의 공동체'(타자들이 자기 고유함을 유지하면서도 속할 수 있는 공동체)로서의 '코이노니아'에 접속함과 동시에, 구성원인 인간들이 그 안에서 자신의 원래 모습대로 살아갈 수 있는 공동체로서의 '도래하는 공동체'를 추동하게 된다. 이를 반영하듯, 이 작품은 바르셀로나 시 정부의 장애인용 관광지도 제작, 장애인 참여자들의 자율적 연합 결성 같은 실질적 성과를 거두기도 했다.

요컨대, 〈바르셀로나*억세서블〉의 윤리적·정치적 상호작용은 '대화적 매체interactive media'로서의 모바일폰 네트워크가 개별성과 집단성의 유동적 구성을 촉발하는 환대와 공존 윤리의 테크놀로지로 기능할 수 있음을 증명한다. 유가은이 지적하는 것처럼, 이 작품은 일반인들의 제작 참여를 배제한다는 점에서 구성상 근본적 한계를 내포하고 있기는 하다. 하지만 〈네트워크를 통한 예술과 공동체 윤리: 안토니 아바드의 〈바르셀로나*억세서블〉 연구〉는 인터넷과 모바일폰에 기반한 텍스트의 이동적 구성 행위가 일종의 공통성에 기반한 대안적 지식 생산과 분배를 유발할 수 있고, 그 공통성에 기반한 생활세계의 실천적 재구성을 촉발할 수 있음을 적절하게 포착하고 있다.

다음으로, 〈슬라이드 텍스트와 감성공론장〉은 스마트폰, 태블릿 PC 같은 모바일 미디어 중심 디지털 환경 재편에 최적화된 대중 지향적 스낵컬처 콘텐츠로서 슬라이드 텍스트 문제를 다룬다. 슬라이드 텍스트는 좌우 혹은 상하로 슬라이딩되는 10장 내외 최소한의 컷으로 강렬한 인상을 전달하는 배너 형태의 전달 매체로서 '몰입'과 '환상'에 기반한 정서적 설득을 추구한다. 이 글에서 권유리야는 슬라이드 텍스트를 휘발적이고 일회적인 유흥으로 폄훼하는 사회적 인식을 논박하는 한편, 대중이 보고 싶어 하는 현실을 환각적으로 가공하여 제시하는 데 따른 '유의미한 몰입감'을 강조하면서 거기서 감성 공론장의 형성 근거를 발견한다.

슬라이드 텍스트의 의의는 무엇보다도 '소통의 당대성', 즉 논리적 연쇄보다 공감각적 체험 같은 다중감각적 사유에 기반한 의사소통의 주류화에 있다. 카드뉴스, EBS 《지식채널e》, JTBC '뉴스브리핑' 등은 슬라이드 텍스트를 효과적으로 활용한 사례들이다. 우선 카드뉴스는 시처럼 짧은 숏폼short form을 활용하면서 가독성보다 가시성을 강조하는 이미지 텍스트를 추구한다. 이때 시적 라벨의 간결함에 따른 서술성의 결핍은 환유적 확장으로 보완된다. 예컨대, 하이퍼텍스트를 통한 구독자들의 자발적 내용 확장 과정은 카드뉴스를 인터랙티브한 예능 콘텐츠로 만들면서 특유의 몰입감을 유발한다. 여기서 중요한 점은, 카드뉴스가 환기하는 현실이란 대중이 보고 싶은 현실로서 몰입 가능한 환각적 세계라는 데 있다. 현실적인 절실함을 동반하고, 그래서 현실화의 가능성을 내포하고 있는 그런 세계 말이다. 이러한 사정은 《지식채널e》와 JTBC '뉴스브리핑'의 경우도 마찬가지다. 《지식채널e》는 철학적 성찰을 보여 주는 독보적 내용으로 구성되어 있지만, 논리적 설득에 의존하기보다 언어와 비언어적 이미지의 통합적 활용을 통한 사유의 촉발을 추구한다. 특히 《지식채널e》는 신화적 내용보다 제3의 프레임을 제시함으로써 슬라이트 텍스트의 몰입감을 잠재력 있는 현실에 대한 환각적 표상으로 전환시키고, 그 텍스트 자체를 스낵컬처임과 동시에 삶의 기저에 대한 통찰력으로 만든다. JTBC '뉴스브리핑' 또한 캡슐언어(핵심이 압축된 캡슐처럼 최소한의 표현으로 강렬한 인상을 가하는 언어학적 연출)를 활용한 슬라이드 텍스트를 활용하여 집합적 커뮤니케이션을 시도한다.

권유리야는 슬라이드 텍스트의 활용이 궁극적으로 공간적 차이를 넘어 유사한 감정을 공유하는 공중의 탄생, 그리고 공통된 감정을 기반으로 움직이는 존재들의 '감성공론장' 형성으로 귀결됨을 강조한다. 이 점에서 슬라이드 텍스트의 번성과 유효성은 〈바르셀로나* 억세서블〉과는 다른 방식으로 모빌리티가 텍스트 구성의 원리로서 작동하는 방식을 보여 줌과 동시에, 그러한 텍스트의 이동적 구성이 네트워크에 기반한 문화적 공통성 형성의 근거일 수 있음을 증명한다고 말할 수 있다.

・ ・ ・

　제2부 '문화의 초국적 이동과 모빌리티의 정치학'은 문화의 이동을 중심으로 텍스트의 초국적 구성과 권력의 작동 문제를 다룬다. 2000년대 한국 인디뮤직의 세계화(초국적 이동)를 중심으로 한 서브컬처와 국가 권력의 역학관계, 1960년대부터 동북아시아 국가들을 사이에서 전개된 SF 괴수영화의 초국적 이동, 각색의 실천을 통한 텍스트의 초국적 이동과 현지화 현상 등은 그 세부 내용이다.

　우선 〈문화콘텐츠의 초국적 이동의 조건들: 한국 인디음악을 중심으로〉는 한국 정부의 지원을 받은 인디 뮤지션들의 해외 진출을 사례로 정부의 문화정책이 한국 인디음악계에 미친 영향, 그리고 그 문화정책이 인디음악계와 조화를 이루고 그 제작 환경 재편에 기여한 방식을 다룬 글이다. 김수철은 한국 인디음악계 하위문화의 변화, 음악시장 변화를 추동한 기술적 환경, 특정 정부에 특징적인 창조 산업 담론 같은 문화적·기술적 요소들을 중심으로 논의를 전개한다.

　김수철에 의하면, 한국 정부는 정보통신기술을 국가 경제의 중요한 부분으로 전제하는 '창조 산업' 담론에 의거해서 인디 밴드에 대한 지원 프로그램을 시행했다. 정부는 특히 인디 뮤지션들에게 경쟁에 기반한 일회성 지원(공연장 임대료, 녹음 시설 인프라 등)을 제공했는데, 이는 그들이 온라인 음악 서비스 플랫폼을 이용해서 유연한 방식으로 작업할 수 있는 토대가 된 반면 전통적 의미의 아티스트 대신 독립적 개별 기업가의 정체성을 획득하게 하는 결과를 낳았다. 예컨대, 정부는 2012년부터 '서울 뮤콘MU:CON' 같은 인디음악 지원 프로젝트를 통해 인디 뮤지션들과 해외 비즈니스 파트너들이 만날 수 있는 장을 제공함으로써 그들 상호 간 협업의 기회를 만들어 주었다. 하지만 이는 소위 하위문화로서 인디음악계의 해체를 의미하기도 했다. 인디 뮤지션들은 대규모 기획사에 소속된 케이팝 뮤지션들과 동일한 방식으로 음악을 생산-유통-판매할 기회를 모색해야 했기 때문이다. 2010년대 들어 주류 음악과 헤게모니 문화에 대한 과거의 독립적 · 저항적 · 전복적 태도는 신자유주의적 의미에서 실용적 태도로 변모하게 되었고, 온라인 플랫폼 중심의 음악 산업 재편은 대중음악 산업 전체를 몇몇 주요 네트워크 사업자나 방송 사업자들에 종속시킬 가능성을 내포하게 되었다. 이제 인디 뮤지션들은 인디 아티스트이자 기업가로서의 자기 정체성을 분명히 해야만 했다.

2000년대 한국 인디음악과 정부 문화정책의 타협은 한국 대중음악이 세계 음악 시장에서 활발하게 유통될 수 있는 계기가 되었다. 그러나 김수철은 그 타협을 통해서 인디음악이 팬들과 소통할 수 있는 로컬, 장소에 기반한 탄탄한 시장, 로컬과 로컬의 만남이 이루어지는 창의적 소통 네트워크 등을 상실할 위험에 놓이게 되었음을 지적한다. 이 점에서 〈문화콘텐츠의 초국적 이동의 조건들: 한국 인디음악을 중심으로〉는 정치권력에 의한 문화적 이동의 촉진과 그에 수반한 한국 인디음악계의 재편성 과정을 정밀하게 추적했다는 점에서 텍스트의 모빌리티 정치를 구성하는 복합적 메커니즘을 적확하게 포착하고 있다.

함충범의 〈1960년대 한국 SF 괴수영화와 동북아시아 영화 교류 · 관계의 양상〉은 〈송도말년松都末年의 불가사리〉(1962), 〈우주괴인 왕마귀〉(1967), 〈대괴수 용가리〉(1967) 등 세 편의 영화를 중심으로 1960년대 한국 괴수영화와 동북아시아 영화 교류 및 관계 양상을 다룬 글이다. 특히 장르 변화와 그 요인, 기술적 차이와 파급 효과, 서사 구성과 표현 기법, 북한 영화 〈불가사리〉(1985)에서 드러나는 후속 동향과 영화사적 의의 등이 주요 내용을 구성한다.

이 글에서 함충범은 '사극' 괴수영화 〈송도말년松都末年의 불가사리〉와 'SF' 괴수영화 〈우주괴인 왕마귀〉·〈대괴수 용가리〉의 공통점을 '괴수영화'라는 범주화뿐만 아니라 특수촬영 테크놀로지를 활용한 스펙터클 제공에서도 찾는다. 그리고 그 테크놀로지적 공통성의 연원을 일본 혼다 이시로本田猪四郎 감독의 〈고지라ゴジラ〉(1954), 〈고지라의 역습ゴジラの逆襲〉(1955) 등에서 발견한다. 말하자면, 일본의 〈고지라〉 시리즈와 〈우주괴인 왕마귀〉·〈대괴수 용가리〉 사이에 존재하는 강한 영향 관계는 1960년대 중반의 정치적 상황 변화, 즉 한국과 일본 사이의 정치적 관계가 진전되면서 문화의 이동이 상대적으로 수월해진 데 따른 결과라는 것이다. 실제로 〈대괴수 용가리〉 제작에는 야기 마사오八木正夫(특수촬영), 미카미 무쓰오三上陸南(미술), 스즈키 도루鈴木昶(조연 기술) 등 일본인 스태프가 직접 참여했고, 일본에서 컬러 블루 스크린 합성 작업이 이루어져 세계 각지로 수출되기도 했다. 이후 북한에서 제작된 SF영화 〈불가사리〉 또한 북한 영화인과 일본 영화인 간 테크놀로지적 제휴를 통해 제작된 스펙터클한 작품으로서 한국 및 일본 괴수영화들과의 연계성을 분명히 보여 주었다. 심지어 이 작품은 〈송도말년松都末年의 불가사리〉와 서사 구조에서 공통된 면모를 노출하기도 했다.

함충범은 괴수영화를 둘러싼 한국, 북한, 일본 간 문화적 교류를 국내외 정치 사건들과의 관련성 속에서 설명함으로써 텍스트의 이동을 조건 짓는 정치적인 것의 힘을 명시적으로 강조한다. 인구의 이동뿐만 아니라 문화의 이동까지도 통제함으로써 국경에 기반한 통치를 실행했던 냉전 시대 국가권력을 고려할 때, 인접 국가들에서 생산된 텍스트들에서 문화적 이동 과정을 그 구성적·테크놀로지적 심급에서 추적하고 문화적 공통성을 보여 주려는 시도는 텍스트 정치의 내적 복합성을 설명하는 중요한 방법일 것이다.

우연희의 〈텍스트의 이동과 문화적 효과: 일본판 〈수상한 그녀〉를 중심으로〉는 문화적 변용 또는 텍스트 이동의 전형적 현상으로서 '각색' 실천의 문제를 다룬다. 구체적으로는 생산물, 각색 과정, 수용 과정을 중심으로 〈수상한 그녀〉의 일본판과 한국 원작을 비교하고, 국가 간 이동을 추동하는 제작 전략과 각색 영화의 수용 양상을 검토한다. 또한 각색 작품에 현지 문화와 사회가 어떻게 반영되어 있는지 분석함으로써 텍스트 이동 메커니즘을 정밀하게 묘사한다.

〈수상한 그녀〉의 일본판은 70대 할머니가 처음 본 사진관에서 사진을 찍은 뒤 20세로 회춘하게 되면서 벌어지는 일들을 담고 있다는 점에서 한국 원작의 스토리를 유지하고 있지만, 몇 가지 점에서 중요한 변형을 보여 준다. 우선 원작이 젊음/늙음, 젊은이/노인, 남성/여성 등의 이분법적 대립 위에서 70대 할머니의 삶을 초점화한 데 반해, 일본판은 신사神社(일본 문화의 상징)를 주요 사건들의 배경으로 삼아 할머니-딸-손자에 이르는 가족 간 갈등과 화해를 서사화한다. 또한 일본판은 현지화 전략의 일종으로서, 다수의 싱글맘이 존재하는 동시대 일본 사회의 특징과 여성 중심의 영화 관객 구성을 반영하여 등장인물들의 구도를 원작의 모자 관계 대신 모녀 관계 중심으로 재편한다. 영화음악을 한국 가요 대신 일본 쇼와 시대 커버 곡들로 채운 것도 동일한 전략에서 이루어진 일이다. 이와 같은 문화적 할인 감소 전략은 일본 관객들이 문화적 이질감 없이 〈수상한 그녀〉를 받아들이고, 더 나아가 문화의 이동 또는 각색의 실천을 그 자체로서 자기의식적으로 즐길 수 있게 해 준 요인일 것이다.

이 글에서 우연희는 무엇보다도 텍스트의 이동적 구성을 조건 짓는 결정 요인들에 주목한다. 〈텍스트의 이동과 문화적 효과: 일본판 〈수상한 그녀〉를 중심으로〉는 김수철과 함충범의 글처럼 문화적 텍스트와 정치적 권력과의 관련성을 직접적으로 탐구하고 있지는 않지만, 텍스트의 초국적·초문화적 이동과 그에 따른 문화적 혼종(각색 작품)의 생산이 개별 사회의 사회적·정치적·문화적 특수성 및 그 사회의 수용자(관객) 구성과 맺고 있는 관련성을 분명히 암시하고 있다. 이를 통해 이 글은 모빌리티의 문화정치가 텍스트의 이동적 구성 과정에서 구체화되는 양상을 적절하게 보여 주고 있다.

◆ ◆ ◆

제3부 '고-모빌리티 시대 서사 연구의 흐름'은 모빌리티 인프라가 발전함에 따라 이동이 일반화된 시대에 가능한 서사 연구의 흐름을 탐구한다. 여기에는 서사 분석 방법론으로서 이동성과 부동성 개념의 활용 가능성, 고도의 이동성을 전제하는 문학 장르로서 SF소설의 대안적 시공간 구성 방식, 자이니치의 이동적 시선과 실천을 통한 장소('서울')의 상이한 구성 가능성 등이 포함되어 있다.

김주영의 〈이동성과 부동성의 서사: 미야모토 유리코의 《반슈평야播州平野》론〉은 이동성과 부동성의 개념을 통해 패전 후 일본의 혼란스러운 상황에서 전개되는 이동의 시도와 그 실패가 갖는 의미를 탐구한다. 여기서 다루는 《반슈평야》는 미야모토 유리코宮本百合子가 자전적 인물 히로코ひろ子를 전지전능한 서술자로 설정해서 한 여성이 일본열도를 횡단하는 과정과 그 과정에서 경험하는 심리를 묘사

한 작품이다. 김주영에 따르면, 이 작품은 1945년 8월 15일 일본의 패전을 기점으로 작품의 시공간을 구성함으로써 모빌리티의 문제를 일본제국주의의 패전과 관련짓고 있다.

《반슈평야》의 전반부는 미군의 공습이 이루어지는 가운데 아바시리網走형무소(일본제국주의의 압제를 상징하는 장소)를 중심으로 사건이 전개된다. 이 부분에서 핵심은 일본의 패전과 더불어 아바시리형무소에 갇혀 있던 주키치重吉(히로코의 남편)의 부동적 신체immobile body가 이동적 신체mobile body로 변형되고, 그의 아내 히로코 역시 그동안 금지되어 있던 이동성을 획득하게 된다는 데 있다. 1948년 8월 15일 이전 히로코는 무기징역을 선고받고 아바시리형무소에 수감 중이던 남편의 옥바라지를 하려 시도했지만 이동 금지 조치로 인해 그럴 수 없었던 것이다. 하지만 일본의 패전과 함께 이동이 허용되자 히로코는 일본열도를 횡단해서 남편 주키치를 만나러 가기로 결심하고 또 실제로 그것을 이행한다. 김주영에 따르면, 이바시리로 가려는 히로코의 열망은 '일본의 변화'를 체험하려는 욕망을 의미한다. 그러나 히로코의 열망은 좌절되고 만다. 입대한 시동생 나오지直次가 히로시마広島에서 행방불명되었다는 시어머니의 편지를 받고는 아바시리로의 여행을 단념한 채 시어머니에게로 향하기 때문이다. 그러나 이 시기 일본의 교통 상황상 기차 승차권을 구입하기가 쉽지 않은 일이었기 때문에, 히로코의 역방향 여행 역시 순조롭게 이루어지지 않는다. 이런 일련의 과정은 끊어진 철로, 즉 복구 예상조차 할 수 없는 철로의 상황으로 수렴되면서 전후 일본의 모빌리티 시스템 붕괴와 제국주의의 문제적 성격을 상징적으로 보여 준다.

김주영에 의하면, 《반슈평야》는 일본제국주의가 패전 후에도 여전히 이동의 자유를 가로막거나 강제하는 힘으로서 작동하는 상황에서 이동성의 서사를 통해 제국의 해체를 확인하고 새로운 일본을 상상하는 판타지로 이해 가능하다. 그러므로 〈이동성과 부동성의 서사: 미야모토 유리코의《반슈평야播州平野》론〉은 이동성과 부동성 개념이 서사 텍스트를 이해하는 중요한 방법론적 도구로 활용될 수 있음을, 그럼으로써 기존 텍스트 이해에 새로운 의미층을 부가할 수 있음을 보여 주는 유의미한 연구 사례에 해당한다.

박인성의 〈한국 SF문학의 시공간 및 초공간 활용 양상 연구: 배명훈·김초엽·김보영의 소설을 중심으로〉는 2010년대 한국에서 생산된 SF 작품들을 대상으로 시공간 또는 초공간의 특수한 표현 형식과 그 효과를 고찰한 글이다. 이 글에서 SF의 시공간은 대안 세계에 대한 단순한 공상이 아닌 합리적 외삽으로 규정된다. 재현을 통한 실세 세계의 유추가 아니라, 좀 더 직접적인 세계 변형 또는 사고실험을 통해서 익숙한 재현의 장을 새롭게 재구성하려는 시도라는 것이다.

이 글에서 박인성은 '인지적 소외'와 '스키마적 시각성'을 강조한다. SF소설은 '인지적 소외'를 통해 '인지적 지도 그리기'로부터 의도적으로 일탈함으로써 독자가 실제 현실을 낯설게 보도록 유도함과 동시에, '스키마적 시각성'을 통해 인지적 소외를 뒷받침하는 구체적인 도상적 지표를 구성함으로써 낯선 세계를 다시금 친숙하게 만든다는 것이다. 그리고 이 논의를 토대로 2000년대 이후 한국 SF가 구성하는 시공간을 알레고리적 시공간의 활용, 축자적·직접적으로 인식 가능한 미래 세계의 크로노토프, 물리적 시공간 너머 초공간성의 활용 방식 등 세 가지로 구분하여 설명한다. 여기서 알레고리적 시공간의 활용은 실제 세계를 도식적으로 압축하여 환기하는 가운데 실제 현실의 구조적 문제를 폭로하는 것을 말한다. 스페이스콜로니

('첫숨')를 배경으로 계급 격차 문제를 다루는 배명훈의 《첫숨》은 그 대표적 사례다. 다음으로, 축자적·직접적으로 인식 가능한 미래 세계의 크로노토프는 통합되지 않는 시간적 병렬성을 강조하는 미래 사회의 시간성을 통해서 우리가 살아가는 실제 세계의 '비동시성의 동시성'을 직접적으로 지시한다. 김초엽의 《우리가 빛의 속도로 갈 수 없다면》은 '사실'의 지평이 복잡 다양해진 시대 여러 동시대적 사실들이 병행하는 구체적 세계를 그린 대표적 작품이다. 그리고 물리적 시공간 너머 초공간성은 인간의 인지 가능한 공간성의 용적을 넘어선다는 점에서 사유나 이념의 공간보다 초이념적 특성을 띤다. 김보영의 《저 이승의 선지자》는 축자성 너머 초월적 현상들을 지향하는 가운데 인간의 인지적 능력 너머 순수 사유 공간을 그린 대표적 SF 텍스트다.

SF와 관련해서 잊지 말아야 할 것은, 4차원적 초공간의 활용이란 그 과거이자 미래이며 현재이기도 한 3차원적 좌표로 귀환함으로써만 유의미하게 될 수 있다는 점이다. 현재로의 귀환은 SF가 동시대적 이야기로 읽히기 위한 조건인 것이다. 이 점에서 SF란 지구와 우주라는 공간들, 과거·현재·미래의 시간성들, 3차원과 4차원의 차원들 사이를 끊임없이 이동하면서 (재)구성되는 텍스트라고 말할 수 있다. SF가 초현실적 세계를 제시하면서도 현실적 의미를 지시하는 이유, 즉 인식론적 충격과 시각적 근접성을 제시하는 이유는 바로 여기에 있다.

마지막으로 양명심·박종명의 〈재일서사와 '서울'의 생산: 이회성의 《이루지 못한 꿈》과 이양지의 《유희》를 중심으로〉는 2·3세대 재일조선인에 의한 서울의 구성 문제를 다룬다. 과거 1세대 재일조선인이 서울을 조상의 뿌리를 찾기 위해서 방문하는 곳 또는 언젠가는

반드시 돌아가야만 할 '고향'으로서 의미화했다면, 2·3세대 재일조선인은 그것을 모국임에도 불구하고 낯선 이질적 공간 또는 분열된 공간으로 경험했다. 이회성의 《이루지 못한 꿈見果てぬ夢》(1977~1979)과 이양지의 《유희由熙》(1989)는 중심 인물이 '유학'의 형태로 서울을 방문한다는 점에서 공통점이 있지만, 서로 다른 시기를 배경으로 설정함으로써 재일조선인의 초국적 모빌리티에 의한 서울의 구성 방식 변화를 잘 드러내 준다.

이회성의 《이루지 못한 꿈》은 대학원 유학생인 재일조선인 2세 조남식이 김포공항에서 한국 중앙정보부에 체포되는 1971년 1월 15일부터 1975년 2월 20일까지의 기간을 배경으로 국가의 폭력적 통치와 남한 사회주의자들의 혁명운동을 묘사한 작품이다. 이 작품에서 재일조신인은 서울을 남한과 북한의 분열, 그리고 그 분열된 원으로 흡수되는 재일조선인 청년들의 연대를 가능하게 하는 중심 공간으로서 체험한다. 말하자면, 서울은 독재정권에 의해서 통치되는 폭력적 공간임과 동시에 희망이 잠재하는 '억압된 다성성'의 공간이기도 한 것이다. 그로부터 약 10년 뒤 발표된 이양지의 《유희》는 1980년대 말을 배경으로 재일조선인 유학생 유희가 다니던 대학교를 중퇴하고 일본으로 돌아가기까지의 과정을 서사화하고 있다. 이 작품에서 유희는 한국 생활에 적응하지 못한 채 서울을 잡담, 소음, 매서운 찬바람 등으로 체험하는 한편, 하숙집 방 안에서 일본어를 사용함으로써 자기 정체성을 확인한다. 말하자면, 재일조선인은 대한민국에서 '제자리를 벗어나' 있음을 느끼고 서울을 고향이자 타국, 즉 안정적으로 정착할 수 없는 분열된 공간으로 구성하는 것이다.

양명심·박종명에 의하면, 이회성과 이양지의 작품들은 서울을 돌아가야 할 고향이나 모국이 아니라 한국과 일본, 고향과 타향, 모국과 타국이라는 이질적 장소들이 공존하는 다성적 공간이자 분열된 장소로 구성한다. 한국과 일본을 횡단하는 재일조선인의 초국적 이동은 시점의 이동을 추동하고, 바로 그 이동적 시점을 통해 서울을 어떤 고정된 장소가 아닌 이동적 장소로서 구성하게 된다는 것이다. 이는 한국과 일본의 초국적 이동이 거의 차단되었던 1세대 재일조선인이 실행할 수 없는 것이었다. 이 점에서 2·3세대 재일조선인의 초국적 이동에 기반한 장소의 생산은 모빌리티가 서사 구성의 핵심 장치로서 기능하는 메커니즘을 잘 보여 준다고 할 수 있다.

20여 년 전 사회학 분야에서 모빌리티 연구의 선구자들이 사회 연구의 '모빌리티 전환'을 표방하며 '새 모빌리티 패러다임'을 내세웠을 때 그 '새로움'은 결코 어떤 절대성이나 배타성을 내포한 것이 아니었다. 피터 애디Peter Adey의 주장처럼, 그들은 "기존의 연구 집합이 있었음을 인정하고 그것을 모빌리티 연구가 한데 모으고 재고"[3] 하려고 했을 뿐이다. 그들은 과거 사회학과 지리학 분야에서 다양한 방식으로 진행되어 온 이동성 관련 연구들에 '모빌리티 연구'라는 적절한 명명법이 필요함을 주장했을 뿐이다. 그리고 피터 메리만 Peter Merriman과 린 피어스Lynne Pearce는 《모빌리티와 인문학》(2018)에서 그러한 모빌리티 연구의 흐름이 인문학 분야에서도 오랜 기간 지속되어 왔음을 지적한 바 있다.[4]

모빌리티 텍스트학의 목적 역시 이와 다르지 않다. 모빌리티 텍스

---

3 피터 애디, 《모빌리티 이론》, 최일만 옮김, 앨피, 2019, 58쪽.
4 피터 메리만·린 피어스, 《모빌리티와 인문학》, 김태희 외 옮김, 앨피, 2019, 14~21쪽.

트학이라는 명칭 아래 기존의 연구 성과들을 한데 모으고 재고하려
고 하는 것이다. 모빌리티 텍스트 연구의 자기의식적 실천을 위해서
말이다.

참고문헌

미미 셸러, 《모빌리티 정의》, 최영석 옮김, 앨피, 2019.
피터 메리만 · 린 피어스, 《모빌리티와 인문학》, 김태희 외 옮김, 앨피, 2019
피터 애디, 《모빌리티》, 최일만 옮김, 앨피, 2019.
팀 크레스웰, 《온 더 무브》, 최영석 옮김, 앨피, 2021.

1부

텍스트의 모빌리티 체현과
공통 문화의 형성

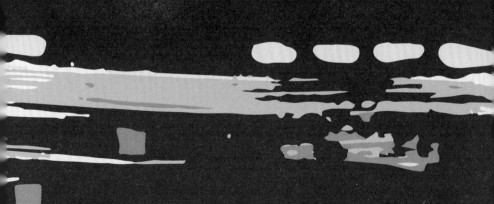

미학의 윤리, 윤리의 미학

마리아 루이사 토레스 레예스
번역: 이진형

이 글은 저널 *International Journal of Asia & Diaspora* 9-1(2019.1) pp. 40-69에 게재된 원고를 역자가 번역하여 수록한 것이다.

미적인 것과 윤리적인 것의 접점

상식의 수준에서 볼 때, 미적인 것이 아름다움과 추함이라는 관념을 지시한다면, 윤리적인 것은 도덕성 또는 행동의 판단 기준이라는 관념과 관련된다. 이 관점에서 보면, 윤리적인 것과 미적인 것은 암묵적으로든 명시적으로든 규범적 범주라고 할 수 있다. 이론적으로가 아니라면 실천적으로 지대한 가치 부여 또는 가치 평가를 가정한다는 점에서 말이다. 그런데 미적 판단이 무엇보다도 구체적이고 유일무이하고 '특수한' 것과 관련되어 있는 반면, 도덕성은 추상적이고 일반적이고 '정상적인normal' 것과 관련되어 있다. 말하자면, 문학 예술에서 미적인 것이 모더니즘 문학에서처럼 예외적인 것과 낯선 것을 추구하는 데 반해, 윤리적인 것은 도덕성에서처럼 규칙과 법칙을 추구한다. 하지만 순수한 미적 경험도, 맥락 없는 도덕성도 존재하지 않는다. 오히려 그 맥락은 미적 경험과 도덕성이 어떤 접점에서 움직이게끔 만들지도 모른다. 미적으로는 형성력 있고 조형적이게, 윤리적으로는 가단성可鍛性 있고 인물 형성적이게 말이다.

"어떻게 살아야 하는가?"와 "무엇을 해야 하는가?"는 기초적이고 익숙한 물음처럼 보이지만, 많은 경우 복잡하고 때로는 배치되는 윤리적 물음이기도 하다. 이런 물음은 맥락에 따라 특정하게 되고, 그래서 역사, 문화, 사회 등 여러 다른 힘들에 의한 과잉결정과 결부되어 있을 수밖에 없다. 문학에서 미적인 것은 윤리적인 것 같은 다른 힘들에 관여하기 때문에 그 자체로 '불순하게' 된 힘이다. 마찬가지로, 윤리적인 것도 미적인 것 같은 다른 힘들, 즉 어떤 중요한 역사적 국면에서 윤리적 힘을 구성하는 데 결정적 역할을 하게 될 그런 힘들에 관여할 수밖에 없다. 하팜Geoffrey Galt Harpham의 주장처럼, 윤리는 그 규정상 '타자'에 관한 모든 것이다. 하팜에게 윤리는 "타자성에 대한 요구들—도덕법, 인간적 타자, 문화 규범, 선 그 자체—을 절합하고 협상하는 무대다…."[1]

그래서 미적인 것과 윤리적인 것의 접점에는 협상 과정의 조음점調音點이 자리한다. 이는 다음과 같은 사실을 말하는 것이기도 하다. 윤리가 미적인 문제와 관련되어 있을 때,—하팜을 다시 인용하자면—윤리는 "문제를 해결하는 것이 아니라 문제를 구성한다."[2] 예를 들어, 미적인 것과 윤리적인 것과 관련하여 되풀이되는 익숙한 문제로는 예술과 도덕성, 그리고 취미의 윤리가 있다. 이런 관심사가 윤리적인 것과 미적인 것의 관계, 또한 하나가 다른 하나에 각인되는 사태에 의해서 뒷받침되고 있음은 틀림없다. 이런 복잡한 관계의 견지에서, 많은 이들이 다음과 같은 물음을 긴급하게 던지곤 했다. 윤리와 미학에서 객관성과 보편성 문제를 중요시해서는 안 되는가?[3]

필리핀의 기나긴 식민지 역사의 맥락에서 보면, 문학 연구의 '윤리적 전회'는 특히 서구 문학 장르들이 비서구적 맥락에서 교묘하게

---

1 하팜은 윤리를 "마지막 비장의 카드the ultimate trump card"(Geoffrey Galt Harpham, "Ethics," *Critical terms for Literary Study*, Frank Lentricchia & Thomas McLaughlin (eds.), Chicago and London: The University of Chicago Press, p. 394)라고 부른다.

2 이 글에서 미학은 윤리의 타자로 간주될 수 있다. Geoffrey Galt Harpham, "Ethics," p. 404.

3 레빈슨Levinson의 경우 중요한 문제는 미학과 윤리의 접점에서 다루어진다. Jerrold Levinson, *Aesthetics and Ethics*, Cambridge: Cambridge University Press, 1998, p. 2. 그 접점에서 흥미로운 물음은 다음과 같다. 탈식민 세계의 많은 지역에서는 신자유주의적 세계화 아래 다수의 사람들이 경제적 비대칭성과 경제적 불평등 때문에 계속 고통받고 있다. 그런 지역에서 작가와 지식인은 윤리적인 것과 미적인 것의 거대한 분리를 어떻게 해결할 수 있는가? 이는 미학적임과 동시에 윤리적인, 아니 그 이상의 방법론적 함의를 지닌 이론적 질문인데, 실제 일상적 삶에서는 그 비중이 더 높기 때문이다. Timothy Bewes, *The Event of Postcolonial Shame*, Princeton: Princeton University Press, 2011.

전개되고, 협상되고, 재창조되고, 저항에 부딪히는 방식으로 '미적 전회'와 접속한다. 이 글에서는 이 접속을 다룰 것이다. 그 접속은 필리핀의 탈식민주의 문학과도 계속 연관되지만, 여기서는 필리핀 역사의 초기에 초점을 맞출 것이다.

기존 커리큘럼에 기반한 표준 교과서는 전통적으로 필리핀 문학사를 역사적 시기에 따라 식민지 이전, 스페인 식민지, 미국 식민지, 일본 식민지, 태평양전쟁 이후, 현대 등으로 구분한다. 그리고 아마도 필리핀의 다양한 식민주의 및 다문화주의 경험을 고려하여 교과서는 필리핀 문학을 '전통들'로 분류하기도 한다. 여기에는 식민지 이전 민족적 전통, 스페인 식민지 시기 스페인 전통, 미국 식민지 시기 글쓰기 등이 있다. 그리고 대다수 교과서는 식민지 이전 문학을 다룰 때 시사시, 신화, 전통, 무용극, 제의 같은 유형의 구술적 전통을 참조한다. 이 모든 범주는 어떤 실, 즉 불가피하게 미학적이거나 윤리적인 섬유로 직조될 수 있는 실을 직접적으로 가리키지는 않는다.[4] 예를 들어, 스페인 식민지 시기 문학 장르는 보통 종교문학과 세속문학으로 분류되는데, 그 대부분은 스페인 출신 수도회, 병사, 식

---

[4] 필리핀 문학교과서에 등장하는 통상적인 역사적 시기 구분은 다음과 같다. 제1장. 식민지 이전의 구술 전통(~1564), 제2장. 스페인 식민지하의 문학(1565~1897), 제3장. 미국 식민지하의 문학(1898~1945), 제4장. 공화국하의 문학(1946~1985), 제5장. 시민혁명EDSA 이후의 문학(1986~1995). Bienvenido Lumbera and Cynthia N. Lumbera (eds.), *Philippine Literature: A History and Anthology*, Mandaluyong City, Philippines: Anvil Publishing, Inc., 2005. 룸베라의 책은 수년 동안 대학의 필리핀 문학 강의에 활용된 좋은 선집 가운데 하나다. 이 책은 "학생들이 필리핀의 글쓰기를 형성했던 압력, 그리고 작가와 독자가 그런 압력에 어떻게 대응했는지 잘 이해하도록 도와준다. 《필리핀 문학: 역사와 선집Philippine Literature: A History and Anthology》은 필리핀 문학 연구의 방향을 제시해 주고, 필리핀 문학의 발전에 대한 이해를 제공해" 준다. https://www.goodreads.com/book/show/9661259-philippine-literature(접속일: 2018. 11. 23.)

민정부 관리 등이 전래한 것이다. 그 장르들은 '선한' 식민자를 생산하는 데 쓰이곤 했지만, 나중에는 세기 전환기 선전운동Propaganda Movement과 필리핀혁명the Philippine Revolution에 참여했던 필리핀 지식인들과 작가들에 의해서 개혁주의적이고 반식민주의적인 목적을 위해 채택되기도 했다.[5] 스페인 식민지 이후, 미국 식민주의 교육 초기에는 빅토리아식 문학이 지배했고, 나중에는 '근대 장르들'이 지배했다. 이는 지금 우리가 시, 드라마, 에세이, 단편소설, 장편소설 등으로 알고 있는 것들이다.[6]

하지만 필리핀은 기나긴 식민지 역사 덕분에 계속해서 사회정의와 경제불평등 문제에 몰두해 왔고, 그래서 필리핀 문학의 형성은 형식적-미학적 고려뿐만 아니라 윤리적-정치적 관심에 의해서도 이루어졌다.[7] 이런 이유로 역사적 시기, 전통, 사회-언어집단, 문학 장르 등—오늘날의 관점에서 보면 문제적이라고 할 수 있는 범주

---

[5] 개혁운동의 지도자 중 한 명이었던 마르셀로 델 필라Marcelo H. del Pilar가 저술한 유명한 작품 《기도와 조롱Dasalan at Tocsohan》은 필리핀에 거주하는 부조리한 스페인 수도사들을 비웃는 가톨릭 기도문 패러디 모음집이다. https://www.philstar.com/pang-masa/punto-mo/2015/11/04/1518559/ang-sampung-utos-ng-prayle 참조.(접속일: 2018. 07. 10.)

[6] 미국 식민지 초기 6년 동안 6백 명의 미국인 교사('토마사이츠Thomasites')가 필리핀인을 '교육하기' 위해서 필리핀에 왔다. 이후 영어 커리큘럼에 로버트 브라우닝Robert Browing, 앨프리드 테니슨Alfred Tennyson, 윌리엄 워즈워스William Wordsworth 같은 작가들이 포함되었다. Mary Racelis Hollnsteiner and Judy Celine A. Ick (eds.), *Bearers of Benevolence: The Thomasites and Public Education in the Philippines*, Mandaluyong City: Anvil Publishing, Inc., 2001.

[7] 태평양전쟁 이래 필리핀에서 이른바 '문학 윤리학 비평'은 한편으로 주로 조세피나 콘스탄티노Josefina D. Constantino의 도덕주의적·종교적 비평에세이에서 나타나는 비평을, 다른 한편으로 산 후안E. San Juan, Jr.이나 비엔베니도 룸베라Bienvenido Lumbera 같은 사회의식적이고 정치 지향적인 학자들의 문학·문화비평을 폭넓게 가리킨다.

들—을 가로지르는 윤리적 차원이 필리핀 문학에는 의심의 여지 없이 새겨지게 되었다. 어떤 텍스트에서는 윤리적 차원이 '말을 하지 않'기도 하지만, 많은 텍스트에서 윤리적 충동의 궤도가 어떤 식으로든 존재한다.

이 글은 윤리적-정치적 궤도에 초점을 맞추지만, 그와 동시에 텍스트들에 있는 필리핀 문학의 윤리적 궤도 폭이라는 일반적 의미도 제공할 것이다. 이 의미는 형식과 구조, 즉 지금 다루는 텍스트들을 등록하고 있고 또 그 윤리적-정치적 궤도의 역사적 체현을 가능하게 해 주는 그 형식과 구조를 고려할 때 더 분별력 있게 인식할 수 있다.

일상의 윤리를 위한 타나가^{Tanaga}

'식민지 이전 시기'는 오늘날까지 전승되어 온 '민족 전통'으로 불리기도 한다. 이 시기의 타나가^{Tanaga}는 교훈적이었을 것이다. 타나가는 일반적으로 자장가, 연가, 주가酒歌, 성가, 장송가 등을 포함하는 민요로 분류되기도 한다. 타나가는 단음 7음절 4행 연구聯句로 이루어진 루손섬^{Luzon island} 타갈로그어를 사용하는 운문 형식으로서 "삶에 대한 통찰과 교훈을 표현한다."[8]

---

8   Nicanor G. Tiongson (ed.), *CCP Encyclopedia of Philippine Art - Philippine Literature* 12, Manila: Cultural Center of the Philippines, 1994, p. 206. 규칙으로서의 타나가는 7음절 4행, 각 행의 동일한 각운, 7-7-7-7 음절 운문, AAAA 압운 형식 등으로 이루어져 있다고 한다. 8음절을 사용한다고도 한다. 타나가는 '식민지 이전' 토착민 공동체에서 에토스, 정동, 도덕 지침의 원천으로 여겨진다.

타나가의 인생 교훈은 은유와 비유에 새겨져 있다.[9] 예를 들어 보자.

Ang sugat ay kung tinanggap

Di daramdamin ang antok

Ang aayaw at di matyag

Agalos lamang magnanaknak

창상創傷에 대한 순종은

강렬한 고통을 견디게 한다;

자발적이지 않은 태도는

하찮은 찰과상조차도 덧나게 한다

필리핀 속담은 '명언'(예컨대, "Habang may buhay, may pag-asa"는 "삶이 있는 곳에 희망이 있다"는 의미다)에 관한 것으로 알려져 있는데, 위의 사례에서 분명히 알 수 있듯이 형식으로서의 타나가는 속담 같은 일반적인 타갈로그 형식의 발언보다 더 폭이 넓다. 또한 필리핀의 다양한 사회-언어집단에 유포되어 있는 변종들을 포함하는 타나가는 보통의 속담보다 더 정동적 매력을 갖는 경향이 있다. 위에 인용한 타나가의 사례에서 특히 분명히 드러나듯이, "pagtanggap"[10]과

---

9 타나가는 또한 비유에 각인된 어떤 '관념'으로 직조되거나 그를 중심으로 직조되는 다양한 비유적 표현들을 배치한다. 이어지는 타나가 번역은 《CCP 필리핀 예술 백과사전CCP Encyclopedia of Philippine Art》의 '필리핀 문학' 편에서 가져온 것이다. Nicanor G. Tiongson (ed.), *Philippine Literature* 12, p. 26.

10 타갈로그어 "pagtanggap"은 "tinanggap"의 명사형이다. 이때 "tinanggap"의 어근 "tanggap"은 '복종하다submit' 또는 '자발적이다willing'라는 의미다. 반면, "di matyag"은 '자발적이지 않음'을 의미한다.

"di matyag" 사이에는 분철법, 리듬, 어조, 운율 형식, '고통'과 '자발'의 병치 같은 형식적 기법들·요소들의 신중한 편성이 자리한다. 이 타나가에서 "pagtanggap"과 "di matyag"는 비유적 힘들로 구성된 두 가지 대립하는 시적 장場, 즉 비유적 일관성과 모순을 동시에 가능하게 해 주는 그런 시적 장을 가능하게 해 준다.

타나가에서 미적 전략과 그 윤리적 궤도가 접속한 데 따른 인지적 효과는 형식 내부의 병치에 기인하는 차이, 말하자면 그 내용을 빚어내는 차이다. 이 과정에서 타나가의 구조는 고통과 자발 사이에서 윤리적 긴장을 유지한다. 그 매력을 지성과 감성에 부합하게 하고, 또 그에 따라 조정하면서 말이다. 그러므로 타나가를 뒷받침하는 것은 미적 작용과 윤리적 결정 사이의 생산적 역학관계다. 이로부터 합쳐짐과 분산됨이라는 텍스드적 혼종 과정이 미적/윤리적 분열과 융합 속에 있는 그 역학관계를 손에 들고서, 또한 무난한 회상과 리듬감을 삶의 윤리적 지침으로 준비하면서 등장한다. 궁극적으로 이 타나가의 미학은 일상의 윤리를 향해 나아간다. 즉, 공동체 구성원들이 개별적으로든 집단적으로든 올바른 행동과 그른 행동을 식별하도록 재촉하고, 그래서 사람들이 공동체 내에서 잘 지내도록 하는 어떤 성격 특성을 계발하는 것이다.

비사야Visayas제도 파나이Panay섬의 다라이다daraida와 다라길론 daragilon, 그리고 필리핀 남부 민다나오Mindanao섬 부키드논Bukidnon 지역 바사하난basahanan에 관해서도 동일한 고찰을 할 수 있다. 또한 민족 서사시를 포함해서 이 지역 설화에 있는 미적인 것과 윤리적인 것의 접점, 창조신화, 그리고 필리핀의 많은 민족 집단—이른바 민족 윤리the ethnic ethic를 체현하고 있는 모든 것—에 대해서도 그렇게

할 수 있다.[11]

"살라맛 낭 와랑 항가Salamat nang Walang Hanga"는 윤리적 혼종인가?

17세기 종교문학 범주에는 정복자들conquistadores과 함께 필리핀에 도착한 수도회가 교리문답 자료로 출판한 서정시와 서사물이 포함되었다. 대중적인 시편들 가운데는 라디노 시ladino poetry로 불리는 축가도 있었는데, 이는 타갈로그어 시구와 그 뒤에 스페인어 '상당어구'로 이루어져 있었다(이중언어 시/시인). 필리핀의 맥락에서 '라디노'는 스페인어에 능숙하고, 교구 학교 또는 교리문답 학교에서 교육 또는 훈육을 받았으며, 스페인인의 통역사와 정보원으로 이용된 토착민에게 붙여진 이름이었다.[12] 반면 중앙아메리카에서 '라

---

[11] 필리핀 같은 다언어적 · 다문화적 환경에는 타나가 같은 시적 형식들, 즉 주류 문화 집단과 비주류 문화 집단에 윤리적 가르침을 주는 시적 형식들이 다양하게 존재한다. 수바논Subanon 종족, 즉 필리핀 민다나오 잠보앙가Zamboanga반도의 비-무슬림 토착문화 공동체는 어떤 타나가의 사례를 다음과 같이 복사한다. Nicanor G. Tiongson (ed.), *Philippine Literature* 12, p. 54.

"Mataas man ang Bondoc
mantay man sa bacouor
Iyamang mapagtaloctoc,
sa pantay rin aanod.
언덕이 높고
그래서 고도를 갈망하며,
하이랜드에 닿는다고 해도,
그것은 결국 평평한 땅으로 돌아갈 것이다."

[12] 1580년부터 1705년까지 타갈로그에서 가톨릭으로 개종한 사람들을 언어의 역할을 중심으로 연구한 대표 학술서로는《식민주의 계약하기: 스페인 지배 초기 타갈로그 사회의 번역과 기독교 개종Contracting Colonialism: Translation and Christian Conversion in Tagalog Society Under Early Spanish Rule》이 있다. 이 연구서에 따

디노'는 메스티소 또는 스페인화된 사람이라는 사회적-민족적 범주다. 또한 유럽의 맥락에서 보면, '라디노'는 16세기 스페인어, 헤브리어, 터키어, 기타 언어의 잡종이다. 다양한 이런 의미에는 필리핀의 '라디노'와 유사한, 이중성 또는 다층성이라는 익숙한 감각이 새겨져 있다. 이런 지표들로 볼 때, '라디노'는 시편의 미적 명령과 윤리적 명령이라는 텍스트적 이중성을 내장하고 있는 언어적 · 문화적 혼종성을 내포한다.

　페르난도 바공반타Fernando Bagongbanta가 쓴 〈무한한 감사Salamt nang ualang hanga/gracias se den sempiternas〉는 《타갈로그어로 쓴 기독교도의 삶의 기록Memorial de la vida Cristiana en lengua tagala》에 담겨 1605년 출판되었다.[13] 이 장시長詩는 두 개의 연으로 시작한다.

르면, 라디노 시는 스페인 식민주의 초기 식민주의적이고 기독교적인 개종의 전체 과정에 내재하는 복잡한 역학관계의 발견적 모델로 볼 수 있다. Vicente L. Rafael, *Contracting Colonialism: Translation and Christian Conversion in Tagalog Society Under Early Spanish Rule*, Quezon City: Ateneo de Manila University Press, 1988.

[13] 라디노 시의 바로 그 텍스트성을 표시하는 언어적 분기는 식민지 예속성이라는 야누스 같은 종교적 · 세속적 긴급 사태에 뿌리를 두고 있었다. 이때 예배는 교회-와-국가Church-and-State의 식민지배라는 견지에서 문법책과 손을 맞잡고 이루어졌다. Virgilio S Almario, "Panitikan ng Pagsampalataya: Isang Paglitis/Pagtistis sa Wika't Retorika ng Pananakop," https://panitikan.ph/2014/06/23/panitikan-ngpagsampalataya-isang-paglitispagtistis-sa-wikat-retorika-ng-pananakop/(접속일: 2018. 10. 20.)
프란시스코 브란카스Francisco Blancas는 현존하는 가장 오래된 타갈로그어 문법책 《타갈로그어의 기술과 규칙Arte y reglas de la lengua tagala》(1610년 출간, 1752년 2판 출간)을 저술하기도 했다. "선교사 문법의 일반적 비유에 따르면 언어 다양성이란 바벨탑에서 유래한 결함으로 상상되었다…"는 브란카스의 통찰을 염두에 둔 채 살레스는 다음과 같이 설명한다. "그 책이 겉보기에는 메타언어로서의 카스티야 스페인어—대체로 식민지 시기 동안 인정된 문법화 양식이었던 어떤 접근법—를 통해 타갈로그어와 라틴어를 비교한 한낱 문법 논문처럼 보이지만 … 우리는 그 책에서 타갈로그 사람들과 이들의 언어를 거대한 기독교 구원 서사 속에 설치해 놓은 번역이론의 초기 정식 또한 발견한다." Marlon James Sales, "Translation as

Salamat nang ualang hanga

gracias se den sempiternas

Sa nagpaislang nang tala

al que hizo salit la estrella:

macapagpanao nang dilim

que destierre las tinieblas

sa lahat na bayan natin

de toda esta nuestra tierra.

불멸의 태도는

이 외진 땅 어디서나

별을 뜨게 하고

어둠을 사라지게 하는 유일자에 기인한다.

　도미니크회 수도사였던 프란시스코 블랑카스 드 산 호세Francisco Blancas de San José는 11개 연 112행으로 이루어진 이 시편에 로만스라는 이름을 붙였다. 블랑카스 드 산 호세의 《타갈로그어로 쓴 기독교도의 삶의 기록》을 찬양하려 한 것인데, 이는 흥미롭게도 당시 주류 수도회가 출판한 여러 교리문답 자료들과 마찬가지로 이후 19세기 전환기 필리핀 개혁가와 혁명가들, 특히 민족 영웅 호세 리살José

---

a search for divine meanings: Fray Francisco Blancas de San José and his grammar of the Tagalog language", 2015, https://hiphilangsci.net/2015/05/06/translation-as-a-search-for-divine-meanings-frayfrancisco-blancas-de-san-jose-and-his-grammar-of-the-tagalog-language(접속일: 2018. 12. 20.)

Rizal에게 공격을 받았다.[14]

이 시편은 감사感謝의 가치를 강조한다. 규범 윤리학의 측면에서 이는 시혜자의 선행에 대한 적절한 반응이다. 이 시편과 그 출판 맥락을 고려하면,《타갈로그어로 쓴 기독교도의 삶의 기록》을 저술한 수도사 블랑카스 드 산 호세는 시혜자로 가정되고 목표 독자인 '토착민'은 수혜자로 전제된다. 하지만 감사의 가치는 칼과 십자가의 이름으로 행해진, 300년에 걸친 필리핀의 스페인 식민주의와 개종 과정 전체에 걸쳐 시혜자와 수혜자의 온정주의적 관계를 지울 수 없을 정도로 표시해 놓았다.

일반 독자들도 잘 알고 있듯이, 위 인용문을 비롯한 시편의 나머지 부분에서 비유적 표현들은 하나 위에 다른 하나가 중첩되는 식으로 정렬되어 있다. 이때 그 비유적 표현들은 어둠('dilim')을 정복한 별('tala')과 같은 과장된 용어로 배열되고, 그래서 그 책을 선교사의 권능에서 값을 매길 수 없는 것으로 묘사한다.《타갈로그어로 쓴 기독교도의 삶의 기록》은 그런 은유들을 통해 '산다탕 마티바이 sandatang matibay'(글자 그대로, 안정적인 또는 지속적인 무기)로서 매우 중요한 윤리적 기능을 수행한다. 그 책을 토착민의 변화무쌍한 삶이 의존할 수 있는 안내서로 제시하면서 말이다.

바로 첫 번째 연부터 시편은 다리트dalit라는 4행 7음절(때로는 8음절)로 이루어진 토착 타갈로그 시 유형을 '찬송가'에 상응하는 시 형

---

14 작가, 번역가, 학자, 외교관 등을 겸했던 레온 마 게레로Leon Ma. Guerrero는 호세 리살, 즉 최초의 필리핀인에 대한 가장 호평받는 전기를 저술했다. Leon Ma. Guerrero, *The First Filipino*, Manila: National Historical Institute, 1991. 출판된 번역본들 가운데서도 게레로가 영어로 번역한 리살의 소설《나를 만지지 마라Noli Me Tangere》와《훼방꾼El Filibusterismo》은 큰 인기를 구가하고 있다.

식, 즉 하나의 장르로서 반복한다. 필리핀 문학사가들이 지적하듯이, '찬송가'는 스페인인들이 신에 대한 찬양, 찬미, 감사 등을 암송하거나 노래하려는 의도로 필리핀에 들여온 것이다.[15] 그러나 그것은 8음절의 유럽 로만스, 즉 코리도corrido를 떠올리게 한다고도 말할 수 있다. 코리도는 스페인인이 필리핀에 들여온 후 나중에 모국어로 번역되었고, 18세기 들어서는 토착민의 인기 있는 읽을거리가 되었다. 그러므로 라디노 시는 분명히 하나 이상의 의미에서 '라디노적'이다.[16] 관습에 의해 '토착화'되면서 '라틴화된' 라디노 시는 혼종 형식인 것이다. 흥미로운 점은, 알마리오Almario의 주장처럼, 자세히 살펴보면 이 라디노 시편 내내 두 가지 발언, 즉 분명히 서로 다른 억양을 갖고 있지만 하나가 다른 하나를 반복하는 것 같은 두 가지 발언을 '들을 수' 있다는 사실이다. 사람들은 타갈로그어 시행만을 읽을 때 또는 스페인어 시행만을 별도로 읽을 때 각각의 발언을 더 분명하게 듣는 것 같은 인상을 받는다.[17] 기도하는 사람들이 성경을 읽으

---

15 일반적으로 알려진 바에 따르면, 다리트는 유럽의 코리도corrido, 운율 로만스 metrical romance 형식과 형식적 친연성이 있다. 이 관점에서 다리트의 분명한 혼종성은 —그것이 토착적인 것인지 유럽에 기원을 두고 있는 것인지에 대한 논쟁에서 추론할 수 있는 것처럼— 토착문화 에토스와 기독교 공동체 윤리를 체현할 수 있는 양면적 능력을 암시한다. Christi-Anne Castro, *Musical renderings of the Philippine Nation*, New York: Oxford University Press, 2011; Bienvenido L. Lumbera, *Tagalog Poetry: 1570-1898*, Quezon City: Ateneo de Manila University Press, 1986.

16 스페인 식민지 시기 코리도의 인기는 필리핀의 다양한 민족-언어 집단을 횡단하며 세속적 민속 성악 장르의 일부가 됨으로써 유지되었다. Ramon P Santos, "Traditional Forms of Music," 2015, http://ncca.gov.ph/aboutncca-3/subcommissions/subcommission-on-the-arts-sca/music/traditional-formsof-music/(접속일: 2018. 12. 28.)

17 음악 분야 국가예술가 라몬 산토스Ramon R. Santos가 설명하는 것처럼, 다리트는 노래하면서 읽으면 "멜로디가 반복되는 유절有節 찬송가strophic hymn가 된다. 바탕가스Batangas의 타갈로그인은 수빌subli 공연 전후에 다리트를 부른다. 일로카노인the Ilocano은 여전히 죽은 자를 기리기 위해서 둥가우dungaw 공

면서 암송되는 내용을 들을 때 분명히 감지되는 반복, 즉 시편은 겉보기와 달리 다양한 축으로—언어적으로, 미적으로, 윤리적으로—더 복잡하게 구성되어 있다고 말할 수 있다.

〈무한한 감사〉의 '라디노적' 특성은 개종 작업, 말하자면 그 시편이 출판된 17세기까지 1세기 동안의 식민지 지배를 수반했던 그 개종 작업이 성공적이었음을 보여 준다. 한편 그 '라디노적' 특성은 적어도 오늘날 독자들에게는 분명히 그 시편의 이중언어주의에 기인하는 양가성을 시사한다. 그러나 그 언어적 이중성과 관련하여 동일하게 주목해야 할 것은, 바로 그 저자의 이름에 내장되어 있는 '라디노성ladinoness'이다. 알마리오가 지적하듯이, 페르난도가 스페인식 이름인 데 반해 바공반타는 토착민 이름이라는 점에서 '페르난도 바공반타'는 라디노식 이름이다. 알마리오의 추론에 의하면, 이 이름은 '위협의 등장'을 가리킨다. 그가 다른 곳에서 지적했듯이, '바공 반타 Bagong banta'는 '위협의 등장'으로 번역되기 때문이다.[18] 이처럼 〈무한한 감사〉는 식민지적 개종에 기여하는 데 그 표면적 의도가 있기는 하지만, 두 갈래로 나뉘어진 시 작법을 경유할 경우 혼합적이고 저항적인 의미로—식민권력에 단순히 영합하는 데 반대하는 것으로—

연을 한다." Ramon P Santos, "Traditional Forms of Music," 2015, http://ncca. gov.ph/aboutncca-3/subcommissions/subcommission-on-the-arts-sca/music/ traditional-formsof-music/(접속일: 2018. 12. 28.); Virgilio S Almario, "Panitikan ng Pagsampalataya: Isang Paglitis/Pagtistis sa Wika't Retorika ng Pananakop," 2014, https://panitikan.ph/2014/06/23/panitikan-ngpagsampalataya-isang-paglitispagtistis-sa-wikat-retorika-ng-pananakop/(접속일: 2018. 10. 20.)

18 문학 분야 국가예술가 베르길리오 알마리오가 추론한 것처럼, 그럴듯해 보이는 의미들 가운데 하나는 아마도 'bago'를 새로움으로, 'banta'를 위협의 의미로 이해하는 것일지도 모른다.

재독될 수 있을 것이다. 이때 '라디노성'이라는 그 시편의 미학은 언어적으로도 윤리적으로도 양가적이게 된다.

라디노 시의 사례에서처럼, '토착민' 시학과 유럽 운율 로만스의 로만스-교훈 전통 사이의 만남은—식민 질서를 영속화하는 가치를 촉진하고 그 윤리적 충동을 정의하면서—분명히 어떤 절충으로 귀결되었다. 라디노 시 자체는 문화 혼종성에 깊이 뿌리박혀 있는 미적인 것과 윤리적인 것의 상호구성 동학을 강조하는 가운데, 아마도 그런 절충 과정에서 산출된 일종의 변증법적 재발명품일 것이다.

필리핀 교양소설의 윤리적-정치적 미학

19세기 말 민족 영웅 호세 리살이 장편소설을 통해 필리핀에 문학적 리얼리즘이 등장할 수 있는 길을 냈을 때에도 윤리적 충동은 분명히 지배적이었을 것이다.[19] 리살의 작품은 서구 장르—교양소설

---

[19] 리얼리즘은 무엇보다도 재현 양식이다. 리얼리즘이 지시하는 바는 "예술이란 실질적으로 또는 이상적으로 현실을 '실제 있는 그대로' 재현해야 한다는 관념이다. 더 정확하게 말하면, '현실 효과'를 생산하는 류의 예술은 스스로를 외부에 있는 어떤 현실의 정확한 반영인 양 제시한다." Andrew Milner and Jeff Browitt, *Contemporary Culture theory: An Introduction*, London and New York: Routledge, 2002, p. 238. 그러나 역사적으로 볼 때, 특히 장르로서의 소설이라는 맥락에서 볼 때, "문학 형식으로서의 리얼리즘은 예술이 인간 실존의 더 추악하고 혹독한 면모를 외면할 수 없다는 주장과 연결되어 있었다." Pam Norris, *Realism: The New Critical Idiom*, London: Routledge, 2003, p. 3. 하지만 이안 와트Ian Watt는 장편소설에서 전개되는 '리얼리즘'의 다른 면모를 본다. 와트의 설명에 따르면, "만약 소설이 그저 추악한 쪽에서 인생을 바라보기 때문에 리얼리즘적인 것이라면 그것은 단지 로만스를 뒤집어 놓은 것에 불과한 것이다. 그러나 사실 소설은 분명 인간 경험의 모든 다양성을 그려 내고자 시도하고 있으며, 한 가지 특정한 문학적 시각에 걸맞은 것만 그리는 것도 아니다. 소설의 리얼리즘은 그것이 제시하는 삶의 종류에 의존하는 것이 아니라 그것이 제시하는 방식에 의존하고 있는 것이다." Ian Watt, *The Rise of the Novel: Studies*

Bildungsroman—의 미학이 비서구적 맥락에서 전개되는 방식을 보여준다. 그 미학을 재기능화하고, 적응시키고, 재형성하면서, 그리고 그것이 처음 등장했을 때의 윤리적-정치적 목적을 끌어내기도 하고 거기에 새겨 넣기도 하면서 말이다.[20]

필리핀 문학사에서 '문학적 리얼리즘'은 사회적-의식적 글쓰기, 즉 흔히 민족주의 이념/또는 사회정의 문제를 다루면서 리얼리즘 재현 양식을 주로 사용하는 글쓰기에서 폭넓게 발견된다. 이는 문학과 비평에서 예술을 위한 예술 학파가 옹호하는 이념과 대립한다. 이 학파는 어떤 추상적이고 개인주의적인 근대적 또는 모더니즘적 작품에서 분명히 드러나는 보편주의적 주제를 전경화한다고 말하기 때문이다.[21]

---

in Defoe, Richardson and Fielding, Berkeley and Los Angeles: University of California Press, 1957, p. 11; 이안 와트, 《소설의 발생》, 강유나·고경하 옮김, 강, 2005, 16쪽.

20 교양소설은 서구에서 기원하지만, 문학사의 견지에서 보면 하나의 장르로서 오랜 역사를 갖고 있다. 하지만 19세기 이래 교양소설은 흔히 고유의 목적과는 다른 목적을 위해서 전개되곤 했다. 즉, 비서구적 맥락에 적응하기 시작하면서 다양한 뿌리를 육성하게 된 것이다. Stella Bolaki, *Unsettling the Bildungsroman: Reading Contemporary Ethnic American Women's Fiction*, Amsterdam: Rodopi, 2011. 교양소설이 어떻게 다양하고도 역동적인 방식으로 이른바 '탈식민주의 교양소설'로 변형되었는지에 대한 비판적 분석은 다음을 참고하라. Sarah Graham (eds.), *A History of the Bildungsroman*, Cambridge: Cambridge University Press, 2018.

21 역사적으로 볼 때, 영어와 타갈로그어로 글을 쓰는 필리핀 작가들은 언어적·문화적·정치적·이데올로기적 차이를 토대로—그들 사이에서 그리고 그들 가운데서—두 당파로 갈라져 있다고들 한다. 두 당파는 윤리적-정치적 구분을 그 차이 속에 새겨 넣기도 한다는 것이다. 특히 양 세계대전 사이 전 세계 작가들의 비판적·이데올로기적 지향에서 볼 수 있는 그런 구분을 반복하는 가운데, 뛰어난 필리핀 작가들은 창작 및 정치노선에 따라 광범위하게 갈라지게 되었다. 스페인에 맞선 필리핀혁명과 그에 뒤이은 미국 식민주의의 결과, 많은 작가와 지식인은 민족주의자(필리핀혁명과 연합한 독립 지지 정당 당원들) 또는 연방주의자(미국 식민지배자들이 선호한 연방정당 당원들)로 기울게 되었다. 필리핀연방 시절(1935~1946) 갈등 관계에 있던 두 지배집단은 필리핀 작가 협회Philippine Writers Guild(유명한 에

19세기 이후 호세 리살의 '리얼리즘' 소설과 더불어 특히 '민족주의' 계열의 다수 픽션 작품들은 중심 주인공을 원숙한 개인으로 묘사하기도 했지만, 개인적·집단적 정체성을 의식하게 된 민족의 집단적 체현으로도 비유적으로 표현했다. 필리핀 문학사에서 원숙한 개인은 스페인 식민체제에서 억압당하는 '인디오Indios'(문맹의 무지한 토착민)로 표상되거나, 아니면 현대사회의 필리핀 '마사masa'(대중)로 재현되었다. 특히 서로 다른 필리핀 언어로 저술된 픽션의 경우 그런 개인은 자포자기 상태에 있음에도 불구하고 억압적인 식민지 지배자들에게서 개인의 온전함과 민족적 존엄성을 되찾기 위해 씨름하는 자로, 아니면 탈식민적 현재의 경우에는 사회정의를 위해 필리핀의 기만적인 부자 엘리트들과 맞서 싸우는 자로 그려진다.

19세기 말 호세 리살이 개척한 필리핀 문학의 '리얼리즘 전통'으로 광범위하게 불리는 것은 마닐라 바깥 지역에서도 분명히 생생하게 살아 있다. 새로운 문학적 재현 양식들—'리얼리즘' 미학을 활용할 뿐만 아니라 윤리적-정치적 문제를 제기하기도 하는 양식들—과 함께 말이다.[22] 이런 장편소설 다수는 때때로 느슨하게 '사회적 리얼

세이 〈프롤레타리아 문학Proletarian Literature〉을 쓴 살바도르 로페즈Salvador P. Lopez가 조직했음)와 베로니칸Veronicans(호세 가르시아 비야Jose Garcia Villa가 조직했음)이었다. 다시 말해, 그 구분을 심하게 단순화하자면, 전혀 다른 식민지체제 속에서 전개된 민족적·개인적 자유를 위한 지속적 투쟁이라는 맥락에서 볼 때, 한 집단은 정치적으로 의식적인 작가들로 이루어져 있었고, 다른 집단은 탐미주의자들로 구성되어 있었다. Teodoro A Agoncillo, "Pasulyap na Tingin sa Panitikang Tagalog, 1900-1950," *Philippine Studies* 18(2), 1970, pp. 229-251; Ricardo De Ungria, "Philippine Literature in English," GOVPH, 2015; http://ncca.gov.ph/about-ncca-3/subcommissions/subcommission-on-the-arts-sca/literary-arts/philippine-literature-in-english(접속일: 2018. 10. 26.)

22 캐롤린 하우Caroline S. Hau에 의하면, "리살의 장편소설은 일종의 '마스터-서사'다. 근대 필리핀 픽션은 늘 첨예한 문제였던 '독립'을 위해 맞서 싸우는 여러 집단들로

리즘' 작품을 가리키는 것으로서, 기본적으로 '지방색이 있'고 그래서 노동계급과 빈민의 일상 조건에 주목하고 또 그것을 유지하는 사회구조에 비판적인 작품들을 포함한 서구 국제 예술운동과 유사하지만, 꼭 그와 직접 관련이 있는 것은 아니다.[23]

　윤리적 견지에서 볼 때, 리살의 장편소설이 예증하는 '리얼리즘' 픽션의 미학은 일반적으로 이중적 교차 운동으로 구체화되는 어떤 비판을 거쳐서 최소한 두 가닥의 의식을 구성한다고 말할 수 있다. 그 하나는 개별 주체가 사회와 그 관습·관계에 저항하는 곳에 있고, 다른 하나는 이를테면 다른 세력(들)에 맞선 민족 통일성이라는 집단성/또는 민족 통일성 안에 있는 집단성을 옹호하는 곳에 있다. 말하자면, 미적 작용의 윤리적 궤도는 사회 변화, 그리고/또는 민족해방과 관련한 축들과 평행히게 움직이거나, 그렇지 않으면 그 축들로서 교차할 수 있다.[24]

분열된 사회에서 진리 및 행동의 문제와 관련한 일련의 미해결 문제들을 제기함으로써 그에 포함되려고 하거나 아니면 그에 맞서려고 했던 것이다." Caroline S Hau, *Necessary Fictions: Philippine Literature and the Nation: 1946-1980*, QC: Ateneo de Manila University Press, 2000, p. 11.

23　《브리태니카 백과사전》의 정의에 따르면, 사회적 리얼리즘은 "1930년 무렵 형성된 미국의 예술 경향으로서 좁은 의미로는 사회적 항의라는 주제를 자연주의적 또는 유사-표현주의적 방식으로 다루는 회화를 가리킨"다. 미국의 맥락에서 사회적 리얼리즘은 "20세기 초 진부하고, 거칠고, 따분한 도시 생활 현실을 묘사했던 애시 캔 스쿨Ashcan School 미술가들에게서" 발원했다.

24　이 관점에서 볼 때, 필리핀 작가들이 쓴 사회적 리얼리즘 픽션의 경우 '민족적 알레고리'에 관한 프레드릭 제임슨Fredric Jameson의 일반화는 논란이 있기는 하지만 유용한 것처럼 보인다. 그에 논의에 의하면, "제3세계 텍스트들은, 즉 겉보기에 사적이고 적절한 리비도 역학이 투여된 그 텍스트들은 반드시 민족적 알레고리의 형식으로 정치적 차원을 투사한다. 개인의 사적 운명에 관한 이야기는 언제나 제3세계 공공 문화와 사회의 곤혹스런 상황을 보여주는 알레고리다." Robert T. Tally Jr., "Fredric Jameson and the Controversy over 'Third-World Literature in the Era

그러므로 소설에 기록되는 것은 한 종류의 의식에서 다른 종류의 의식으로 (즉, 비평의 표준 규정을 사용하자면, '미성숙에서 성숙으로') 나아가는 주인공의 실제적 또는 은유적 여정이다. 글자 그대로든 은유적으로든 말이다. 말하자면, 여기서 발생하는 것은 한 수준에서 다른 수준으로 '성년이 됨'이다. 이와 같은 결과는 개별적 자아에서 더 넓은 집단성의 감각으로, 즉 모두가 함께 서사적 행위를 추진한다는—또는 그렇게 한다고 여겨지는—그런 감각을 뜻한다. 이런 기술은 너무 익숙하게 들리기도 하지만 사실이 그렇다. 분명히 그것은 유럽 교양소설이다.[25]

이 관점에서 볼 때, 필리핀 문학에서 리살의 전통을 따르는 사회적 리얼리즘은 교양소설, 즉 서구에서 출현한 문학 장르 또는 양식으로 표시된다. 이때 교양소설은 주체성, 그리고 비범한 개인 주인공의 여정('자기발전')이 사회적 여정이 되는 자아와 사회의 관계를 다룬다. 그로 인해 이 여정 동안 나타나는 개인의 형성과 변형은 개인적 노정이자 집단적 노정이 된다. 개인의 '전기'—교양소설 연구에서 전경화되는 것—라는 의미보다 인민의 역사라는 좀 더 광범위한 의미를 염두에 두고 본다면, 교양소설은 텍스트에 더 광범위한

of Multinational Capitalism'," *Global South Studies: A Collective Publication with The Global South*, 2017; https://globalsouthstudies.as.virginia.edu/articles/pdf/351(접속일: 2018. 10. 04.)

[25] 유럽 교양소설은 초기에는 환상에서 계몽으로 나아가는 주인공의 윤리적 여정 전체에 걸쳐 있는 사회적 협상과 절충에 유례 없이 초점을 맞추었다. 교양소설의 전형적 주인공—보통은 젊은이—은 근대성의 풍요로우면서도 모순적인 모습, 즉 개인의 자율성에 대한 욕망과 사회 관습의 강력한 힘 사이에 사로잡혀 있는 그 모습을 체현하고 있는 것으로 간주되었다. Franco Moretti, *The Way of the World: The Bildungsroman in European Culture*, London: Verso, 2000.

가능성을, 그리고 더 풍부한 상상·해석·비판의 가능성을 열어 놓는다. 또한 교양소설은 그와 결합된 텍스트 전략을 활용함으로써 주인공의 자기인식 감각을 개인에서 사회로—미숙함에서 성숙함으로—넓게 확장해 놓는 다양한 독해 전략을 열어 놓는다. 니에 젠자오가 유명한 에세이 〈문학윤리학비평을 위하여Towards an Ethical Literary Criticism〉(Arcadia, 50(1), 2015)에서 한 말을 인용하자면, 그런 과정은 "문학작품의 윤리적 특질"을 잘 꺼낼 수 있게 해 준다. 최소한 《나를 만지지 마라Noli Me Tangere》(1887)의 구조적 특질의 경우, 그것은 문학적 특질과 윤리적 특질을 풀어놓는 바로 그 행위 속에서 이루어지는 텍스트의 공통적·상호적 구성을 탐구하게 해 주는 과정이다. 이렇게 본다면 윤리적 실은 미적인 것 하나만으로는 뽑아낼 수 없다. 그것은 윤리적인 것과 미적인 것의 접점에서 뽑아낼 수 있을 것이다.

우선 필리핀 문학에는 잘 알려진 교양소설의 특질이 풍부하다. 예컨대, 그것은 사악한 악당, 환자와 교사, 인정 많은 매춘부, 짝사랑 연인 주변을 맴도는 이야기에 등장하는 다양한 인물들 모두, 신과 독실한 신자, 계급투쟁, 미신, 초자연적인 것 같은 모습으로 반복해서 나타난다. 그리고 혹독한 생활 조건, 정신적 위기, 극적 대립, 관습과의 단절, 피억압자의 불만 등을 그리는 장편소설에는 교양소설식 주제가 풍부하다. 사실상 많은 서사에서 주목해야 할 것은, 소설의 골격조차도 어느 정도는 최소한 19세기 서구적 맥락에 속하는 교양소설의 중요한 특질에서 끌어온다는 점이다. 특히 삼단구성은 그 대표적 사례에 해당한다.

삼단구성의 첫 번째는 주인공을 소개하는 발단 부분이다. 대부분의 경우 주인공의 어린 시절을 소개한다.

두 번째는 주인공의 성격을 형성하는 경험의 묘사다. 이는 보통 어떤 정신적 위기나 신뢰의 상실, 또는 삶의 선택지에서 발생하는 급진적 변화를 거쳐 정점에 이른다.

세 번째는 주인공의 성숙이다. 이는 주인공이 많은 곤경과 도전을 겪고 난 뒤, 평화의 감각 또는 '세계'에의 소속감을 획득함으로써 최종적으로 도달하게 되는 지점이다. 아니면, 오히려 변형을 겪은 주인공이 변화된 정체성 감각, 새로운 소속감, 그 자신과 세계에 대한 새로운 비전 등을 갖고 행동에 나서기로 결정하는 지점이다.

중요한 것은 현대 교양소설의 핵심 요소들을 필리핀 장편소설에서 발견할 수 있다는 사실이다. 개별적으로든 결합된 형태로든, 또는 어떤 변형된 상태로든 말이다.

첫째, 이른바 발전소설novel of development. 이는 보통의 형성소설novel of formation에 있는 성장 과정을 꼭 포함하지는 않는다는 점에서 관습적 교양소설과 구분된다. 최소한 관습적 사회로의 재통합이라는 의미에서는 말이다.

둘째, 이른바 교육소설novel of education. 이는 학술적인 것이든 그렇지 않든 교육과 지식을 강조한다. 이 소설에서 '고난의 학교school of hard knocks'(고난과 역경의 체험을 하나의 교육 과정으로 간주하는 것)는 사회질서의 유지 또는 사회질서의 개혁을 위해서, 그리고 그것과 주인공의 관계를 위해서 동일하게 유익한 것으로 드러난다.

셋째, 소위 예술가의 발전에 관한 소설novel about the artist's development. 필리핀 국가예술가 닉 호아킨Nick Joaquin의 가장 유명한 극작품 〈필리핀인 예술가의 초상Portrait of the Artist as Filipino〉은 제임스 조이스James Joyce의 《젊은 예술가의 초상》에 영향을 받은 것이었다. 그러나 조이스의 작품과 달리 호아킨은 필리핀인의 민족적 에토스를 교양

소설의 극적 궤도로서 전경화한다.[26]

넷째, 주인공이 처한 사회적-문화적 환경의 발전을 그의 개인적 발전을 따라 추적하는 서사로 이루어진 소설. 이 소설에서는 중심 주인공의 '부활'과 함께 새로운 날이 탄생한다.

호세 리살, 소설가

《나를 만지지 마라》는 리얼리즘 장편소설의 요소들을 많든 적든 결합하고 있다. 이 작품은 호세 리살이 쓴 최초의 장편소설이다. 이 작품에서는 중심 주인공 크리소스토모 이바라Crisostomo Ibarra가 의식하게 된 개인적 투쟁이 인민, 즉 스페인 식민지배 하 필리핀인의 의식화를 나타내는 형상이 된다.[27]

호세 리살은 누구인가? 일반적인 참고문헌에 따르면 이렇게 표현할 수 있다.

호세 리살(1861년 6월 19일~1896년 12월 30일)은 애국자, 의사, 학자, 다국어 사용자, 문학가였고, 무엇보다도 필리핀 민족주의 운동에 자극을 준 스페인 식민지 시기 개혁운동의 지도자로 알려져 있다.

리살은 라구나Laguna의 부유한 대지주 집안 출신으로서, 교

---

26 호아킨의 연극은 처음에는 개인의 자유라는 개별적 서사를 전경화하는 것 같지만, 가족 갈등을 비롯한 다른 갈등들의 해결로 나아간다. 이는 궁극적으로 낯선 윤리들의 종합 또는 통합을 시사한다. Bob Vore, "The Literature of James Joyce and Nick Joaquin: Reflections of National Identity in Ireland and the Philippines," *Crossroads: An Interdisciplinary Journal of Southeast Asian Studies* 9(1), 1995; https://www.jstor.org/stable/40860489?seq=1#page_scan_tab_contents(접속일: 2018. 12. 09.)

27 José Rizal, *Noli Me Tangere*, Berlin: Germany, 1887. 2판은 Jose Rizal, *El Filibusterismo*, Ghent: Belgium, 1891.

육 때문에 마닐라에 온 뒤 나중에는 마드리드대학을 다녔으며 (1882~1892), 스페인 의회에서 필리핀인의 대의권을 확보하기 위해 싸운 선전운동Propadanda Movement의 지도자가 되었다.

지식인이자 창작자로서 이미 큰 존경을 받았던 그는 장편소설 때문에 동포들 사이에서는 더 큰 명성을, 스페인인들 사이에서는 악명을 얻게 되었다. 첫 번째 장편소설《나를 만지지 마라》(사회적 암The Social Cancer)와《엘 필리부스테리스모El Filibusterismo》(녹색의 군림The Reign of Green)는 필리핀에서 스페인 식민자들, 특히 스페인 수도사들이 자행한 학대를 다룬 작품이다. 리살은 개혁가들의 선전운동을 이끄는 지도자로서, 스페인 바르셀로나에 거주하는 필리핀 계몽가와 학생이 발행하는 신문《라 솔리다리다드La Solidaridad》에 식민체제를 비판하는 수많은 글을 투고했다. 필리핀 내 스페인 당국은 식민정부와 가톨릭 교단의 프레일로크라시아frailocracia(수도승의 지배)가 제기한 학대와 부패 혐의를 이유로 리살의 책을 금지했다. 그렇지만 두 작품의 복사본이 적은 수지만 어떤 식으로든 비밀리에 국내에 유입되었다.

주지하다시피 안드레스 보니파치오Andres Bonifacio, 즉 1896년 스페인에 맞서 필리핀혁명을 일으킨 지하조직 카티푸난Katipunan의 창립자는《나를 만지지 마라》를 읽은 바 있다. 리살은 스페인 의회에 대한 직접 대의권을 지지함으로써 실질적으로 개혁을 위해 싸웠고, 그래서 필리핀은 나라의 정사에서 능동적 역할을 할 수 있었다. 한편 리살의 저술은 필리핀인이 반식민혁명을 일으키는 데 촉매제가 되었다고들 한다. 리살은 1892년 스페인에서 필리핀으로 돌아왔다. 하지만 무장투쟁을 통해 식민체제를 무너뜨리는 일에는 관여하지 않았고 카티푸난과도 거리를 두었다. 그럼에도 식민정부는 선동을 이유로 리살을 체포한 뒤 재판에 넘겨 유죄 선고를 내리고 마닐라의 총살대에서 공개적으로 처형했다.

리살이 저술한 두 편의 장편소설은 후안 크리소스토모 이바라의 삶을 연대기적으로 기술한 것이다. 외국에서 교육을 받은 뒤 교육을 통해서 모국을 개혁하고자 했던 그의 삶을 말이다. 《나를 만지지 마라》의 결론부에서 이바라의 노력은 임박한 죽음과 해외 망명으로 종료된다. 그리고 《엘 필리부스테리스모》에서 이바라는 부유한 보석상 시몬Simoun의 모습으로 귀국한 뒤 사회의 부패를 촉진하려고 한다. 바라는 바대로 억압받는 사람들이 체제를 폭력적으로 전복하려고 나설 때까지 사회조직을 더욱 타락시키려고 한 것이다. 그러나 반란은 좌절되고 시몬은 폭력적 죽음을 맞게 된다.

나를 만지지 마라:
장편소설의 미적 동학과 윤리적-정치적 동학

《나를 만지지 마라》에서 중심 주인공의 삶은 교양소설의 삼단구성에 따라 전개된다.

첫째, 이 교양소설의 발단 부분에서 독자는 크리소스토모 이바라를 따라가기 시작한다. 스페인-필리핀 혼혈 혈통의 부유한 청년 이바라는 7년간의 해외 유학을 마치고 유럽에서 필리핀으로 돌아왔다. 이바라는 교양 있고 존경을 받지만, 고향 샌 디에고San Diego의 수도사들에게 의심을 받는다. 이바라의 부친 돈 라파엘이 체제 전복자이자 이단자라는 혐의를 받고 수감되어 옥사로 이어지는 형벌을 받고 있었기 때문이다. 돈 라파엘은 죽을 때에도 계속해서 적수들에게 비방을 당한다. 이바라는 필리핀에 돌아온 첫날 밤 그 사실을 알게 된다.

　교양소설 구조의 두 번째 부분은 주인공의 성격을 형성하는 체험에 대한 묘사로 이루어진다. 이바라는 아버지의 꿈이 실현되기를 바라고, 그래서 샌 디에고에 세속학교를 설립하기로 결심한다. 이바라의 두 적수, 즉 마나소 신부와 살비 신부 같은 지나치게 열성적인 수도사들에게 영향을 받지 않는 그런 세속학교 말이다. 불행하게도 학교 설립은 어렵게 된다. 살비 신부는 이바라를 정부에 맞선 음모론자로 만들려고 그의 수많은 적수들과 협력하고 있었고, 결국 그를 범법자로 몰아 샌 디에고를 떠날 수밖에 없도록 만든다. 그 뒤 기소와 희생의 체험이 뒤따른다. 이바라는 가톨릭 신부들과 스페인 정부가 타락하기는 했지만 개혁이 일어나기만 하면 필리핀에 소중한 원조를 해 줄 수 있다고 믿었다. 친구 엘리아스(나라의 지배적 권력구조를 전복하려고 하는 더욱 급진적인 혁명가)와 달리, 이바라는 내부로부터의 필리핀 개혁을 주장한다. 그래서 그는 식민체제를 완전히 해체하지는 않으면서도 긍정적 변화를 일으키기 위해 수도사들 및 스페인 관리들과 공조한다.

　세 번째 부분은 중심 주인공이 지닌 민족주의 윤리의 성장을 추적한다. 이바라의 자기의식의 발전, 즉—필리핀 '민중'인 엘리아스와 공유하는—필리핀인의 '계몽'은 장편소설에서 발전된 교양소설 미학의 형식적 구조를 통해서 이루어지고, 그래서 개인적·집단적 형성의 서사를 체현하게 된다. 따라서 서사구조의 가장 근본적 의미에서 교양소설이라는 장편소설의 미학은 윤리적-정치적이다. 이는 필리핀 문학의 리살적 전통이다.

미적 충동과 윤리적 충동 사이 필리핀 문학사

라살의 처형과 스페인 식민체제 붕괴 이후 새로운 미국 식민지배 아래에서 다른 소설가들은 리살의 전통을 생생하게 유지하려고 했다. 유명한 작품으로는 로페 산토스Lope K. Santos의 소설《빛과 브러시Banaag at Sikat》와 파우스티노 아귈라Faustino Aguilar의《피나글라후안Pinaglahuan》[28]이 있는데, 이 둘은 타갈로그어 사회적 리얼리즘 소설의 등장을 알리는 획기적 사건으로 여겨진다.

필리핀 국가예술가 시오넬 호세F. Sionel José의 '로살레스 사가the Rosales Saga'—다섯 편의 역사적·정치적 장편소설 연작—는 오늘날 필리핀 문학에서 리살의 사회적 리얼리즘 전통의 담지자라 할 수 있다. 여기시 교양소설은 민족주의와 사회정의의 윤리적·정치적 궤도를 따라 한 편이 아닌 다섯 편의 장편소설로 펼쳐진다.[29]

필리핀 장편소설의 윤리적-정치적 궤도로 인해 필리핀 교양소설은 리살 전통이 고안해 낸 산물로 표시될 것이다. 나라가 민족적 교양소설을 개척하는 것처럼, 다양한 식민주의와 사회정의 앞에서, 또한 수 세기에 걸친 경제적 불평등 앞에서 민족정체성 문제를 계속 다루려고 하는 어떤 나라의 형태로 그 윤곽을 형성하면서 말이다.

이 글은《나를 만지지 마라》, 라디노 시, 타나가 등의 계몽적 텍스

---

28 "사람들이 사라지는 곳"을 의미함.
29 '로살레스 사가'는 두 가족에 관한 이야기다. 농부인 샘슨가家와 부자 메스티소인 아스페리스가家. '로살레스 사가'는 스페인 식민 시기부터 미국 식민 시기를 거쳐 독립 이후 시기로 이어지는 두 가계의 다섯 세대를 뒤따른다. 다섯 작품은 다음과 같다.《포온Po-on》,《나무Tree》,《나의 형제My Brother》,《나의 사형 집행인My Executioner》,《사칭자들The Pretenders》,《대중Mass》.

트를 통해서 최종적으로 어떤 미학을 뒷받침하는 서구 기원 장르 또는 형식 개념이 특수한 비서구적 환경에 처한 텍스트의 윤리적 해석학적 결정 요소들과 어떻게 생산적으로 접속할 수 있는지, 그것도 형식 법칙들을 어떻게 윤리적으로나 미학적으로 다양한 수행 방식들로 포용하면서 그렇게 할 수 있는지 보여 주고자 했다.

이런 의미에서 미적 전회—'장르 또는 형식적 관습에 관한 물음'—는 윤리적 전회와 뒤얽혀 있는 동시에, 시학의 특이성을 구성하고 또 상호 구성의 역학관계를 강조하는 텍스트 전략들을 전경화한다. 그러나 그 과정에서 미학이라고 불리는 철학적 개념은 어떤 절합의 계기, 즉 윤리적인 것을 뒷받침하는 정치적·사회적 가능성이 놓여 있는 그런 국면이 된다.[30]

이 연구에서 윤리학과 미학의 객관성이나 보편성에 관한 물음이 다른 문제들에 비해 중요하지 않다는 것은 아니다. 사람들의 구체적 역사라는 견지에서 보면, 어떤 비서구적 맥락에 있는 그런 형식적이고 해석학적인 결정 요소들이 더 중요한 의미를 갖기 때문에 그런 물음은 별도로 중요하다. 여기서 관건은 어쩌면 일반화된 규범성에 대한 정언적 요구보다 더 고차원적이고 강제적일 것이다.

필리핀 문학의 사례가 보여 주는 것처럼, 윤리적인 것과 미적인 것의 접점은 분명히 미적 가치 평가와 윤리적 판단 사이의 이동적 텍스트성mobile textuality을 시사한다. 이는 언어적 맥락, 문화적 맥락, 사회적 맥락, 역사적 맥락 등을 가로지르는 풍부한 해석학적 성찰과 이동적 텍스트성이다.

---

30 Russ Castronovo, "Aesthetics," Bruce Burgett and Glenn Hendler (eds.), *Keywords for American Cultural Studies*, London and New York: New York University Press, 2007, p. 10.

참고문헌

Almario, Virgilio S. *Kung sino ang kumatha kina Bagongbanta, Ossorio, Herrera, Aquino de Belen, Balagtas, atbp: mga imbestigasyon sa panitikanng kolonyalismo*, Metro Manila: Anvil Publishing, 1992.

Andrew Milner and Jeff Browitt, *Contemporary Culture theory: An Introduction*, London and New York: Routledge, 2002.

Bienvenido L. Lumbera, *Tagalog Poetry: 1570-1898*, Quezon City: Ateneo de Manila University Press, 1986.

Bienvenido Lumbera and Cynthia N. Lumbera (eds.), *Philippine Literature: A History and Anthology*, Mandaluyong City, Philippines: Anvil Publishing, Inc., 2005.

Bob Vore, "The Literature of James Joyce and Nick Joaquin: Reflections of National Identity in Ireland and the Philippines," *Crossroads: An Interdisciplinary Journal of Southeast Asian Studies* 9(1), 1995; https://www.jstor.org/stable/40860489?seq=1#page_scan_tab_contents(접속일: 2018. 12. 09.)

Caroline S Hau, *Necessary Fictions: Philippine Literature and the Nation: 1946-1980*, QC: Ateneo de Manila University Press, 2000.

Christi-Anne Castro, *Musical renderings of the Philippine Nation*, New York: Oxford University Press, 2011.

David Shapiro, *Social realism: Art as a Weapon*, New York: Frederick Ungar Publishing Co., 1973.

Ericka A Hoagland, Postcolonializing the Bildungsroman: A study of the evolution of a genre, PhD Dissertation, Purdue University, 2005.

Francisco Blancas de San Jose, *Memorial de la Vida Cristiana en la lenguatagala*, 1604.

Franco Moretti, *The Way of the World: The Bildungsroman in European Culture*, London: Verso, 2000.

Fredric Jamson, "Third-World Literature in the Era of Multinational Capitalism," *Social Text* 15, 1986.

Geoffrey Galt Harpham, "Ethics," *Critical terms for Literary Study*, Frank Lentricchia & Thomas McLaughlin. eds., Chicago and London: The University of Chicago Press, 1995.

Ian Watt, *The Rise of the Novel: Studies in Defoe, Richardson and Fielding*, Berkeley and Los Angeles: University of California Press, 1957.

Jerrold Levinson, *Aesthetics and Ethics*, Cambridge: Cambridge University Press, 1998.

Jose Rizal, *El Filibusterismo*, Ghent: Belgium, 1891.

José Rizal, *Noli Me Tangere*, Berlin: Germany, 1887.

Leon Ma. Guerrero, *The First Filipino*, Manila: National Historical Institute, 1991.

Marlon James Sales, "Translation as a search for divine meanings: Fray Francisco Blancas de San José and his grammar of the Tagalog language", 2015, https://hiphilangsci.net/2015/05/06/translation-as-a-search-for-divine-meanings-frayfrancisco-blancas-de-san-jose-and-his-grammar-of-the-tagalog-language(접속일: 2018. 12. 20.)

Mary Racelis Hollnsteiner and Judy Celine A. Ick (eds.), *Bearers of Benevolence: The Thomasites and Public Education in the Philippines*, Mandaluyong City: Anvil Publishing, Inc., 2001.

Nicanor G. Tiongson (ed.), *CCP Encyclopedia of Philippine Art - Philippine Literature 12*, Manila: Cultural Center of the Philippines, 1994.

Nie Zhenzhao, "Towards an Ethical Literary Criticism." *Arcadia*, 50(1), 2015, https://www.degruyter.com/view/j/arca-2015-50-issue-1/arcadia-2015-0006/arcadia-2015-0006.xml(접속일: 2018. 03. 15.)

Pam Norris, *Realism: The New Critical Idiom*, London: Routledge, 2003.

Ramon P Santos, "Traditional Forms of Music," 2015, http://ncca.gov.ph/aboutncca-3/subcommissions/subcommission-on-the-arts-sca/music/traditional-formsof-music/(접속일: 2018. 12. 28.)

Ricardo De Ungria, "Philippine Literature in English," GOVPH, 2015; http://

ncca.gov.ph/about-ncca-3/subcommissions/subcommission-on-the-arts-sca/literary-arts/philippine-literature-in-english(접속일: 2018. 10. 26.)

Robert T. Tally Jr., "Fredric Jameson and the Controversy over 'Third-World Literature in the Era of Multinational Capitalism'," *Global South Studies: A Collective Publication with The Global South*, 2017; https://globalsouthstudies.as.virginia.edu/articles/pdf/351(접속일: 2018. 10. 04.)

Russ Castronovo, "Aesthetics," Bruce Burgett and Glenn Hendler (eds.), *Keywords for American Cultural Studies*, London and New York: New York University Press, 2007.

Sarah Graham (eds.), *A History of the Bildungsroman*, Cambridge: Cambridge University Press, 2018.

Stella Bolaki, *Unsettling the Bildungsroman: Reading Contemporary Ethnic American Women's Fiction*, Amsterdam: Rodopi, 2011.

Teodoro A Agoncillo, "Pasulyap na Tingin sa Panitikang Tagalog, 1900-1950," *Philippine Studies* 18(2), 1970.

Timothy Bewes, *The Event of Postcolonial Shame*, Princeton: Princeton University Press, 2011.

Todd Kontje, *The German Bildungsroman: History of a National Genre*, London: Camden House, 1993.

Vicente L. Rafael, *Contracting Colonialism: Translation and Christian Conversion in Tagalog Society Under Early Spanish Rule*, Quezon City: Ateneo de Manila University Press, 1988.

Virgilio S Almario, "Panitikan ng Pagsampalataya: Isang Paglitis/Pagtistis sa Wika't Retorika ng Pananakop," 2014, https://panitikan.ph/2014/06/23/panitikan-ngpagsampalataya-isang-paglitispagtistis-sa-wikat-retorika-ng-pananakop/(접속일: 2018. 10. 20.)

네트워크를 통한 예술과 공동체 윤리

: 안토니 아바드의 〈바르셀로나*억세서블〉 연구

유가은

이 글은 《서양미술사학회》 제51집(2019.8)에 게재된 원고를 수정 및 보완하여 재수록한 것이다.

들어가며

이 글은 과거의 산물로 여겨지는 종교와 동시대 미술의 접점을 찾아보려는 뜻에서 시작된 것으로, 안토니 아바드Antoni Abad(1956~)의 〈바르셀로나*억세서블BARCELONA*accessible〉(2006~2013)(이하 〈억세서블〉)이 사회실천적 예술로서 네트워크를 통해 공동체 윤리를 어떻게 구현하는지 살펴보고자 한다. 이를 위해 공동체 윤리에 관한 이론적 연구로서 그리스도교의 공동체 개념인 '코이노니아koinonia'와 조르조 아감벤Giorgio Agamben의 '도래하는 공동체la comunita che viene, the coming community' 개념을 알아본다. 두 개념은 환대와 공존에 관한 내용으로, 〈억세서블〉이 사회 속의 배제된 타자인 약소자에 대한 진정한 수용을 다룬다는 점에서 〈억세서블〉 논의에 대한 적절한 뒷받침이 될 수 있기 때문이다. 이 두 개념은 특별히 그리스도교라는 종교와 관련이 있는데, 그리스도교는 서양에서 공동체 윤리의 오랜 근원으로 작용해 왔다. 이런 점에서 이 글은 코이노니아와 도래하는 공동체 개념을 네트워크를 사용하는 동시대 미술작품인 〈억세서블〉과 연결시킴으로써, 종교를 토대로 하는 오랜 공동체 윤리와 첨단적 미술 사이의 관련 가능성을 탐색하려 한다. 그리하여 본 글은 〈억세서블〉을 분석함으로써 그리스도교와 관련된 공동체 윤리에 대한 논의들이 네트워크를 사용하는 오늘날 예술과 어떻게 맞물릴 수 있는지 생각해 본다.

〈바르셀로나*억세서블〉과 〈메가포네.넷〉

안토니 아바드는 처음에 돌, 철, 나무 등의 전통 매체로 조각을 시작하여 이후 발포고무나 금속 선반 시스템 같은 산업적 재료들로 작품을 만들었다. 당시 그는 미니멀적 미학을 주로 추구하였다.[1] 그러다 1993년을 기점으로 아바드는 재료를 비디오로 바꾼다. 당시 캐나다 반프예술센터Banff Center for the Arts 레지던시에서 비디오와 컴퓨터 인터넷의 큰 잠재력을 발견했기 때문이다. 그는 먼저 비디오를 통해 인간 존재의 불안을 탐구하다가 1999년 네트워크를 사용하면서부터 관심을 타자로 확대시켰다.[2] 그리하여 사용자들이 가상공간에서 상호작용을 할 수 있게 하는 작품을 제작하기 시작했다. 그러나 아바드는 신기술로 작업을 하면서도 기술이 예술을 넘어 사회적 현실과 연결될 필요성을 느꼈다.[3] 게다가 그는 예술가를 사회의 유일한 해석자로 여기는 동시대 미술계에 점차 환멸을 느끼고 있었다.[4] 이런 점에서 이후 아바드의 작품은 기술과 사회적 측면이 결합된 공동체 미술의 성격을 띠게 되는데, 〈억세서블〉은 그 결과물 중 하나라고 할 수 있다.

1   Dolores Acebal, "Fons Audio#24-Antoni Abad," *RADIO WEB MACBA*, 13 February 2014, http://rwm.macba.cat/uploads/20140213/Fons24_eng.pdf(접속일: 2015. 10. 08.)

2   Manuel Segade, "Antoni Abad. Sísifo / Sisyphus, 1995," *Foro Arte Cáceres*, http://www.foroartecaceres.es/en/exposiciones/antoni-abad/(접속일: 2015. 12. 04., 웹사이트 현재 폐쇄)

3   *Media Art Net/Abad, Antoni: Z*, "Antoni Abad «Z»," http://www.medienkunstnetz.de/works/z/(접속일: 2015. 12. 04.)

4   Romina Oliverio, "Case study: Megafone-Amplifying Voices via a Communal Mobile Phone," *Rising Voices*, 16 February 2011, https://rising.globalvoicesonline.org/blog/2011/02/16/case-study-megafone-net-%E2%80%93-amplifying-voices-via-a-communal-mobile-phone/(접속일: 2015. 09. 13.)

〈억세서블〉[5]은 아바드의 연작 작품 〈메가포네.넷megafone.net〉[6] (2004~)에 속하는 하위 프로젝트들 중 하나이다. 〈메가포네.넷〉은 사회 약소자들이 모바일폰과 자체 제작한 웹web방송을 통해 스스로를 표현하게 하는 작품으로, 미디어에 무시당하는 그들 집단에게 발언의 기회를 주려는 의도를 가진다. 여기서 모바일폰은 참여자들이 자기 경험을 담은 영상과 음향을 생성해 웹상에 즉시 올릴 수 있게 함으로써 참여자들의 상황과 생각을 알리는 디지털 메가폰의 기능을 한다. 그리하여 〈메가포네.넷〉은 미디어에서 간과되거나 잘못 재현되는 약소자 집단들이 자신들의 생각을 스스로 드러내게 만든다. 〈메가포네.넷〉은 지금까지 총 14개의 프로젝트가 진행되었다. 멕시코시티의 택시 운전사, 스페인 레리다와 레온의 젊은 집시, 마드리드의 성노동자, 코스타리카의 이주노동자, 상파울루의 택배 배달원, 바르셀로나 · 몬트리올 · 제네바의 휠체어 장애인, 콜롬비아 마니살레스의 철거민, 알제리 사하라 지역의 난민, 뉴욕의 이민자 등이 프로젝트에 참여하였다.[7] 〈메가포네.넷〉은 작가의 계획으로 이루어질

---

5 〈억세서블〉의 이미지는 다음의 〈억세서블〉 홈페이지 참조. https://megafone.net/barcelona/about?lang=1(접속일: 2020. 09. 25.)

6 〈메가포네.넷〉의 이미지는 다음의 〈메가포네.넷〉 홈페이지 참조. https://megafone.net/site/index (접속일: 2019. 01. 25.)

7 프로젝트 명은 다음과 같다. 〈시티오*택시(멕시코 시티)sitio*TAXI(Mexico DF)〉(2004~2014), 〈커낼*기타노(레리다)canal*GITANO(Lleida)〉(2005), 〈커낼*기타노(레온)canal*GITANO(León)〉(2005), 〈커낼*인비저블(마드리드)canal*INVISIBLE(Madrid)〉(2005), 〈커낼*센트럴(코스타리카 산호세)canal*CENTRAL(San José de Costa Rica)〉(2006~2007), 〈커낼*모토보이(상파울루)canal*MOTOBOY(São Paulo)〉(2007~2015), 〈더 블라인드 포인트 오브 뷰(바르셀로나)The Blind Point of View(Barcelona)〉(2010), 〈제네바*억세서블(제네바)GENEVA*accessible(Geneva)〉(2008), 〈몬트리올*인/억세서블(몬트리올) MONTRÉAL*in/accessible(Montreal)〉(2012~2014), 〈커낼*템퍼럴(마니

수도 있지만, 작품 홈페이지를 통해 불특정인이나 불특정 집단의 신청을 받아 구성되는 것도 가능하다. 즉, 세계 곳곳의 사람들이 자신이 속한 특정한 집단을 그들 스스로의 힘으로 표현하고 싶을 때 〈메가포네.넷〉을 이용할 수 있다.[8] 이 과정에서 작가는 참여자들이 활동하고 표현하도록 도와주는 선동자나 촉매자의 역할을 하게 된다.[9]

〈억세서블〉은 바르셀로나의 휠체어 장애인 40명을 참여자로 초대했다. 참여자들은 바르셀로나 거리를 다니면서 접한 장애물들의 사진을 찍어 그것들을 위성 위치확인시스템GPS:Global Positioning System이 가능한 모바일폰을 통해 웹에 전송, 게재한다. 그리하여 웹상의 바르셀로나 지도에 장애물의 위치를 표시하여 도시에 대한 실시간 자기 접근성(또는 접근 불가능성) 지도를 만든다.[10] 〈억세서블〉은 아바드의 기획 아래 2005년 12월부터 2006년 4월까지 처음 실행되었으

살레스)canal*TEMPORAL(Manizales)〉(2009~2010), 〈커낼*사하라구이(알제리 사하라)canal*SAHARAUI(Algerian Sahara)〉(2009~2011), 〈유*플로럴(뉴욕)you*PLURAL(New York)〉(2011~2013), 〈블라인드위키(베니스 외)Blindwiki(Venice et al.)〉(2015~2020). "Projects," megafone.net, https://megafone.net/site/index(접속일: 2019. 01. 02.)

8   그러나 〈메가포네.넷〉의 프로젝트들은 대부분의 경우 예술기관의 제안이나 작가의 계획으로 시작되었다. 이는 사회의 약소자 집단들이 스스로를 드러내려고 마음먹기가 쉽지 않다는 점을 말해 준다. Laura Györik Costas, "Tag, operating instructions: Interview with Antoni Abad," (Parc des Bastions, Geneva, 1 May 2008), *2008 Laura Györik Costas : megafone.net*, http://megafone.net/INFO/index.php?/english/2008-laura-gyoerik-costas/(접속일: 2013. 10. 23.)

9   Dolores Acebal, "Fons Audio#24-Antoni Abad."

10 *Intro English : megafone.net*, "A Communal Webcasting Device/Collective Process," http://megafone.net/INFO/(2013년 10월 23일 검색); *People with limited mobility webcast using cell phones*, "BARCELONA*accessible 2006," https://megafone.net/barcelona/about?lang=1(2018년 10월 6일 검색); 〈억세서블〉에서 장애물의 위치가 표시된 웹상의 바르셀로나 지도의 모습은 다음의 주소를 참조. https://megafone.net/barcelona/map/index?lang=1(접속일: 2020. 09. 25.)

며, 그 결과 참여자들은 3,593개의 접근 불가능한 장소들을 표시한 바르셀로나 지도를 웹상에 구축했다. 그리고 그것은 이 작품의 후원자인 바르셀로나 산타모니카 미술관Centre d'Art Santa Mònica에 의해 종이 지도로 제작되었다.[11] 또한 참여자들은 지도 제작 과정에서 얻은 정보와 일상 경험을 바탕으로 웹방송을 제작하는데, 방송 내용을 마련하기 위해 매주 직접 만나 정보와 생각을 나누며 협력한다. 이러한 실천들을 통해 참여자들은 자기 집단의 입장과 의견을 보호하고, 대중매체가 유포하는 자신들에 대한 편견을 바로잡을 수 있다.[12]

〈억세서블〉은 국제상황주의Situationist International 미술의 실천과 유사한 점이 있다. 1960~1970년대 상황주의 예술가들은 제도적, 정치적 하부구조를 변형시키거나 그로부터 벗어나기 위해 문화뿐 아니라 사회적 차원에서 직접 행동을 진개했다.[13] 힌편 현대의 인터넷을 비롯한 새로운 기술은 또 다른 형태의 집단과 지식의 생산 및 분배를 가능하게 하는데, 이를 이용한 오늘날의 미술 실천들은 삶의 차원에

---

11 *pdf : megafone.net*, "BARCELONA*accessible,*" http://megafone.net/INFO/index. php?/downloads/2008-2004/(2019년 7월 6일 검색); 〈억세서블〉에서 종이지도로 발간된 바르셀로나 장애물 지도의 모습은 다음의 주소를 참조. https://megafone. net/INFO/(접속일: 2019. 07. 06.)

12 *Intro English : megafone.net*, "A Communal Webcasting Device/Collective Process."

13 (국제)상황주의는 서구 사회에 대한 자기 분석에서 출발하여 매우 이론적인 입장을 취하는 예술운동이었다. 그들은 자본주의가 공적인 활동에 활발히 참여하는 시민들을, 탈정치적인 대중매체가 제공하는 볼거리를 수동적으로 구경만 하는 무기력한 소비자로 전락시켰다고 비판했다. 기 드보르Guy Debord는《구경거리의 사회Society of Spectacle》(1967)에서 이러한 점을 지적하며 현대 세계가 모든 시적인 능력을 억압하고 미술을 장식품으로 만들어 버림으로써 잘못된 표상만을 보여 준다고 주장했다. 이런 맥락에서 상황주의는 기존 질서에 대해 격렬한 문제의식을 제기하면서 영화, 기고 그리고 직접적인 행동에 의해 정치·관습·사회에 대한 비평적 활동을 하였다. 《세계미술용어사전: 네이버 지식백과》, 〈상황주의〉, https://terms.naver.com/entry.nhn ?docId=894472&cid=42642&categoryId=42642(접속일: 2020. 10. 02.)

서 행해지는 직접행동이란 점에서 상황주의와 유사하다. 현대 기술을 이용한 저항적 미술 실천들은 시각적 생산, 매체를 통한 행동주의 media activism, 다학제적 연구, 시위 등이 결합되어 이루어지는 경우가 많은데, 이 같은 복합적 성격은 미술 실천의 범위를 예술뿐 아니라 우리의 삶으로 확대시킨다. 그리하여 오늘날 미술 실천들의 정치적 의미는 일상 속에 종종 존재한다. 반면 상황주의와 오늘날 미술 실천의 차이가 있다면 상황주의 예술가들은 사회와 정치를 연결하기 위해 예술계 밖에서 작업했지만 지금은 오히려 그 반대라는 점이다. 이는 현대 예술가들이 예술 제도가 재정적으로 유용한 뒷받침이 될 수 있음을 잘 알기 때문이다. 아바드 역시 이러한 점을 이용해 제도권 미술과 정치적 행위의 경계 영역에서 작업하는 것으로 볼 수 있다.[14]

바르셀로나는 스페인 카탈루냐 자치 지방의 주요 도시로서 상공업이 매우 발달했으며 풍부한 문화유산을 지니고 있다. 또한 바르셀로나는 정치적 면에서 진보적 성격이 강한데, 이는 카탈루냐 지방이 고유의 언어와 문화를 가진 스페인의 선진 지역으로 예부터 정치적 독립을 빈번히 추구할 만큼 자립적 의식이 강하기 때문이다. 그래서 19세기 후반 카탈루냐는 노동운동과 사회주의운동의 중심지가 되기도 하였다.[15] 아바드는 카탈루냐에서 태어나 살아온 작가로서 이 같은 카탈루냐 지역의 사회적 영향을 많이 받았을 것으로 여겨진다.

---

14 Katya García-Antón, "Bonjour Monsieur Abad or the rise of the social artist(1)," *2008 Katya García-Antón : megafone.net*, http://megafone.net/INFO/index.php?/english/katya-gracia-anton/(접속일: 2015. 11. 02.)

15 《두산백과: 네이버 지식백과》, 〈바르셀로나〉, https://terms.naver.com/entry.nhn?docId=1097483&cid=40942&categoryId=34081(접속일: 2019. 07. 25.);《두산백과: 네이버 지식백과》, 〈카탈루냐〉, https://terms.naver.com/entry.nhn?docId=1149098&cid=40942&categoryId=34081(접속일: 2019. 07. 25.)

따라서 그의 이런 환경과 그가 〈억세서블〉과 같은 현실비판적 문제를 다루는 것은 어느 정도 연관이 있을 수 있다. 한편 바르셀로나는 오늘날 장애인에 대한 접근성을 정비하면서 장애인 여행객이 선호하는 도시로 자리 잡고 있다. 도시 내 좋은 접근성 때문에 바르셀로나로 이주한 휠체어 사용자가 있을 정도로, 바르셀로나는 많은 휠체어 사용자들에게 살고 싶은 거주지로 꼽힌다.[16] 이 같은 점에서 〈억세서블〉을 바르셀로나의 이런 특성 및 상황과 관련하여 생각해 볼 수도 있을 것이다.

아바드는 〈메가포네.넷〉에서 상상을 통한 현실의 예술을 추구한다. 우리는 대개 현실 속에 파묻혀 살지만 어떤 예술적 비전이나 기술을 만나면 일상을 바꿀 수 있는 가능성이 발생할 수 있다. 그것은 삶에 대한 새로운 시각이 생기기 때문이다. 아바드는 이것이 예술의 힘이라고 여긴다. 실제 장애인 참여자들은 〈메가포네.넷〉을 통해 그들의 정해진 삶 속에서 새로운 생각을 키울 수 있다. 참여자들은 이 작품을 통해 매주 다른 사람들과 만나 자신의 생각을 확장하고 생활의 변화를 기대하며 이를 스스로 실천한다. 이는 참여자들의 상상이 현실화되고 그들의 현실이 변화할 수 있음을 나타낸다. 동시에 〈메가포네.넷〉을 접하는 사람들도 이 작품을 통해 평소 지나쳤던 장애인 문제에 대해 깊이 생각할 수 있다.[17] 한편 아바드는 작업 초기에는 미술

---

16 Susie, "Top 5 accessible cities for wheelchair users," *Disability Horizons*, 10 July 2017, http://disabilityhorizons.com/2017/07/top-five-accessible-cities-for-wheelchair-users/(접속일: 2019. 07. 25.)

17 Kim Sawchuk, "Registering Realities, Parasiting Networks: An Interview with Antoni Abad,"(Spring 2008), *2008 Kim Sawchuk : megafone.net*, http://www.megafone.net/INFO/index.php?/english/2008-kim-sawchuk/2/(접속일: 2013. 10. 23.)

시장 안에서 활동하기도 했지만 지금은 상업성을 포기했다.[18] 여기에
는 컴퓨터 네트워크라는 매체와 사회적 주제로의 변화가 영향을 미
친 것으로 보인다. 그럼 코이노니아와 도래하는 공동체의 논의에 대
해 알아 본 후, 이를 토대로 〈억세서블〉을 분석해 보겠다.

코이노니아와 도래하는 공동체

코이노니아

'코이노니아'는 그리스도교에서 공동체를 나타내는 개념 중 하나
이다. 코이노니아 κοινωνία는 원래 신약시대에 쓰이던 고대 그리스어
로 당시 그리스 · 로마 문화권에서 친교, (영적)교섭, 나눔, 참여, 협
조, 긴밀한 관계, 관대함, 구제, 자선, 도움, 공동체 등의 의미를 담고
있었다.[19] 코이노니아의 동사 형태인 '코이노네오 koinoneo'는 '공동으
로 가지다, 같은 피와 살을 나누다, 연합하다, 참여하다'의 뜻으로 주
로 '누가 가진 것을 다른 이와 함께 나누다'의 의미로 쓰였다.[20] 그
리고 같은 코이논 κοινων 어군에 속한 명사인 '코이노스 koinos'는 '공
유 common'의 뜻으로 통용되었다.[21] 이로부터 그리스도교의 맥락에

---

18 Montse Badia, "Software social. An interview with Antoni Abad," *Software social. Una entrevista con Antoni Abad. - A*Desk*, 18 October 2012, https://a-desk.org/en/magazine/software-social-una-entrevista-con-antoni-abad/(접속일: 2015. 10. 08.)

19 오우성, 〈신약 공동체의 코이노니아〉,《한국기독교신학논총》10-1, 1993, 165쪽; 신앙과 직제위원회, 〈코이노니아와 교회일치운동: 제5차 신앙과 직제 세계대회 문서〉,《한국기독교신학논총》10-1, 1993, 382쪽; 강사문, 〈코이노니아의 구약성서적 이해〉,《장신논단》10, 1994, 253쪽.

20 오우성, 〈신약 공동체의 코이노니아〉, 165~166쪽.

21 박근원, 〈코이노니아 교회 형성의 실천적 과제〉,《한국기독교신학논총》10, 1993, 274쪽.

서 코이노니아의 의미를 유추해 보면, 그리스도교인들이 각자 소유한 것을 함께 나눔으로써 이루어지는 친교와 공동체의 삶으로 생각할 수 있다. 그리스도교에서 사람들이 그리스도의 몸인 성체聖體를 함께 나누어 먹음에 의해 그리스도의 똑같은 지체肢體로서 하나임을 인식하는 행위를 뜻하는 '코뮌commune(성체를 받다)'은 나눔을 통한 연합, 즉 공유에 의한 공동체의 의미를 내포한다. 이런 점에서 오늘날 영어 'commune'이 '성체를 받다, 친교(하다), 공동체' 등의 여러 의미로 사용되는 것은 공동체를 뜻하는 'commune(함께 살면서 책무, 재산 등을 공유하는 집단)'과 'community(종교, 인종, 직업 등이 같은 사람들의 공동체)'가 코이노니아를 그 어원으로 두고 있음을 알 수 있게 한다.[22]

코이노니아를 비롯한 코이느 어군의 단어들에서 중요한 것은 무언가를 서로 주고, 그것을 받음으로써 하나가 되는 상호 공동의 관계를 포함한다는 점이다. 그렇다면 '동일한 것'을 '각각' 나누어 가진다는 점에서 코이노니아는 구성원들의 일치뿐 아니라 개별성의 의미 역시 포함한다. 즉, 코이노니아는 단일화된 하나가 아니라 개별성들을 아우르는 일치이다. 이는 그리스도교의 중심 사유인 이방인에 대한 환대를 통해 설명될 수 있다. 그리스도교는 신에 대한 사랑이 이웃에 대한 사랑을 통해 드러난다고 보는데, 이는 하느님이 인

---

22 《네이버 영어사전》, 〈commune〉, https://endic.naver.com/enkrEntry.nhn?sLn=kr&entryId=63c664ad2b5c4d7d9cb3e5077839edfa(접속일: 2018. 01. 10.); 《네이버 영어사전》, 〈community〉, https://endic.naver.com/enkrEntry.nhn?sLn=kr&entryId=d35990cca8bd405c8b721041721b9fad(접속일: 2018. 01. 10.); 백민관 엮음, 《백과사전: 가톨릭에 관한 모든 것 2》, 가톨릭대학교출판부, 2007, 481쪽; 백민관 엮음, 《백과사전: 가톨릭에 관한 모든 것 1》, 가톨릭대학교출판부, 2007, 672쪽, 674쪽.

간을 사랑한 것처럼 인간들 역시 서로 사랑할 것을 요구하기 때문이다.[23] 이런 이유로 성경은 신에 대한 사랑과 다른 사람, 즉 이웃에 대한 사랑이 불가분의 관계에 있음을 강조한다.[24] 그런데 그리스도교에서 '이웃'은 동족인 유대인뿐 아니라 이방인(비유대인)과 심지어 원수까지 모두 포함하는 용어이다.[25] 따라서 그리스도교는 신에 대한 사랑에 기초하여 유대인 공동체에 속하지 못하는 개별자로서의 이방인들, 즉 완전한 타자들까지 환대한다. 그리스도교는 모든 이방인 타자들을 받아들임으로써 자기동일성의 경계를 허문다. 이런 점에서 그리스도교의 코이노니아는 열린 환대의 공동체로서 타자들이 자기 고유함을 유지하면서도 속할 수 있는 공동체라 할 수 있다.

도래하는 공동체

한편 아감벤은 '도래하는 공동체'를 '임의적 특이성whatever singularity'이라는 개념을 통해 설명한다.[26] 임의적 특이성은 예example의 속성이

23 강남순, 〈탈정치적 이웃 사랑을 넘어서서: 코즈모폴리턴 이웃 사랑의 신학〉, 《기독교 사상》 667, 2014, 223쪽; 구병진, 〈해방신학의 윤리신학적 고찰: 이웃사랑의 문제를 중심으로〉, 《현대가톨릭사상》 1, 1987, 82쪽.

24 강남순, 〈탈정치적 이웃 사랑을 넘어서서〉, 224쪽.

25 강남순, 〈탈정치적 이웃 사랑을 넘어서서〉, 228~229쪽; Scot McKnight, "Neighbor," *Baker's Evangelical Dictionary of Biblical Theology*, ed. Walter A. Elwell, Michigan: Baker Books, 1996, pp. 556-557, *Neighbor - Baker's Evangelical Dictionary of Biblical Theology Online*, https://www.biblestudytools.com/dictionaries/bakers-evangelical-dictionary/neighbor.html(접속일: 2019. 01. 02.) 성경에 나오는 선한 사마리아인의 비유는 이를 잘 보여 준다. 이 예화에서 위기에 처한 유대인에게 도움을 준 이는 형제, 동족인 같은 유대인이 아니라 당시 유대인들에게 철저히 타자이며 원수로 여겨지던 사마리아인이다(루가 10:30-37). 한국 천주교 주교회의 성서위원회 편찬, 《성경》, 〈신약성경〉, 가톨릭출판사, 2012, 119~120쪽.

26 조르조 아감벤, 《도래하는 공동체》, 이경진 옮김, 꾸리에, 2014, 9~10쪽.

다. 어떤 예는 같은 종류의 모든 개별자들을 대표하면서 동시에 스스로 개별적이다. 다시 말해 "사과는 과일의 한 예다"에서 사과는 과일이면서, 또한 과일의 한 종류인 사과 자체라는 뜻도 함께 지닌다. 따라서 예는 보편이나 특수 어느 한쪽에만 속하는 것이 아니라 보편과 특수에 모두 속한다. 이렇듯 보편적이지도 특수하지도 않으면서 자신을 그 자체로 제시하는 것이 임의적 특이성이다.[27] 아감벤은 도래하는 공동체를 임의적 특이성들의 비본질적인 '연대'로 여긴다.[28] 이는 구성원들의 정체성이 임의적이기 때문에 어떤 동일성으로 고정되게 묶이지 못하고, 그저 그들의 순간적 공통성에 의해서만 공동체가 될 수 있음을 뜻한다.[29] 따라서 도래하는 공동체는 유동적이며 규정될 수 없다. 그리고 그것은 유동적이기에, 즉 고정된 경계를 갖지 않기에 개별자들이 자유로이 속하고 탈퇴할 수 있는, 개별성이 살아 있는 공동체가 된다.

임의성이란 보통 '어떤 것이든 상관없다'는 뜻으로 해석된다. 그러나 이를 긍정적으로 풀이한다면 '그것이 어떤 것이든 수용할 수 있는 것', 나아가 '어떤 것이든 마음에 드는 것'의 의미로 생각할 수도 있다. 이런 점에서 임의적 존재는 어떤 것의 존재 자체가 있는 그대로 인정되는 것으로, 어떤 것이 타인의 영향을 받지 않고 자신의 가

---

27 조르조 아감벤, 《도래하는 공동체》, 19~20쪽.

28 여기서 비본질적 연대란 임의적 특이성들이 보편성 속에 통합되지 않고, 보편성 옆에 붙어 자리 잡음으로써 보편성이 확장되어 나가는 것을 의미한다. 조르조 아감벤, 《도래하는 공동체》, 22쪽, 32~33쪽.

29 김종기, 〈해체 이후 거대 서사의 가능성과 아감벤: 아감벤의 '벌거벗은 생명'과 '도래하는 공동체'를 중심으로〉, 《대동철학》 81, 2017, 125~126쪽.

능성에 따라 존재한다는 뜻을 내포한다.[30] 아감벤은 이 같은 임의적 특이성에 사랑의 의미를 부여하는데, 이는 그리스도교에서 한 존재가 그 자체로 존중과 사랑을 받는다는 점에 근거한다.[31] 한편 임의적 특이성들로 구성된 도래하는 공동체에서 '도래하는'은 미래에 확정된 것이 아닌 미래의 가능성을 나타낸다.[32] 임의적인 것은 항상 잠재성을 띠기 때문이다. 임의적 존재는 '~일 가능성'과 '~이 아닐 가능성'을 동시에 지니기에, 임의적 존재들이 모인 도래하는 공동체는 결정된 상태로 지금 눈앞에 존재하는 것이 아니라 잠재적으로 존재한다. 이는 도래하는 공동체가 언제나 자체의 가능성에 맡겨진 채 존재하며 지연되는 무위無爲적 공동체임을 말해 준다.[33] 따라서 도래하는 공동체는 완전히 실현되지 못할 이상적, 윤리적 공동체라 할수 있다.

아감벤은 모든 윤리 담론談論은 인간이 정립해야 할 공통 본성으로서의 어떤 본질, 사명, 운명 등이 없다는 것에 기초해야 한다고 본다. 그리고 인간이 자기 가능성 속에서 자신의 존재 방식대로 존재

---

30 조르조 아감벤, 《도래하는 공동체》, 9~10쪽, 48쪽, 161쪽.

31 조르조 아감벤, 《도래하는 공동체》, 40~43쪽.

32 조르조 아감벤, 《도래하는 공동체》, 151쪽.

33 여기서 도래하는 공동체와 장-뤽 낭시Jean-Luc Nancy가 말한 '무위의 공동체the inoperative community'는 같은 의미를 지닌다. 무위적 공동체는 말뜻 그대로 풀이하면 일부러 애쓰지 않아도 형성되는 공동체를 뜻한다. 이런 맥락에서 낭시는 '무위의 공동체'를 구성원들의 어떤 동일성이나 정체성에 의한 것이 아니라 그저 함께 존재한다는 사실에 의해 형성되는 비규정적 공동체로 설명하는데, 이는 도래하는 공동체의 유동적 성격과 일치한다. 따라서 아감벤의 도래하는 공동체와 낭시의 무위의 공동체는 모두 구성원인 개별성들이 공동체를 위해 희생되지 않는, 즉 자신의 뜻대로 존재할 수 있는 무위적 공동체를 나타낸다고 할 수 있다. 김종기, 〈해체 이후 거대 서사의 가능성과 아감벤〉, 127~128쪽; 이문수, 〈인간 존재와 열린 공동체〉, 《문화와 정치》 5-2, 2018, 153~158쪽.

하도록 하는 것을 가장 기초적인 윤리적 경험으로 생각한다.[34] 아감벤의 이런 생각에 근거해 볼 때, 도래하는 공동체는 인간이라면 참여할 수 있으며, 구성원인 인간들이 공동체 안에서도 자신의 원래 모습대로 살 수 있는 공동체다. 이와 관련하여 도래하는 공동체는 큰 정치적 논의 가능성을 가지는데, 이는 도래하는 공동체가 포함되는 자와 배제되는 자를 구분하는 기준에 관한 담론을 다룰 수 있기 때문이다. 하나의 공동체를 형성하는 것은 대개 공동체에 포함되는 보편자와 거기서 배제되는 특수자를 구분함으로써 포함과 배제를 동시에 발생시킨다. 이는 아감벤의 '벌거벗은 생명' 개념을 통해 설명될 수 있다. 벌거벗은 생명이란, 생명이 정치적(주권적) 삶에서 분리되어 생물학적 기능만을 가지는 삶의 형태를 말한다. 이에 따라 벌거벗은 생명은 공동체로부터 어떤 법적 · 정치적 권리를 실질적으로 부여받지 못한 주체로서 오늘날의 사회적 약소자들, 즉 난민, 불법이주자, 장애인 등이 여기에 해당될 수 있다. 그래서 이들은 인권이라는 명목 아래 어떤 사회에 포함되어 있더라도 그 안에서 배제된다.[35]

아감벤은 도래하는 공동체를 새로운 정치적 과제를 해결하기 위한 하나의 사회 형태로 보면서, 주권자로서 우선적 권리를 가지는 국민뿐 아니라 사회적 약소자도 정치의 주체로 포함해야 한다고 주장한다.[36] 이런 맥락에서 도래하는 공동체에 관한 아감벤의 앞선 논

---

34 조르조 아감벤, 《도래하는 공동체》, 48쪽, 65~67쪽.

35 아감벤은 벌거벗은 생명을 '호모 사케르homo sacer'라는 용어로 표현하는데 호모 사케르는 고대 로마법에서 '살해는 가능하되 희생물로 바칠 수는 없는 생명'을 지칭한다. 다시 말해 이들은 누군가에 의해 죽는다 해도 살인죄가 성립되지 않는 대상들로 사회 속에서 법적, 정치적 보호를 받지 못한 채 생물학적 생명만을 지니는 사람들이다. 조르조 아감벤, 《호모 사케르》, 박진우 옮김, 새물결, 2008, 45~47쪽.

36 조르조 아감벤, 《목적 없는 수단》, 김상운 · 양창렬 옮김, 난장, 2009, 25~26쪽.

의를 고려해 볼 때, 도래하는 공동체는 배제된 특이성들을 보편에 포함시키기 위한 윤리적 담론인 동시에, 차이를 인정하는 정치에 관한 논의로 볼 수 있다. 아감벤은 이 시대를 사는 우리가 국가, 지역, 단체 등 어떤 동질성에 의해 구성되는 공동체로서의 보편성에 포함되지 못하는 나머지인 특수성들이 언제든 될 수 있다고 생각한다. 현대 정치는 벌거벗은 생명을 명백하게 규정할 수 없는 혼돈의 연속으로, 지금은 우리가 주권자라 하더라도 언제든 난민, 이주민, 장애인이 되어 어떤 국가나 사회로부터 배제되는 상황에 처할 수 있기 때문이다.[37] 이런 점에서 아감벤은 도래하는 공동체의 윤리적, 정치적 논의를 통해 우리가 언제든 사회적 약소자가 될 수 있음을 인식함으로써 그들을 환대하고 그들과 공존할 것을 요청한다.

〈바르셀로나*억세서블〉에 나타나는 네트워크에 의한 공동체 윤리

〈바르셀로나*억세서블〉의 정치적·윤리적 성격

〈억세서블〉은 참여자들이 스스로를 조직화해 자기 집단의 입장을 보호할 수 있도록 돕는다는 점에서 사회실천적이며 정치적 성향의 작품이다. 〈억세서블〉은 이에 따른 성과들을 얻었는데 그것은 첫째, 바르셀로나시 정부가 장애인이 이용할 수 있는 바르셀로나 근처의 관광 장소들을 알려 주는 웹사이트(2010~)를 개발하도록 고취시켰다는 점이다.[38] 바르셀로나시는 이 사이트의 개발을 사회의 다양

---

37 조르조 아감벤, 《호모 사케르》, 230~232쪽; 조르조 아감벤, 《도래하는 공동체》, 150쪽.
38 해당 웹사이트(Turisme de Barcelona – Accessibility)는 다음의 주소를 참조. http://

성과 화합을 위한 것이라고 표명하였다. 이는 곧 장애인들을 하나의 사회 구성 집단으로 보고 그들을 받아들여 연대를 이루려는 것으로 〈억세서블〉의 취지가 반영되었다고 볼 수 있다.[39] 두 번째는 장애인 참여자들의 자율적인 연합의 결성이다. 〈억세서블〉에서 장애인 참여자들은 처음 5개월 동안 작가와의 작업이 끝난 뒤, 이를 계기로 그들 스스로 자신들의 정치적 영향력을 행사하기 위한 집단을 만들었다.[40] 참여자들의 자발적 연대 결성은 장애인들의 주체적 인식 강화를 보여 주는데, 이는 즉각적인 현실의 변화는 아니지만 이후 그들 스스로 현실을 변화시킬 수 있는 잠재력을 나타낸다.[41] 이 두 가지 결과는 현실적 변화와 그 가능성을 보여 준다는 점에서 〈억세서블〉이 의도한 정치적 목적을 어느 정도 달성한 것으로 볼 수 있을 듯하다.

표면적으로 사회복지와 같은 실천의 형태인 〈어세서블〉을 복지와 구분하는 것은 이 같은 정치성이다. 〈억세서블〉을 포함한 〈메가포

---

www.barcelona-access.cat/(2019년 7월 3일 검색); "Antoni Abad," http://www.installationart.net/Chapter6Conclusion/conclusion03.html#antoniabad (2012년 8월 29일 검색, 웹사이트 현재 폐쇄); Laura Györik, "Tag, operating instructions,"; 바르셀로나 관광협회의 마리아-호세 아니아Maria-José Anía와의 이메일 참조(2017년 3월 10일 수신).

39 "바르셀로나시는 삶의 질을 알맞게 맞추고 다양성을 존중하는 화합의 도시를 만든다는 하나의 주요한 목적을 가지고 장애인의 접근 가능성을 달성하기 위해 노력하고 있다." *Accessible Barcelona-Visit Barcelona*, "Barcelona Accessible," http://www.barcelonaturisme.com/wv3/en/page/47/accessible-barcelona.html(접속일: 2017.03.09.)

40 Kim Sawchuk, "Registering Realities, Parasiting Networks." 참여자들이 만든 연합의 이름과 활동 기간 등에 관한 정보는 여러 자료들과 작가와의 연락을 통해 알아보려 노력했으나 알아내지 못했다.

41 아바드는 프로젝트의 성공을 평가하는 가장 큰 기준으로 자신과의 작업을 통해 참여자들이 스스로 활동을 지속하고 있는가의 여부를 본다. 아바드는 〈억세서블〉을 이 기준에 부합하는 것으로 생각하며 〈메가포네.넷〉의 프로젝트들에서 성공한 작품들 중 하나로 평가한다. 앞의 글.

네.넷〉의 프로젝트들은 사회적 서비스를 생산하는 원리가 되는 예술의 개념을 보여 준다. 〈억세서블〉에서 온라인 플랫폼을 만들고 모바일폰을 사용하는 것은 참여자들의 요구와 상상을 실현 가능하게 한다. 그 결과 〈억세서블〉은 사회에 균열을 일으키고 사회 내부에 이미 존재하던 요구들을 드러내어 정치적 변화의 촉매로 작용하면서 참여자를 위한 실질적 결과가 도출되도록 사회에 동기를 부여한다.[42] 그리고 이 과정에서 참여자들은 자기 권리를 요구하는 주체로서의 인식을 강화할 수 있다. 사회사업은 장애인들을 구제해야 할 완전한 수동적 대상으로 보지만, 예술은 그들을 사회에서 배제된 이들로 보고 이에 대한 사회적 인식을 바꾸려는 생각으로 실행된다. 이처럼 예술과 사회사업은 문제의식이 다르다. 따라서 〈억세서블〉이 현실적 효과를 바라는 것은 사실이지만, 장애인에 대한 사회(사람들)의 인식 정도에 따라 작가는 결과에 상관없이 행동을 계속 시도할 수 있다. 이 같은 정치적 성격은 〈억세서블〉에 예술로서의 정체성을 부여한다.

한편 코이노니아와 도래하는 공동체의 논의 맥락에서 본다면, 〈억세서블〉의 배제된 약소자들을 사회로 편입시키려는 노력은 윤리적 의미 역시 내포한다. 〈억세서블〉에 나타나는 참여자들의 참여, 나눔, 협력, 일치는 직접적으로는 〈억세서블〉의 정치적 목적을 구현하기 위한 것이지만, 그 정치적 의도는 참여자들의 존재에 대한 존중이라는 윤리의 문제와 상호 연관되어 있기 때문이다. 구체적으로 말해

---

[42] Marti Peran, *canal*GIANTO*, Leida: Centre d'Art la Panera, 2005, quoted in Roc Pares, "megafone.net/2004-2014", *Antoni Abad megafone.net/2004-2014*, eds. MACBA, AC/E, and Turner, Barcelona: MACBA, 2014, p. 15.

서 이는 장애인 참여자들의 정치적 권리 증진이 그들의 인간적 존재에 대한 존중에 기초하지만, 동시에 그들의 존재에 대한 존중은 역으로 그들의 정치적 권리가 보장되어야 가능하다는 뜻이다. 이런 점에서 7년간의 오랜 프로젝트 실행 기간 동안 참여자들이 서로 공감과 친교를 나누었을 것이라는 점에 초점을 둔다면 참여, 나눔, 협력, 일치는 공동체의 윤리적 요소로 작용할 수 있다. 참여자들은 프로젝트 진행 중에 발생하는 이 같은 요소들을 통해 서로 생각과 감정을 교환하며 우정을 쌓고, 나아가 다른 구성원과의 조화를 위해 자신의 뜻을 양보할 수도 있었을 것이다.[43] 따라서 〈억세서블〉에서 발생하는 참여, 나눔, 협력, 일치와 같은 공동체적 요소들은 이 작품이 가진 정치적이면서도 윤리적 성격을 반영한다고 할 수 있겠다.

네트워크의 개별성과 집단성, 그리고 양자의 공존

〈억세서블〉의 윤리적, 정치적 상호작용은 모바일폰 네트워크에 크게 의존한다. 이는 〈억세서블〉이 모바일폰 네트워크와 직접 만남의 방법을 함께 사용하기는 하지만 모바일폰 네트워크의 실행, 즉 웹을 통한 장애물의 위치 및 사진의 공유가 없다면 참여자들 간의 효율적

---

[43] 〈억세서블〉 참여자들에 대한 인터뷰는 아니지만 같은 형식의 작품이라 할 수 있는 〈제네바*억세서블〉(2008) 참여자들과의 인터뷰를 통해 〈억세서블〉 참여자들의 반응을 추측해 볼 수 있다. 〈제네바*억세서블〉의 참여자들은 자신이 프로젝트 통해 다른 이들과 조화되고 사회화되며 어떤 상황에 대한 의견을 교환할 수 있었다고 말한다. 〈제네바*억세서블〉 참여자들의 이같은 반응에 비추어 볼 때 그보다 더 오랜 기간 자율적으로 진행되었던 〈억세서블〉 역시 그 이상의 반응을 보였을 것으로 충분히 생각할 수 있다. Laura Györik Costas, "GENEVA*accessible: insider opinions," (Interview with Nadia Daho and Numa Poujouly, Geneva, 23 September 2008), *2008 N. Daho/N. Poujouly : megafone.net*, https://megafone.net/INFO/index.php?/english/2008-n-daho---n-poujouly/(접속일: 2017. 03. 08.)

상호작용이 힘들기 때문이다. 다시 말해 만약 참여자들이 자신이 찍은 사진을 모바일폰 네트워크를 사용하지 않고 실제 만남에 직접 가져와 공유하더라도 그것들을 이용해 토론하고 장애물 지도를 만들 수 있지만, 그 과정이 불편하고 프로젝트의 진행 속도 역시 많이 느릴 것이라는 뜻이다. 오늘날 모바일폰은 네트워크 덕분에 즉각적이며, 개인적 도구로서 자율적인 동시에 뛰어난 공유 능력 역시 지닌다.[44] 〈억세서블〉의 참여자들은 바로 이 같은 점을 이용해 인터넷 장애물 지도와 웹방송을 매우 빠르고 효율적으로 제작한다. 따라서 지도와 방송을 만드는 과정에서 발생되는 참여자들의 윤리적, 정치적 상호작용을 원활하게 하는 데 있어 참여자들의 직접 만남도 중요하지만, 모바일폰 네트워크 역시 상당한 역할을 한다는 것을 알 수 있다. 이런 측면에서 모바일폰 네트워크는 〈억세서블〉이 공동체 윤리를 구현하는 데 의미 있는 기여를 한다고 말할 수 있다.

네트워크는 매체적 특성상 개체와 집단을 공존 가능하게 한다. 네트워크는 작은 점들이 서로 연결된 그물망 형태로, 디지털 공간에서 이 작은 점들은 '노드node'라고 불린다. 컴퓨터 네트워크에서 노드는 연결 지점으로서 정보를 만들고 이를 다른 노드로 전달할 수 있는 기능을 가진다. 그러므로 컴퓨터 네트워크에서 노드는 다른 노드와 정보를 주고받는 활성화된 하나의 기능 단위로서 전체 네트워크와 연결된 한 개인을 상징한다고 볼 수 있다.[45] 그런데 네트워크에서 노드들이 자신의 데이터를 전송할 수 있다는 것은, 곧 노드들이 데

---

[44] 데니스 맥퀘일, 《매스 커뮤니케이션》, 양승찬 · 이강형 옮김, 나남, 2007, 180쪽.

[45] 《두산백과: 네이버 지식백과》, 〈노드〉, https://terms.naver.com/entry.nhn?docId=2829831&cid=40942&categoryId=32848(접속일: 2020. 10. 02.)

이터를 지닌 채 네트워크의 연결된 선을 따라 이동하는 것으로 생각해 볼 수 있다. 이런 점에서 네트워크상의 노드들은 서로 연결되어 있어 약간의 제한이 있긴 하지만 각각이 비교적 자유로우며, 그래서 상황이나 목적에 따라 일시적으로 함께 모이는 것이 가능하다. 이는 개인(개인 소유)의 집단화, 그리고 집단(집단 소유)의 개인으로의 분열이 유동적임을 나타내는 것으로, 함께 소유함 또는 함께 나누어 가짐을 뜻하는 '공유'의 의미와 상응한다. 이 같은 특성을 통해 네트워크 구조가 개체성과 공동체를 함께 허용한다는 것을 알 수 있다.

〈억세서블〉에서 각 참여자들은 자기가 찍은 사진들을 모바일폰 네트워크를 통해 다른 참여자들과 공유한 후, 직접 만남에서 그것들을 함께 논평한다. 그리고 웹방송의 내용을 비롯하여 프로젝트와 관련된 모든 선택들은 공동으로 행해진다.[46] 그리하여 〈억세서블〉은 개별 참여자와 참여자 집단의 존재를 모두 인정한다. 이런 공동체는 각 구성원을 희생하지 않으면서 공동체도 유지될 수 있기에 윤리적이다. 한편 이러한 과정을 거쳐 각 사진들은 그것을 찍은 사람의 이름과 함께 인터넷 지도에 나타나는데, 이 때문에 사진들은 개인적이기도 하지만 동시에 모든 참여자들을 포함한 세계 불특정 다수에게 보일 수 있다는 점에서 공동체적 성격을 지닌다.[47] 이는 네트워크의 개인의 것을 공동체화하는 능력에 의한 것으로, 곧 네트워크의 매체

---

[46] Laura Györik, "Tag, operating instructions."

[47] 〈억세서블〉에서 사진을 찍은 사람의 이름과 함께 제시되는 장애물 사진의 예는 다음의 주소를 참조. https://megafone.net/barcelona/*Conrado?lang=1(접속일: 2019. 05. 15.) 또한 〈억세서블〉 홈페이지의 장애물 지도(https://megafone.net/barcelona/map/index?lang=1)에서 지도 위에 표시된 각 장애물을 클릭하면 그 장애물의 사진과 사진을 찍은 참여자의 이름이 함께 나타난다.

적 특성인 공유에 기인한 것임을 알 수 있다. 따라서 이 작품에서 네트워크는 개인과 공동체의 공존의 윤리를 구현하는 수단으로 작용한다고 할 수 있다.

네트워크에 의한 집단지성

〈억세서블〉은 집단지성의 방식을 사용하는데, 집단지성은 네트워크에 의한 개별성과 공동체의 공존의 윤리를 잘 보여 준다. 집단지성은 다수의 컴퓨터 이용자들의 협력으로 달성되는 집합적 행위의 결과물, 판단과 지식의 축적물이나 그 과정을 뜻하는 것으로 오늘날 오픈 소스open source, P2Ppeer to peer, 위키피디아wikipedia 등이 그 예이다.[48] 철학자 피에르 레비Pierre Levy는 성경에 나오는 아브라함의 협상과 롯의 환대에 관한 이야기를 통해 집단지성에 내포된 개별성과 공동체의 공존의 의미를 설명한다.[49] 이 이야기에서 아브라함

---

[48] 백욱인, 《디지털데이터 · 정보 · 지식》, 커뮤니케이션북스, 2013, 36쪽, 38쪽; 오픈 소스란 무상으로 공개된 소스 코드source code 또는 소프트웨어를 말한다. 소프트웨어의 설계도에 해당하는 소스 코드를 인터넷 등을 통해 무상으로 공개하여 누구나 그 소프트웨어를 개량하고, 그것을 재배포할 수 있도록 하는 것 또는 그런 소프트웨어를 가리킨다. 오픈 소스는 소스 코드를 공개하여 유용한 기술을 공유함으로써 많은 사람들이 자유롭게 소프트웨어의 개발과 발전에 참여할 수 있도록 하는 것이 우수한 소프트웨어를 만드는 데 도움이 된다는 생각에 바탕을 두고 있다. 《두산백과: 네이버 지식백과》, 〈오픈 소스〉, https://terms.naver.com/entry.nhn?docId=1228317&cid=40942&categoryId=32837(접속일: 2019. 01. 27.); P2P는 인터넷에서 개인과 개인이 직접 연결되어 파일을 공유하는 것을 뜻한다. 기존의 서버와 클라이언트 개념이나 공급자와 소비자 개념에서 벗어나 개인 컴퓨터끼리 직접 연결함으로써 모든 참여자가 공급자인 동시에 수요자가 되는 형태이다. 《두산백과: 네이버 지식백과》, 〈P2P〉, https://terms.naver.com/entry.nhn?docId=1213240&cid=40942&categoryId=32854(접속일: 2019. 01. 27.)

[49] 성경에 나오는 소돔과 고모라는 악의 도시로 신은 이를 멸하기로 결심한다. 그러나

의 협상과 롯의 환대는 소돔과 고모라라는 공동체의 멸망을 지연시키고 공동체를 존속시키는 행위로서 선^善하다. 먼저 아브라함의 협상은 롯이라는 인적 자질을 존재할 수 있게 하고 그것에 가치를 부여함으로써 인간 집단에 내재하는 작은 긍정적 자질들을 최대한 이용한다. 이와 관련해 아브라함이 도시를 구하기 위해 최소한 10명의 의인을 남기려는 이유는 집단을 구하기 위해서는 집단의 힘이 필요하기 때문이다. 의인들 역시 집단으로 존재해야만 서로 도움을 주면서 자신들을 유지할 수 있다. 한편 롯의 환대는 이방인을 공동체에 수용하는 행위로 이방인을 구원한다. 의인 또는 그들의 사회는 상호성의 원칙에 따라 이방인을 사회에 포함시키려 하며 이를 통해 사회 조직을 수선할 수 있다. 그러나 의인이 받아들임, 즉 공동체와 보편성만을 전적으로 추구하는 것은 아니다. 롯은 공동체에 맞서 혼자가 되는 위험을 감수했다.[50] 이는 환대라는 선의 개념에 있어 보편성 속에서도 개별성을 유지하는 것이 중요함을 보여 준다.[51]

레비는 이를 통해 선의 유지에 보편성과 개별성이 함께 요구된다는 것을 말한다. 여기서 아브라함은 다수의 인적 자질(선함)을 보존함으로써, 그리고 롯은 타인을 환대함으로써 선을 행하는데 이는 각 개인의 의견을 수용하면서 집단의 입장을 형성해 가는 집단지성의

아브라함이 이를 말리며 의인 10명이 그 도시들에 존재한다면 도시의 멸망을 멈추도록 신과 협상한다. 이에 따라 소돔의 의인을 조사하기 위해 두 천사가 그 곳을 방문하는데 롯은 이방인으로 변장한 두 천사들을 마을 사람들의 거센 저항에도 환대한다. 그래서 롯은 결국 소돔의 유일한 의인이 된다(창세기 18~19장). 한국 천주교 주교회의 성서위원회 편찬, 《성경》, 〈구약성경〉 21~23쪽; 피에르 레비, 《집단지성: 사이버 공간의 인류학을 위하여》, 권수경 옮김, 문학과지성사, 2002, 47~48쪽.

50 피에르 레비, 《집단지성: 사이버 공간의 인류학을 위하여》, 50쪽.

51 피에르 레비, 《집단지성: 사이버 공간의 인류학을 위하여》, 51~53쪽.

원리와 통한다. 그리하여 이는 집단지성이 개별성과 보편성의 공존의 특성을 가지고 있으며, 이러한 공존의 특성이 윤리적일 수 있음을 알려 준다. 환대의 개념을 통해 설명될 수 있는 집단지성의 의미는 타인에 대한 열림과 다양성에 대한 수평적 수용이다. 집단지성은 결국 가상공간에서 타인을 발견하고 만나고 그에 대해 배우는 것이다.[52] 따라서 신학에서의 환대, 인류학에서 타자의 문제, 그리고 가상공간의 집단지성 문제는 궁극적으로 같은 맥락에 놓여진다.[53] 이런 점에서 윤리는 기술의 문제로 전환될 수 있으며, 네트워크를 통한 집단지성이 그 기술적 잠재력을 지녔음을 알 수 있다.[54]

〈억세서블〉은 참여자 개인의 관점, 즉 각 참여자가 찍은 사진들과 개별적 의견을 참여와 협력을 통해 공공화한다는 점에서 집단지성을 사용한다고 할 수 있다. 〈억세서블〉은 참여자 개인들의 관점이 더해져 작품을 이루는데, 이는 참여자 개인과 그들 집단의 생각을 동시에 나타낸다는 점에서 개별성과 공동체의 공존의 특성을 가진다. 그리고 이 과정에서 참여자들은 자기 의견을 제시하면서 상호 협동, 조율, 인정을 경험하게 되는데, 이는 공존의 윤리적 요소들이라 할 수 있다. 이는 같은 장애인이라도 동료를 통해 다른 관점을 얻거나 각 참여자들의 생각이 만나 새로운 관점이 생성될 수 있음을 뜻한다. 또한 참여자들은 지도나 방송을 만들면서 혼자일 때는 하지 못

---

52 피에르 레비, 《집단지성: 사이버 공간의 인류학을 위하여》, 125쪽.
53 피에르 레비, 《집단지성: 사이버 공간의 인류학을 위하여》, 127쪽.
54 피에르 레비, 《집단지성: 사이버 공간의 인류학을 위하여》, 121쪽, 124쪽, 127~129쪽. 집단지성은 물론 부작용의 가능성 역시 지닌다. 그것은 집단지성이 집단과 관련된 것이기 때문에 잘못될 경우 가상공간에서 지배와 권력, 소속과 배척이 발생할 수 있다는 점이다. 그러나 레비는 그럼에도 오늘날에는 기술을 통한 집단지성의 긍정적 잠재력이 훨씬 크기 때문에 집단지성을 실천하는 것은 의미가 있다고 말한다.

했던 것을 실행할 수 있는 과감한 집단적 힘이 생긴다. 참여자들이 그들의 정치적 영향력을 발휘하기 위한 집단을 만든 것도 이런 맥락에서 이해 가능하다. 한편 〈억세서블〉은 네트워크를 통해 모든 이들에게 접근을 허락한다. 살펴보았듯 〈억세서블〉이 참여자들에게 직접적이고 긴밀한 공동체를 제공했다면, 세계 불특정 다수의 사람들에게는 간접적이고 느슨한 공동체가 만들어질 수 있는 토대를 제공한다. 네트워크를 통해 〈억세서블〉을 접하는 사람들은 장애인들의 실제 상황과 생각을 알고 그들을 더 잘 이해할 수 있는데, 이는 함께 사는 사회라는 포괄적 차원에서 모든 사회 구성원들에게 도움이 될 수 있다. 이 같은 점들은 장애인과 또 다른 장애인, 장애인과 비장애인 서로에게 호혜互惠적 요소로서 이들 모두 사회에서 공존하고 연대할 수 있는 가능성을 만든다.[55]

집단지성의 활동인 〈억세서블〉에 대한 구체적인 반응은 앞서 언급했듯 바르셀로나시가 장애인을 위한 관광 사이트를 개발했다는 점을 들 수 있다. 바르셀로나시는 장애인들이 접근할 수 없는 곳을 표시한 〈억세서블〉 지도에 대하여, 역으로 장애인들이 편리하게 사용할 수 있는 장소들을 알려 주는 웹사이트를 개발했다. 사실 도시 전역의 장애물들을 제거하는 것은 도시 재정의 측면에서 쉬운 문제가 아니다. 이런 점에서 장애인을 위한 관광 사이트의 개발은 〈억세서블〉이 요구하는 것으로 볼 수 있는 해당 장소의 장애물 제거나 새로운 접근로의 설치는 아니지만, 도시가 대안으로 취할 수 있는 현실적 반응이라 여겨진다. 참고로 〈메가포네.넷〉 중 본 작품과 유사한 프로젝트인 〈제네바*억세서블〉의 경우 장애인 참여자들이 단체를

---

55 조화순 · 민병원 · 박희준 · 최항섭, 《집단지성의 정치경제》, 한울, 2011, 245쪽.

만들어 장애인을 고려하는 건축 및 도시계획이 이루어지도록 활동하고자 한다. 그래서 그들은 건물 설계 시 자문을 하거나, 장애인을 위해 자기 사업장의 접근성 개선에 동의하는 사업장 소유자에게 제네바시가 운영하는 장애인을 위한 건축 수선 기금을 지급하도록 제안하는 역할을 하길 원한다.[56] 이처럼 집단지성의 결과물로서 나오는 개별 프로젝트의 양상은 참여자와 그들의 환경에 따라 조금씩 다르게 나타나는 듯하다.

대화적 매체로서의 모바일폰 네트워크

〈억세서블〉에서 모바일폰 네트워크는 참여자들의 사회적 관계 생성을 위해 사용되는데 이와 관련된 윤리적 측면을 빌렘 플루서Vilém Flusser의 '대화적 매체Interactive media' 개념을 통해 생각해 볼 수 있다. 대화적 매체란 망형網形 구조의 대화를 발생시키는 매체를 말한다. 망형 구조의 대화란 대화에 참여한 모든 파트너가 중심을 형성하고 정보들의 합성이 망 전체로 확산되어 일어나는 대화를 뜻한다.[57] 망형 구조의 대화는 사람들이 주고받으며 확산되는 분산적 커뮤니케이션 형식으로서 궁극적으로 인간이 발생시킨 모든 정보를 수용할 수 있다. 인간의 대화 형식 대부분이 이 같은 망형 구조의 대화에 속할 수 있는데 잡담, 수다, 욕설, 소문 등이 그 예이다.[58] 그리고 이 같은 망형 구조의 대화들은 시간이 지나면서 우편, 전화, 비디오, 컴퓨

---

56 Laura Györik Costas, "GENEVA*accessible."
57 빌렘 플루서, 《코무니콜로기》, 김성재 옮김, 커뮤니케이션북스, 2006, 306쪽.
58 빌렘 플루서, 《코무니콜로기》, 35쪽.

터 통신 등으로 발전하게 된다.[59]

플루서는 유대 철학자 마틴 부버Martin Buber를 이용해 망형 대화에 내재한 실존적 문제를 윤리적 측면에서 설명한다. 유대적 존재론에서 인간이 자신을 '나'로 인식하는 것은 신이 그를 '너'로 부르기 때문이다. 이는 비신학적 맥락에서 본다면 타인이 나를 얼마나 많이 '너'로 불러 주는가에 따라 나는 자아를 더 충분하게 인식할 수 있다는 뜻이다. 이런 점에서 유대-그리스도교에서 인간은 타인들과의 대화 속에서 인간이 될 수 있으며, 따라서 유대-그리스도교의 종교성은 인류학적으로 표현될 수 있다.[60] 이러한 맥락에서 유대-그리스도교적 대화의 의도는 상대방, 즉 타인에 대한 인식과 타인을 통한 자기인식이다. 커뮤니케이션 이론의 측면에서 말하면, 유대교에서 대화는 정보의 탄생보다 메시지에 대한 대답이 소통의 목적이다.[61] 플루서는 이러한 논리를 뉴미디어에 적용할 수 있는 가능성을 제시한다. 오늘날의 뉴미디어는 대화의 파트너가 대부분 존재하는, 즉 타인과 연결될 수 있는 망형 구조를 가지고 있기 때문이다. 예를

---

59 망형 구조의 대화는 원형圓形 구조의 대화와 비교해 보면 그 특징이 확실해진다. 원형 구조에서는 대화에 참가한 파트너들이 새로 형성되어야 할 정보가 제시되는 빈 중앙을 둘러싸고 모여 있다. 원형 구조 대화의 예는 원형 탁자, 의회, 실험실 등에서 발생하는 대화이다. 빈 중앙은 이 구조의 특징으로 합의, 공통분모, 존재 이유, 가설 등의 의미를 가질 수 있다. 원형 구조의 대화에서 사람들은 대화와 관련된 정보의 공통분모를 발견하며, 이 공통분모를 새로운 정보의 순위에 올린다. 그들이 추구하는 공통분모는 대화 이전에 모든 참여자들이 가지고 있던 공통의 정보가 아니라 새로 만들어진 하나의 합성된 정보이다. 빌렘 플루서, 《코무니콜로기》, 32쪽, 306쪽.

60 빌렘 플루서, 《코무니콜로기》, 313쪽.

61 참고로 플루서는 그리스의 대화의 의도는 진리의 발견이 목적으로 대화 속에서 정보의 탄생을 중시하는데, 이는 유대-그리스도교의 대화와 대비된다고 밝힌다. 빌렘 플루서, 《코무니콜로기》, 314쪽.

들어 컴퓨터 네트워크, 모바일폰, 텔렉스, 케이블 텔레비전 등과 같은 매체를 통해 우리는 상대방을 '너'라고 칭하며 소통할 수 있다. 플루서에 따르면, 이렇듯 뉴미디어를 통해 타인을 '너'라고 부름으로써 그를 '나'로 인식하게 만드는 것을 네트워크의 '영혼 포착' 기능이라 할 수 있으며, 이는 네트워크 속에 내재된 메시아적 특징이라 할 수 있다.[62]

〈억세서블〉을 대화적 매체 개념에 기초해 생각해 보면, 우선 네트워크를 통한 협업에 따른 지도 제작 과정에서 참여자들 간에 간접적 대화의 방식이 발생한다고 할 수 있다. 간접적 대화는 마치 누군가가 게임을 하면서 게임기와는 실제 대화를 하지 않지만 함께 게임을 즐기는 다른 사람과는 이야기를 하는 것에 비유할 수 있다.[63] 〈억세서블〉에서 각 참여자들은 모바일폰과 교류하는 것이 아니라, 그것을 통해 자신이 찍은 사진으로 자기 관점을 제시하고 또한 다른 이의 생각을 확인하는 과정을 포함한다는 점에서 일종의 간접적 대화를 한다. 그리고 장애물 지도는 채팅, 화상 대화와 같은 언어 형식의 소통이 아니라는 점에서도 간접적이다. 이런 점에서 인터넷 장애물 지도는 참여자들이 모바일폰 네트워크를 매개로 간접적으로 의견을 나눈 결과이며, 여기서 네트워크가 간접적 대화의 생성을 뒷받침한다고 할 수 있다. 한편 지도 제작이 내포한 의미는, 대화로서의 지도가 다른 이의 관점을 알게 한다는 점에서 참여자들은 타인뿐 아니라 스스로를 더 깊이 이해할 수 있게 된다는 점이다. 이것은 장애인들

---

62 빌렘 플루서, 《코무니콜로기》, 315~317쪽.

63 Beryl Graham, "A dialogue with an idiot?: Some interactive computer-based art," *Bakhtinian Perspectives on Language and Culture: Meaning in Language, Art and New Media*, eds. Finn Bostad, et al. New York: Palgrave Macmillan, 2004, p. 228.

사이에도 다른 시각이 존재할 수 있으며, 이를 통해 장애인들이 자기 장애의 상황과 입장을 다시 인식하는 계기가 될 수 있음을 뜻한다. 또한 시각적인 면에서 장애물 지도는 〈억세서블〉이 제시한 도시 접근성에 대하여 공동의 경험을 가지는 참여자들이 이미지로 한 이야기들이라 볼 수 있다. 그렇다면 장애물 지도는 참여자들의 집단적 기억으로 통하는 인터페이스interface가 된다. 특히 여기서 지도는 참여자들이 직접 다니며 모은 정보들로 제작된 것이기 때문에, 참여자들의 행위와 살아 있는 기억의 시각적 기록이라 할 것이다.[64] 그래서 이 지도는 유용한 정보로서 참여자들이 어떤 불편을 겪었는지 구체적으로 보여 준다.

한편 〈억세서블〉에서 방송 제작과 관련해서는 참여자들 간에 직접적 대화가 발생한다. 참여자들은 방송 내용을 마련하기 위해 인터넷 장애물 지도를 만들면서 했던 경험이나 생각 등을 실제 만남에서 서로 이야기하는데, 일단 이것은 원형 구조의 대화에 가깝다. 방송 내용은 합의를 통해 결정되어야 하기 때문이다. 물론 이외에도 프로젝트 진행과 관련하여 공동의 결정이 필요할 경우 원형 구조의 대화가 발생할 수 있다. 그러나 이 같은 원형 구조의 대화를 통해 참여자들 사이에 친목이 생기면 이후 각 참여자들은 이를 토대로 잡담, 수다와 같은 일대일 대화, 즉 망형 구조의 대화를 서로 나눌 수 있다. 그 대화 내용에는 불평이나 뒷담화, 칭찬도 있을 것이다. 7년간 이런 과정이 반복되면서 어떤 참여자는 마음을 나눌 수 있는 친구도 충분

---

64 Luc Steels and Eugenio Tisselli, "Social Tagging in community memories," *2007 E. Tisselli/L. Steels : megafone.net*, 5 October 2007, p. 4, http://megafone.net/INFO/ index.php?/books/2007-e-tisselli---l-steels/(접속일: 2016. 03. 25.)

히 얻을 수 있다. 이 같은 점은 참여자들의 삶에 큰 힘과 활력이 될 수 있는 것으로, 플루서가 말한 네트워크의 영혼 포착 기능을 보여 주는 것이라 할 만하다. 이는 모바일폰 네트워크의 작용을 토대로 참여자들이 서로 관계를 맺는 과정에서 타인과 나를 새롭게 인식하고 개발하는 것을 의미할 수 있다. 따라서 종합적으로 보았을 때 〈억세서블〉에서 네트워크는 직간접적 대화를 일으키는 실마리 및 수단으로서 타인과의 관계를 형성하고 확장시켜 작품의 정신적, 윤리적 측면에 기여한다고 볼 수 있다.

〈바르셀로나*억세서블〉이 내포한 공동체 윤리

〈억세서블〉은 작품의 내용과 구조의 측면에서 공동체 윤리와 관련해 생각해 볼 수 있다. 내용의 측면에서 〈억세서블〉은 법적, 공식적으로 시민에 포함되지만 현실적으로는 배제되고 있는 장애인들의 권리에 관한 문제를 다룬다. 그래서 표면적으로 드러나는 시민 공동체 아래 또 다른 시민인 장애인들이 보이지 않게 존재한다는 것을 이야기하려 한다. 이런 점에서 만약 바르셀로나의 시민들을 하나의 전체 공동체로 본다면, 바르셀로나의 휠체어 장애인들은 그 전체 공동체를 구성하는 개별자에 비유될 수 있는 하위 집단들 중 하나로 생각할 수 있을 것이다. 그리하여 〈억세서블〉은 장애인들이 도시를 주요하게 구성하는 바르셀로나의 일반 시민들과 동등하게 인식되어야 한다는 점을 주장하는 것으로 해석할 수 있다. 이는 곧 우리 사회가 장애인, 철거민, 난민 등과 같이 배제된 내부자들을 환대하고 그들과 공존해야 한다는 뜻으로, 코이노니아와 도래하는 공동체의 논의를 그대로 반영한다. 이 같은 점에서 〈억세서블〉의 주제는 코이노니아와 도래하는 공동체가 지닌 열린 공동체 혹은 개별성이 살아 있는 공동체의 이념과 통한다고 할 수 있다.

그러나 〈억세서블〉은 작품 구조 면에서는 코이노니아와 도래하는 공동체가 제시하는 환대와 공존의 윤리에 완전히 부합하지 못한다. 〈억세서블〉은 일반인들이 참여할 수 없는 구조로 참여자들만의 한정된 공동체로 진행되기 때문이다. 〈억세서블〉은 일정 시간 동안 사람들의 댓글을 허용하는 기회를 가질 때도 있지만, 대개는 장애인들이 사회에 자신들을 일방적으로 보여 주는 통로로 기능한다. 이는 아바드가 〈억세서블〉을 배제된 집단을 위한 작품으로서 그 온라인 플랫폼을 참여자들의 긴밀한 공동체 형성과 장애 문제에 대한 공감을 강하게 피력하기 위한 장으로 생각하기 때문이다.[65] 그럼에도 불구하고 대중과의 소통 부족에 대한 아쉬움은 남는다. 장애인들의 입장에 대한 사람들의 반응을 장애인들이 어느 정도 직접 접할 수 있다면, 장애인들이 상처받을 가능성도 있지만 장애인과 일반 시민 사이에 더 실제적 이해가 가능할 것으로 여겨진다.

그럼에도 〈억세서블〉이 네트워크라는 매체를 통해 전 세계에 노출되는 점은 열린 사회로 가기 위한 토대가 될 수 있다. 세계 불특정 다수의 사람들이 〈억세서블〉을 보고 장애인에 대해 이해하는 기회를 가질 수 있기 때문이다. 그리고 이렇게 〈억세서블〉을 접한 사람들에 의하여 장애인에 대해 열린 사회를 형성할 수 있는 가능성이 발생한다. 이처럼 불특정 다수의 사람들이 장애인에 대해 열린 사회를 형성할 수 있는 가능성을 지닌 채 나름대로 존재하는 것은, 개별성과 공동체가 잠재적, 무위적으로 공존하는 도래하는 공동체의 형태

---

65 Montse Badia, "Software social, An interview with Antoni Abad."

와 부합한다. 이 같은 점은 언급한 〈억세서블〉의 구조적 한계에도 불구하고 네트워크가 만들어 내는 의미 있는 결과라 할 것이다.

나가며

오늘날 네트워크(인터넷)를 통한 공동체는 누구나 비교적 자유롭게 그 공동체에 속하고 또 거기서 벗어날 수 있는, 형성이 용이하고 유연한 열린 공동체가 주를 이룬다. 이는 변화무쌍하며 글로컬glocal한 동시대의 특성을 반영하는 것으로, 우리는 가상 세계뿐 아니라 현실에서도 이와 관련된 모습들을 이미 목격하고 있다.[66] 이러한 사회적 현상을 배경으로 본 글은 네트워크 사용 작품인 〈억세서블〉을 공동체와 관련된 환대와 공존의 윤리의 관점에서 살펴보았다. 〈억세서블〉은 그리스도교의 코이노니아와 아감벤의 도래하는 공동체가 주장하는 열린 환대 및 개별성과 공존하는 공동체 개념의 맥락에서 논의될 수 있다. 그리스도교가 지향하는 공동체와 네트워크에 의한 온라인 공동체는 모두 경계 없는 열린 공동체로, 이는 그리스도교의 공유 이념과 네트워크의 매체적 특성인 공유가 일치하기 때문이다. 이런 점에서 〈억세서블〉은 미술과 오늘날 네트워크 기술의 결합을 통해 근본적이며 오랜 공동체 윤리를 제시하는 한 예라 볼 수 있다. 지금의 시대적, 사회적 흐름을 고려할 때 기술을 통한 열린 공동

---

66 글로컬은 세계적global이면서도 지역적local임을 나타낸다. 예를 들어 오늘날에는 경제 면에서 세계 증시가 하락하면 우리나라의 증시도 하락하며, 정치적으로 일부 국가들에서 정치적 긴장과 불화가 발생하면 세계 정치에 영향을 미친다. 특히 2011년 월가 점령 시위Occupy Wall Street는 한 지역에서 발생한 시위가 세계 곳곳으로 퍼져 나간 대표적인 사건이라 할 수 있다.

체에 대한 연구는 앞으로 계속 필요하다고 여겨진다. 특히 현대미술과 미학은 모호함과 유연성을 본질적으로 내포하는 영역으로 열린 공동체의 개념과 많은 부분 통한다. 따라서 현대미술은 그것으로부터 다양한 가능성을 찾을 수 있을 것이다. 물론 열린 공동체의 이상적이고 비현실적인 측면은 더 숙고해야 할 부분이다. 향후 열린 공동체의 이러한 한계 위에서 현실성과 실효성을 고민하는 예술적 연구들이 이어지기를 바란다.

참고문헌

논문

강남순, 〈탈정치적 이웃 사랑을 넘어서서: 코즈모폴리턴 이웃 사랑의 신학〉,《기독교 사상》 667, 2014.

강사문, 〈코이노니아의 구약성서적 이해〉,《장신논단》 10, 1994.

구병진, 〈해방신학의 윤리신학적 고찰: 이웃사랑의 문제를 중심으로〉,《현대가톨릭사상》 1, 1987.

김종기, 〈해체 이후 거대 서사의 가능성과 아감벤: 아감벤의 '벌거벗은 생명'과 '도래하는 공동체'를 중심으로〉,《대동철학》 81, 2017.

박근원, 〈코이노니아 교회 형성의 실천적 과제〉,《한국기독교신학논총》 10, 1993.

신앙과 직제위원회, 〈코이노니아와 교회일치운동: 제5차 신앙과 직제 세계대회 문서〉,《한국기독교신학논총》 10-1, 1993.

오우성, 〈신약 공동체의 코이노니아〉,《한국기독교신학논총》 10-1, 1993.

유가은,《락스 미디어 컬렉티브의 〈오퍼스〉와 안토니 아바드의 〈바르셀로나*어세서블〉에 나타난 디지털 공유지 연구》, 박사학위논문, 국민대학교, 2016.

이문수, 〈인간 존재와 열린 공동체〉,《문화와 정치》 5-2, 2018.

단행본

데니스 맥퀘일,《매스 커뮤니케이션》, 양승찬 · 이강형 옮김, 나남, 2007.

백민관 엮음,《백과사전: 가톨릭에 관한 모든 것 1》, 가톨릭대학교출판부, 2007.

_____,《백과사전: 가톨릭에 관한 모든 것 2》, 가톨릭대학교출판부, 2007.

백욱인,《디지털데이터 · 정보 · 지식》, 커뮤니케이션북스, 2013.

빌렘 플루서,《코무니콜로기》, 김성재 옮김, 커뮤니케이션북스, 2006.

조르조 아감벤,《호모 사케르》, 박진우 옮김, 새물결, 2008.

_____,《목적 없는 수단》, 김상운 · 양창렬 옮김, 난장, 2009.

_____,《도래하는 공동체》, 이경진 옮김, 꾸리에, 2014.

조화순 · 민병원 · 박희준 · 최항섭,《집단지성의 정치경제》, 한울, 2011.

피에르 레비,《집단지성: 사이버 공간의 인류학을 위하여》, 권수경 옮김, 문학과지성사, 2002.

한국 천주교 주교회의 성서위원회 편찬, 《성경》, 가톨릭출판사, 2012.

Beryl Graham, "A dialogue with an idiot?: Some interactive computer-based art," *Bakhtinian Perspectives on Language and Culture: Meaning in Language, Art and New Media*, eds. Finn Bostad, et al., New York: Palgrave Macmillan, 2004.

Roc Parés, "megafone.net/2004-2014," *Antoni Abad megafone.net/2004-2014*, eds. MACBA, AC/E, and Turner, Barcelona: MACBA, 2014.

전자 사이트

《네이버 영어사전》, https://en.dict.naver.com/#/main (접속일: 2018. 01. 10.)

《두산백과: 네이버 지식백과》, https://terms.naver.com/list.nhn?cid=40942 &categoryId=40942 (접속일: 2019. 07. 25.)

《세계미술용어사전: 네이버 지식백과》, https://terms.naver.com/list.nhn?cid =42642&categoryId-42642 (접속일: 2020. 01. 02.)

Accessible Barcelona-Visit Barcelona, "Barcelona Accessible," http://www.barcelonaturisme.com/wv3/en/page/47/accessible-barcelona.html (접속일: 2017. 03. 09.)

"Antoni Abad," http://www.installationart.net/Chapter6Conclusion/conclusion03.html#antoniabad (접속일: 2012. 08. 29, 웹사이트 현재 폐쇄)

Dolores Acebal, "Fons Audio#24-Antoni Abad," *RÁDIO WEB MACBA*, 13 February 2014, http://rwm.macba.cat/uploads/20140213/Fons24_eng.pdf (접속일: 2015. 10. 08.)

Intro English : megafone.net, "A Communal Webcasting Device / Collective Process," http://megafone.net/INFO/ (접속일: 2013. 10. 23.)

Katya García-Antón, "Bonjour Monsieur Abad or the rise of the social artist (1)," *2008 Katya García-Antón : megafone.net*, http://megafone.net/INFO/index.php?/english/katya-gracia-anton/ (접속일: 2015. 11. 02.)

Kim Sawchuk, "Registering Realities, Parasiting Networks: An Interview with Antoni Abad," *2008 Kim Sawchuk : megafone.net*, http://www.megafone.net/INFO/index.php?/english/2008-kim-sawchuk/2/ (접속일: 2013. 10. 23.)

Laura Györik Costas, "GENEVA*accessible: insider opinions," (Interview with Nadia Daho and Numa Poujouly, Geneva, 23 September 2008), *2008 N. Daho/N. Poujouly : megafone.net*, https://megafone.net/INFO/index.php?/english/2008-n-daho---n-poujouly/ (접속일: 2017. 03. 08.)

Laura Györik Costas, "Tag, operating instructions: Interview with Antoni Abad," (Parc des Bastions, Geneva, 1 May 2008), *2008 Laura Györik Costas : megafone.net*, http://megafone.net/INFO/index.php?/english/2008-laura-gyoerik-costas/ (접속일: 2013. 10. 23.)

Luc Steels and Eugenio Tisselli, "Social Tagging in community memories," *2007 E. Tisselli/L. Steels : megafone.net*, 5 October 2007, pp. 1-6. http://megafone.net/INFO/index.php?/books/2007-e-tisselli---l-steels/ (접속일: 2016. 03. 25.)

Manuel Segade, "Antoni Abad. Sísifo / Sisyphus, 1995," *Foro Arte Cáceres*, http://www.foroartecaceres.es/en/exposiciones/antoni-abad/ (접속일: 2015. 12. 04., 웹사이트 현재 폐쇄)

Media Art Net /Abad, Antoni: Z, "Antoni Abad «Z»," http://www.medienkunst netz.de/works/z/ (접속일: 2015. 12. 04.)

megafone.net, "Projects," https://megafone.net/site/index (접속일: 2019. 01. 02.)

Montse Badia, "Software social. An interview with Antoni Abad," *Software social. Una entrevista con Antoni Abad.-A*Desk*, 18 October 2012, https://a-desk.org/en/magazine/software-social-una-entrevista-con-antoni-abad/ (접속일: 2015. 10. 08.)

pdf : megafone.net, "BARCELONA*accessible," http://megafone.net/INFO/index.php?/downloads/2008-2004/ (접속일: 2019. 07. 06.)

People with limited mobility webcast using cell phones, "BARCELONA*accessible 2006," https://megafone.net/barcelona/about?lang=1 (접속일: 2018. 10. 06.)

Romina Oliverio, "Case study: Megafone-Amplifying Voices via a Communal Mobile Phone," *Rising Voices*, 16 February 2011, https://rising.globalvoicesonline.org/blog/2011/02/16/case-study-megafone-net-

%E2%80%93-amplifying-voices-via-a-communal-mobile-phone/ (접
속일: 2015. 09. 13.)

Scot McKnight, "Neighbor," *Baker's Evangelical Dictionary of Biblical Theology*, ed. Walter A. Elwell, Michigan: Baker Books, 1996, pp. 556–557, *Neighbor - Baker's Evangelical Dictionary of Biblical Theology Online*, https://www.biblestudytools.com/dictionaries/bakers-evangelical-dictionary/neighbor.html (접속일: 2019. 01. 02.)

Susie, "Top 5 accessible cities for wheelchair users," *Disability Horizons*, 10 July 2017, http://disabilityhorizons.com/2017/07/top-five-accessible-cities-for-wheelchair-users/ (접속일: 2019. 07. 25.)

슬라이드 텍스트와 감성공론장

권유리야

이 글은 《인문사회과학연구》 19권 2호(2018)에 게재된 원고를 수정 및 보완하여 재수록한 것이다.

슬라이드 텍스트와 스낵컬처 콘텐츠

디지털 환경이 PC에서 스마트폰 · 태블릿PC와 같은 모바일 미디어 중심으로 재편되면서 디지털 텍스트의 소비는 일상적인 차원에서 이루어지고 있다. 2016년 현재 한국인의 하루 평균 모바일 사용 시간은 3시간이며, 가장 많이 사용하는 20대는 하루에 무려 4시간 9분을 이용한다.[1] PC나 TV 같은 정착형 인터넷 사용이 현격하게 줄고, 대신 모바일 플랫폼에서 소비형 콘텐츠를 선호하는 스낵컬처 현상[2]이 디지털 환경을 주도하는 것이다. 스낵을 먹듯이 쉽게 빠르게 소비되는 대중적 감수성으로 무장한 짧은 형태의 모바일 콘텐츠는 이제 모바일 미디어의 주류 양식으로 자리 잡았다.

슬라이드 텍스트는 이러한 환경 변화에 최적화된 대중지향적 스낵컬처 콘텐츠다. 좌우 혹은 상하로 슬라이딩되는 10장 내외의 최소한의 컷으로 강렬한 인상을 전달하는 배너 형태의 전달 매체를 슬라이드 텍스트라고 한다. 근대의 설득 방식이 논리라면, 현대의 설득 방식은 감성이다. 현대 테크놀로지가 목표로 하는 것은 호모 사피엔스가 아니라 호모 센수스homo sensus, 즉 온몸지각의 고감도 인간이

---

1 이윤주, 〈한국인 1인당 하루 평균 스마트폰 3시간 쓴다〉, 《경향비즈》 2016년 7월 26일자.

2 스낵컬처는 스낵처럼 짧은 시간에 간편하게 즐기는 문화라는 의미로 과자를 먹듯 5~15분의 짧은 시간에 소비하는 문화 트렌드를 지칭한다. 다양한 사용자들의 일회적이고 단발적인 문화 트렌드인 만큼 그 범위도 소설 · 만화 · 드라마 등의 기존 형태를 변형시킨 것뿐만 아니라, 유튜브 등의 플랫폼을 통하여 새로운 형식의 콘텐츠를 생산해 내기도 한다. 이러한 현상들은 단순히 짧은 시간 내에 문화 콘텐츠를 사용한다는 의미에 그치지 않고 문화 소비자들의 문화 소비 패턴을 변화시켰다. 김지현 외, 〈스낵컬처에 최적화된 모바일 웹툰 인터렉션에 대한 연구〉, 《한국HCI학회 학술대회자료집》, 2018, 143쪽.

다.[3] 이러한 지각 구도에서 구독자의 심리적 경향 · 욕구 · 감성을 매체에 담아내는 일은 콘텐츠의 생존을 결정하는 중요한 문제다. 슬라이드 텍스트는 논리적 설득이 아니라, 몰입과 환상을 동원하여 정서적으로 설득하기 때문이다.

짧은 시간에 많은 콘텐츠가 소비되고, 독자들의 선택과 선호에 의해 콘텐츠 노출의 정도가 결정되는 모바일 환경에서 다중감각의 슬라이드 텍스트는 기존 문자 중심 텍스트에 비해 몰입감과 전달력 면에서 월등히 높은 경쟁력을 자랑한다.[4] 이 양식의 대표 주자인 파워포인트가 대중화된 지는 이미 오래되었고,[5] 언론사와 포털사이트는 물론 광고까지 슬라이드 텍스트 형태를 선호하는 것은 그만큼 이 매체가 현대 대중의 지각 방식을 정확하게 읽고 있기 때문이다.

텍스트의 구독자가 어떤 감정 상태에 있게 하느냐에 따라 콘텐츠 선호도는 크게 달라진다. 슬라이드 텍스트는 있는 그대로의 현실이 아니라, 대중이 보고 싶어 하는 현실을 환각적으로 가공하여 제시한다. 바로 이 부분에서 유의미한 몰입감이 만들어진다.

따라서 이를 단순히 오락적 요소로만 제한하는 것은 감정이 갖는 시대적 의미를 놓칠 우려가 있다. 그간 우리 사회 전반에는 인터넷

---

3 이수안, 〈감각중심 디지털 문화와 포스트휴먼 징후로서 '호모 센서스(homo sensus)'의 출현〉, 《문화와사회》 18, 2015, 133쪽.

4 주민재, 〈모바일 환경에서 복합양식적 텍스트의 활용 양상: '슬라이드 텍스트'를 중심으로〉, 《국어문학》 64, 2017, 350쪽.

5 해외 사이트infogram에 따르면, 슬라이드 카드 형태의 파워포인트는 현재 10억 명이상이 컴퓨터에 설치했고, 전 세계에서 1억 2천만 명 이상이 비즈니스와 교육 분야의 프레젠테이션에 활용하며, 매일 3천만 개 이상의 프레젠테이션이 만들어지는 것으로 추산하고 있다. 주민재, 〈모바일 환경에서 복합양식적 텍스트의 활용 양상〉, 343쪽.

스낵컬처 이용을 휘발적이고 일회적인 유흥으로 폄하하는 분위기가 뿌리 깊게 작용해 왔다. 그리하여 슬라이드 텍스트 구독자는 사회에서 고립되고, 뉴스에 대해 수동적으로 반응하며, 매체로부터 쉽게 영향을 받는 무력한 군중으로 왜곡되어 왔다.

내부와 외부의 경계를 무너뜨리는 감정

하지만 모든 사회적 소통은 당대 주류 매체의 메커니즘 영역 내에서 통합되어 이루어진다. 디지털 사회의 소통 역시 독립적으로 존재하는 것이 아니라, 디지털 미디어 플랫폼이라는 운영 방식 내에 통합되어 있다.[6] 소통의 당대성이라는 측면에서 보면, 감성과 오락의 콘텐츠를 개인석인 유흥으로 폄하하는 것은 정확한 판단이 아니다.

감정에는 개인의 내부와 외부의 경계를 무너뜨리는 분명한 공적 행위력이 있다. 디지털 사회는 이성과 합리만으로 유지되지 않는다. 이 사회에서 논리적인 문자는 세계를 완성하기보다 오히려 찢어 놓는다.[7] 논리적 제시는 감성적 사고에 익숙한 현대의 지각 모델과 충돌한다. 오히려 논리적 연쇄보다는 공감각적인 체험 등 다중감각적 사유가 사회를 유지하는 핵심 동력으로 자리 잡아 가고 있다.[8]

따라서 슬라이드 텍스트의 감정 자극적인 요소는 무질서한 사적 분출이 아니라, 집합체의 열정을 반영하고 사회공동체를 구성하는

---

6 주민재, 〈모바일 환경에서 복합양식적 텍스트의 활용 양상〉, 347쪽.

7 김성재, 〈탈문자 시대의 매체현상학〉, 《한국방송학보》 19(1), 2005, 20쪽.

8 임유영, 〈빌렘 플루서의 기술적 상상력과 새로운 글쓰기〉, 《인문학연구》 36(1), 2009, 335쪽.

공적 행위로 볼 필요가 있다. 공공성은 반드시 국가와 관련된 국가 공공성만을 의미하지는 않는다. 디지털 네트워크 사회에서는 국가 공공성보다는 감성에 기반한 사회적 공공성을 형성하기가 훨씬 용이하다. 누구나 접근할 수 있는 개방성, 개별성에서 전체성으로 나아가는 파급력, 여기서 촉발되는 감정의 확산은 사회적 연대와 합의를 가능하게 하는 사회적 공공성이 조건이 되기 때문이다.[9]

카드뉴스, 시처럼 매우 짧은 숏폼short form

카드뉴스는 가장 보편적인 형태의 슬라이드 텍스트이다. 카드뉴스는 일반적으로 짧은 문장 2~3개가 사진이나 그림 등의 이미지를 배경으로 대략 13장 내외의 카드 모양 슬라이드로 구성되는 모바일 미디어의 뉴스이다. 한 장의 슬라이드는 이미지를 활용하고, 여기에 3~5줄 내외의 단문을 좌우 혹은 상하로 밀면서 보는 배너형 카드로 구성된다.[10] 카드가 이어지는 단순한 방식이지만, 간결한 이미지 텍스트와 짧은 터치, 그리고 잠시 머물고 바로 다음 카드로 슬라이딩하는 방식은 최소한의 양으로도 몰입감을 만들어 낸다.

모바일 플랫폼에서는 깊게 보기보다는 피상적으로 훑어보고, 오래 보기보다는 짧게 보는 스낵컬처가 지배적이어서 롱폼long form 텍스트는 적합하지 않다. 여기서 표현은 숏폼short form 형식의 시적 라벨, 즉 시처럼 최대한 단순화하고, 이야기의 범위도 축소시켜야 콘

---

9   이상형, 〈감정과 공공성〉, 《철학논총》 88, 2017, 48~51쪽.

10   정소영, 〈빅데이터 시대에 카드뉴스의 유형과 활용 현황 분석〉, 《한국디자인문화학회지》 21(4), 2015, 614쪽.

텐츠의 접근성과 이해도가 높아진다. 상징성 강한 이미지, 비유와 암시 등 강렬하고 밀도 있는 표현은 시적이며, 군더더기 없이 메시지의 핵심만 전달하는 양식은 상품에 부착된 라벨을 연상시킨다.

〈21세기 소녀담론〉[11]이라는 카드뉴스는 전형적인 시적 라벨의 양식을 보여 준다.

"21세기 소녀담론"이라는 큰 글씨의 제목, 슬립 끈이 보일 만큼 다 드러난 어깨, 금발 머리의 소녀를 찍는 크고 투박한 남자의 손, 검은 바탕에 무질서하게 놓여 있는 긴 머리 소녀들의 이미지, 그리고 간결한 문장은 최소한의 분량만으로도 강렬하고 분명한 메시지를 던져 준다. 미디어 속에서 유린되는 소녀성은 논리가 아닌 감성의 충격으로 제시된다. 드러난 어깨와 금발, 그리고 이를 가두는 프레임과 커다란 남성의 손, 이렇게 4개의 이미지만으로도 미디어에 유린되는 소녀의 삶은 충분히 형상화된다.

여기서는 텍스트도 이미지의 일부이다. 작고 하얀색의 "21세기",

11 　김유진, 〈21세기 소녀담론, 미디어 속 소녀들의 이중적인 자화상〉, 《경향신문》 2017년 9월 12일자.

크고 노란색의 "소녀담론"이라는 글자 배열은 문자가 아니라 전시되는 이미지다. 시적 라벨의 지향점은 가독성이 아니라 가시성이다. 카드뉴스의 가시성은 단순히 '본다'는 일차적인 의미를 넘어 이 가시성이 강렬한 자극으로 이어져야 소비된다. "소녀 하면 어떤 생각들이 떠오를까", 휘황찬란한 네온사인을 배경으로 보이는 작은 카메라, 그리고 "소녀는 스펙터클이다", "스캔들에 휘말린다"와 같은 자극적인 문장들은 읽고 사유하기 위해서가 아니라, 가시적으로 향유하기 위한 이미지 텍스트다.

가시성을 즉각적으로 작동시키기 위해 카드뉴스는 정밀한 논리나 새로운 테마를 발굴하기보다 기존의 뉴스를 재가공하는 방식을 택한다. 제한된 분량으로 강렬한 인상을 이미지화해야 하는 숏폼 저널리즘은 새로운 논리나 정밀한 분석을 제시하기 어렵다. 《한국일보》·《국민일보》·《한겨레》와 같은 신문사는 물론, KBS나 SBS 같은 공중파 방송국 등 언론사들은 자사에서 보도한 뉴스 중 일부를 재가공하여 카드뉴스로 내놓는다. 그래야 구독자가 인지적 노력을 많이 들이지 않고도 빠른 시간에 내용을 수용할 수 있기 때문이다.[12]

시적 라벨의 간결함은 환유적 확장을 통해서 서술성의 결핍을 보완한다. 여기서 하이퍼텍스트는 환유적 확장의 지배적 장치다. 흔히 트위터나 페이스북 이용자들은 제한된 글자 수 때문에 긴 글은 제목이나 주제말로 쓰고 전체 글은 하이퍼텍스트 방식으로 제시한다. 링크를 따라가면서 내용을 확장하는 것이다.

카드뉴스도 마찬가지다. 카드뉴스에 짧게 포스팅된 글과 링크를 통해 열린 웹의 페이지들 사이에는 사물과 그의 속성이라는 환유적

---

12   주민재, 〈모바일 환경에서 복합양식적 텍스트의 활용 양상〉, 345~346쪽.

관계가 성립한다.[13] 링크를 통해 구독자들은 자발적으로 카드뉴스에서 생략된 부분을 채워 나가는 환유적 확장 작업을 수행한다. "#설리_아이유_논란"에 관련된 기사를 링크하거나, "스캔들" "스펙터클"의 상황맥락적 의미를 검색을 통해 구독자들이 자발적으로 완성해 나간다.

가전제품 업체가 신제품을 출시할 때나 게임사가 새로운 게임을 출시할 때도 시적 라벨과 디지털 환유의 조합으로 텍스트가 완성된다. 광고 슬라이드는 선명하고 강렬한 이미지만 제시하고, 나머지 자세한 내용은 '홈페이지 참조'와 같은 방식으로 소비자나 게이머가 검색을 통해 텍스트를 이어 가게 하는 것은 전형적인 환유에 의한 확장 작업이다.

게임적 몰입감

물론 이 작업은 인터랙티브의 요소가 클수록 더욱 활발하게 이루어진다. 인터랙티브는 디지털 미디어에서 터치 기반의 탭tab · 드래그drag · 클릭click · 링크link 등 다양한 방식으로 구독자가 자발적으로 콘텐츠에 대하여 반응하는 상호작용성을 의미한다. 인터랙티브한 요소가 많을수록 구독자의 콘텐츠 반응도 커지며, 환유적 확장은 더욱 왕성해진다.

인터랙티브를 이끌어 내는 핵심은 몰입감이다. 인터랙티브 방식은 디지털 미디어 생태계의 가장 기본적 특성인 상호작용성을 기반

---

13 이재현, 〈글쓰기 공간으로서의 SNS: 재매개, 환유, 에크프라시스〉, 《커뮤니케이션 이론》 8(1), 2012, 339쪽.

으로 멀티미디어적 요소를 가미해서 이용자의 감성과 체험을 강화한 몰입형 디지털 콘텐츠다.[14] 인터넷 웹페이지를 통해 신문이나 방송 뉴스를 업로드하고 댓글을 추가하는 등의 단순한 뉴스 구성 방식이 아닌 새로운 경험 영역으로 접근한다.

위 뉴스는 〈최투, 부정부패의 짝을 찾아라!〉[15]라는 게임 방식의 인터랙티브 카드뉴스다. 이 뉴스는 최순실의 국정농단 당사자들을 연결하는 과정을 짝패를 찾는 화투 고유의 게임 방식과 연결하여 구독자의 반응을 이끌어 낸다. 스토리는 구독자가 "게임 시작"이라는 빨간 버튼을 눌러야 비로소 시작된다. 구독자의 클릭이 없으면 슬라이드는 넘어가지 않는다. "정유라"와 관련된 왼쪽 면과 오른쪽 면의 두 개의 질문에 대하여 하단의 6개 선택지 중 어떤 것을 답으로 선택하는가에 따라 내러티브는 조금씩 다른 방향으로 진행된다.

---

14 임창건 외, 〈디지털미디어 시대 공영방송의 경쟁력 강화 전략〉, 《지역과 커뮤니케이션》 21(1), 2017, 104~105쪽.

15 황경상, 〈최투, 부정부패의 짝을 찾아라!〉, 《경향신문》 2016년 12월 22일자.

이렇게 뉴스는 예능적 몰입감을 창출하는 경험의 영역이 된다.[16] "금메달 가져온 학생 뽑으세요~"와 "총장이 정유라 뽑으라고 지시했다"고 말한 사람이 누구인지 하단에 나열된 6명의 인물 중에서 골라 클릭하면서 구독자들은 국정농단에 대한 정치적 분노를 표출한다. 클릭했을 때 주어지는 시청각적 보상이 자극적일수록 구독자들의 접근성도 높아진다. 구독자들은 정답과 오답을 구분하는 것이 아니라, 하나의 카드놀이를 즐기듯 놀이의 몰입감을 느낀다. 구독자는 단지 뉴스를 보는 자가 아니라, 적극적으로 게임 스토리에 개입하고 상황 속으로 들어가는 게이머가 되는 것이다.

이제 콘텐츠를 수동적으로 보기만 하는 구독자는 존재하지 않는다. 요구가 없어도 스스로 유희하면서 반응하고 참여하는 인터랙티브한 주체로 변화하고 있다. 웹을 통해 뉴스를 업로드하고 여기에 댓글을 추가하는 식의 단순 구성이 아닌, 뉴스 자체를 새로운 예능과 몰입의 콘텐츠로 유희하는 것이다. 단순히 보는 뉴스가 아니라, 게임하면서 자연스럽게 직접 스토리를 텔링하는 주체적 과정은 카드뉴스가 스낵컬처로 각광받는 요인이 된다.

요컨대 스낵컬처로서 카드뉴스가 모바일 미디어 플랫폼에서 대중적 콘텐츠로 생명력을 가질 수 있는 것은 시적 라벨과 환유적 확장의 조합 덕분이다. 시적 라벨은 간결하면서도 강렬한 감성으로 구독자의 시선을 끈다. 환유적 확장은 카드뉴스에 몰입한 구독자들이 자발적으로 텍스트를 확장해 나가는 과정에서 자연스럽게 서술의 결핍이라는 시적 라벨의 양적 결핍을 보완한다. 물론 이 모든 과정이

---

16 박이목 외, 《뉴욕타임즈》와 《가디언》의 인터랙티브 뉴스 특성 연구, 《한국언론학보》 59(5), 2015, 99쪽.

구독자들에게는 뉴스라기보다는 인터랙티브한 예능 콘텐츠로 여겨진다.

대중이 보고 싶은 환각의 세계

모바일 환경의 스낵컬처로 존재하는 한, 카드뉴스가 환기하는 현실은 있는 그대로의 현실이 아니라 대중이 보고 싶은 현실일 수밖에 없다. 대중은 카드뉴스에서 정보나 지식을 기대하지 않는다. 영화 필름처럼 연속되는 모바일의 작은 프레임에 대해 대중이 기대하는 것은 객관적 사실의 세계가 아니라 몰입 가능한 환각적 세계이다.

이런 이유로 슬라이드 텍스트에는 대중의 갈망을 자극하는 사례가 자주 등장한다. 과로와 경쟁으로 찌든 한국사회에서 〈욜로YOLO, 인생은 한 번뿐, 현재를 즐기자!〉[17]는 말은 그야말로 꿈 같은 이야기다. 아직까지 한국사회에서 이웃과 삶을 나누는 소소한 일상의 기쁨은 익숙하지 않은 이야기다. 따라서 이런 사회에서 "현재 자신의 행복을

---

[17] 유재정, 〈'욜로(YOLO)가 필요없는 나라'-#1 덴마크편〉,《이데일리》2017월 7일 10일자.

가장 중시"한다는 생각은 자칫하면 사회화가 덜 되었거나, 아니면 현실을 방기하는 무책임한 말로 들릴 수 있다. 인식의 문제는 사회 시스템과 연결되어 있다. 경쟁과 속도의 시스템에서 욜로는 그야말로 비현실적인 갈망일 뿐이다. 욜로에 대한 관심이 급증하고 있지만, 한국사회에서 욜로는 아직까지 하나의 담론에 머무는 수준이다.

그렇다고 해서 환각이 전적으로 비현실적이기만 한 것은 아니다. 환각은 목표를 현실화할 수 없다는 좌절감에서 출발하지만, 이면에는 그만큼의 현실적인 절실함이 동반된다. 환상 속에 현실화의 가능성이 내재해 있다는 의미이다. 삶이 근본적으로 바뀌지 않으면 공멸한다는 공포는 사회의 체질 개선을 시도하게 한다. 따라서 "현재 자신의 행복을 가장 중시하여 소비하는" "욜로"를 단순한 갈망으로만 치부하기는 어렵다. 당장은 비현실적이지만, 삶을 근본에서부터 바꾸려는 각성과 실천의 움직임이 진행되고 있기 때문이다.

어떤 테마가 사회 내에서 빈번하게, 그리고 지속적으로 다루어지고 있다면, 여기에는 반드시 현실화의 움직임이 뒤따르기 마련이다. 시대정신은 이미 삶의 질을 돌아보기 시작했으며, 휴식과 이웃의 가치를 실현하려는 실천의 움직임들이 사회 전반에서 진행되고 있다. 따라서 "신뢰로 똘똘 뭉친 국가와 국민"이라는 표현이 지속적으로 그리고 비중 있게 등장하는 현상은 한국사회가 이미 회복과 균형으로 방향을 틀고 있음을 의미한다.[18] 인류는 그간 역사를 통해 막연한 환상이 잠재력 있는 환상으로 바뀌고, 이것이 실제 현실이 되는 사례를 수없이 보아 왔다. 덴마크의 사례가 설득력을 갖는 것은 바로 이 환상과 현실의 계기적 관계 때문이다. 휴식과 이웃이 있는 삶이

---

18   조윤경, 《보는 텍스트, 읽는 이미지 : 텍스트와 이미지 사이》, 그린비, 2012, 88쪽.

미세하게나마 현실화하고 있다는 믿음이 대중으로 하여금 아직은 낯선 덴마크의 사례를 수용하게 하는 것이다.

고령의 나이에 패션 모델의 길로 들어선 교수의 역전 스토리가 공감을 얻는 이유도 여기에 있다.

〈이 거리 주인공은 나야 나~〉[19]는 고령의 교수가 우연한 기회에 행운의 주인공이 된다는 이야기다. 파격적인 패션을 즐기는 노년의 교수가 거리에서 우연히 카메라에 포착되면서 패션 모델이 된다는 드라마틱한 반전 스토리다. 여기서 공감의 요인은 "우연"이다. 노력에 대한 적절한 보상을 받기 힘든 현실에서 우연의 테마는 대중 위로의 기능이 있다. 우연은 인과관계가 없으므로 어느 특정인의 전유물이 되지 않는다. 허구와 현실의 경계가 없으므로 언제 누구에게라도 일어날 수 있다는 우연의 매력이 사회적 약자들에게는 큰 위로가 된다.

모든 환상에는 현실을 미리 보여 주는 투명성이 내재해 있다. 환

---

19 현예슬, 〈이 거리 주인공은 나야 나~〉, 《중앙일보》 2017년 6월 8일자.

상은 현실과 이상의 간극에서 나오는 것이 아니라, 아직 도래하지 않은 현실과 곧 도래할 현실 사이의 시간 차에서 등장한다. 문명의 이름으로 인류가 치열하게 추구해 온 것은 막연한 환상이 아니라 예언적 환상이다. 만일 환상 속에 전혀 현실화의 가능성이 없다면, 인간은 결코 환상을 추구하지 않을 것이기 때문이다.

환상은 회복과 균형에 관계된다. 한 사회가 회복과 균형을 꿈꿀 때, 대중 콘텐츠들은 갈망의 방식으로 이를 표상해 왔다. 정치 · 경제 · 교육 · 문화 등 분야와 목적은 달라도 대중 콘텐츠 속에는 늘 흥분 · 위로 · 회복의 방향이 내재해 있는 것이다. 이렇게 보면, 욜로의 테마는 균형 잡힌 삶, 행운의 테마는 회복 가능한 시스템에 대한 사회적 성찰이 진지해지고 있다는 증거이다.

검은 화면에 하얀 글씨, 절제된 사유

이와 관련하여 《지식채널e》의 슬라이드 텍스트들은 철학적 성찰을 보여 주는 독보적인 내용을 꾸준히 선보이고 있다.

〈1초〉[20]라는 간명한 제목은 장소나 시간, 이야기의 인과관계를 따

---

20 〈1초〉, 《EBS 지식채널e》 2005년 9월 5일자.

르지 않는 시적 사유의 정점을 보여 준다. 컷과 컷 사이의 설명은 극도로 제한된다. 〈1초〉가 만들어 내는 사유의 깊이는 비인과성, 생략과 간극의 틈새에서 만들어진다. "1초"라는 함축적인 제목도 그러하거니와, 1초를 "우주의 시간 150억 년을 1년으로 축소할 때 인류가 역사를 만들어 간 시간", 그리고 "총구를 떠난 총알이 900미터를 날아가 표적을 관통하는 시간"에 빗댄 비유적 표현은 미세한 부분을 관찰하고 통찰하는 데서 나오는 시적 사유다. 1초라는 시간에서 전쟁의 광포함을 찾아내고, 거대한 우주와 인간의 역사를 하나로 꿰뚫는 사유의 깊이를 보여 준다.

지극히 절제된 화면 구성은 회화와 텍스트의 경계를 무너뜨린다. 방송 프로그램임에도 내레이션 없이 영상과 음악, 문자 텍스트만으로 감정 몰입을 극대화한다. 검정 바탕에 글자 몇 개만 올려놓아도 1차적인 정보에 감정을 함께 담아내면서 사색의 깊이를 만들어 내는 이미지로 인식된다. 동시에 검은 화면에 하얀 글씨는 하나의 이미지이면서 사유를 가능하게 하는 텍스트이기도 하다. 《지식채널e》의 콘텐츠에서는 언어·여백·이미지·음성뿐 아니라 지면의 크기·타이포그래피·구두점까지도 긴장감과 깨달음을 위해 배치된다.[21] 언어와 비언어적인 이미지가 통합적으로 작용하여 깊이 있는 사유를 만들어 내는 것이다.

《지식채널e》의 슬라이드 텍스트는 이렇게 지식을 정보가 아닌 사유의 영역으로 접근하면서 독보적인 위상을 보여 준다. 기존의 지식들이 감성과 깨달음을 배제했다면, 《지식채널e》는 오히려 이를 전면화한다. 여기서 지식은 정보가 아니라 생각하는 힘이고, 현학적인

---

[21] 조윤경, 《보는 텍스트, 읽는 이미지: 텍스트와 이미지 사이》, 9~55쪽.

수사가 아니라 성찰의 메시지이다.[22] 난해하지 않으면서 절제된 문장들은 심도 깊은 철학의 경지에 다다르고 있다.

이는 《지식채널e》의 내용들이 신화를 거부하는 제3의 프레임으로 설계되었기 때문이다. 〈그가 유죄인 이유〉[23]에서는 악에 대한 기존의 개념과 전혀 다른 제3의 프레임이 등장한다. 기존의 개념은 악을 선의 반대 개념으로 접근한다. 하지만 여기에서는 악을 무능력과 연결시키는 신선함을 보여 준다.

유능한 독일 관리가 유죄인 이유는 "다른 사람의 처지를 생각할 줄 모르는 생각의 무능", "말하기의 무능", "행동의 무능" 때문이라는 결론은 전혀 예상치 못한 새로운 접근법이다. 생각하지 않은 것이 죄라는 표현은, 시스템 속에서 개인적으로 생각하고 행동하는 데 무능해진 현대인에게 새로운 각성의 계기를 던져 준다.

이렇게 《지식채널e》의 슬라이드 텍스트는 해석에서 신화를 제거한다. 신화는 왜곡이나 과장이 있기는 하지만 그렇다고 그 자체가 완전한 거짓이라고 보기는 어려운 통념이다. 통념의 가장 큰 특징은 정당하지 못하더라도 일단 받아들이면 매우 편하다는 것이다. 그렇

---

22 김진혁, 《감성 지식의 탄생》, 마음산책, 2010, 31쪽.
23 〈1초〉, 《EBS 지식채널e》 2013년 11월 2일자.

다 보니 대중은 거짓말만 아니라면 진실보다는 신화를 선택한다. 이러한 환경에서 통념과 거리를 둔 제3의 프레임으로 접근할수록 시청자가 받는 인식의 충격은 크다.[24] 통념의 프레임이 너무 강력해서 해체하기 어렵거나, 두 가지 프레임이 대립해서 절충 불가능한 사안의 경우에《지식채널e》는 새로운 프레임으로 사회를 새롭게 상상하게 한다. 이는 특정 집단, 특정 시대, 특정 계층 위주로 편중되었던 인식의 틀을 깨고 현실을 재구성하는 각성의 기회를 제공한다.

요컨대 슬라이드 텍스트의 몰입감은 막연한 유흥이 아니라, 잠재력 있는 현실에 대한 환각적 표상이다. 환각은 회복과 균형에 대한 사회 전반의 성찰적 움직임이 실재하고 있음을 보여 주는 것이다. 특히《지식채널e》는 슬라이드 텍스트를 단순한 예능적 콘텐츠로만 협소하게 보는 관점을 깨뜨린다.《지식채널e》의 텍스트는 통념과 신화와 거리를 둔 제3의 프레임을 통해서 폭넓은 성찰의 콘텐츠로 이행한다. 통념을 넘어서는 인식의 전환, 몰입감 있는 화면 이미지는 스낵컬처이면서도 삶의 기저를 꿰뚫는 통찰력의 수준으로까지 나아간다.

캡슐언어, 강렬한 감정의 충격

사회적인 논쟁의 대상이 되는 쟁점에서 합의를 창출하거나 동의를 얻는 과정에서 수사修辭의 기술은 절대적으로 필요하다. 무엇보다 모바일 미디어의 대중 콘텐츠에서 하나의 테마를 대중이 특정한 관점에서 바라보게 하는 수사의 능력은 절대적이다. 수사의 목적은 설득이다. 대중의 감성을 자극하여 구독자가 슬라이드 텍스트의 의

---

24 김진혁,《감성 지식의 탄생》, 170~175쪽.

도대로 움직이게 하는 데 수사의 목적이 있다.

슬라이드 텍스트는 다른 어떤 부분보다 대중적 수사에 중점을 둔다. 글자 수에 제한이 없는 일반 매체와 달리, 작은 카드 형식의 슬라이드 텍스트에서는 표현할 수 있는 글자의 양이 그리 많지 않다. 이런 이유로 슬라이드 텍스트는 스토리 구조는 있지만 플롯에 중점을 두지는 않는다. 서술성이 요구되는 스토리 대신 강렬한 감정의 충격으로 접근하는 것이다. 숏과 신scene들은 치밀한 논리보다는 모자이크적으로 배열되어 이 간극을 대중 스스로 상상하게 하는 방식을 취한다.

캡슐언어는 이러한 고민이 만들어 낸 슬라이드 텍스트 고유의 언어 기술이다. 캡슐언어는 핵심이 압축된 캡슐처럼 최소한의 표현으로 강렬한 인상을 가하는 언어학적 연출이다. 최소한의 표현만으로 대중의 파토스를 자극하여 모종의 공공성이나 고원한 가치를 일깨우는 정서적 파급력이 있는 단어들이 선택된다. 양적 전달이 불가능한 슬라이드 텍스트에서는 의미 함량이 높은 캡슐언어를 사용할 수밖에 없다.

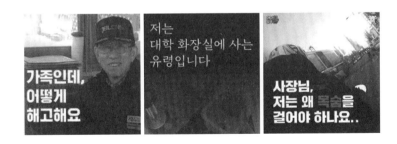

위의 제목들은 논리적 설득보다 강렬한 파토스를 자극하는 캡슐

언어적 표현을 사용하고 있다. 〈가족인데, 어떻게 해고해요〉,[25] 〈저는 대학 화장실에 사는 유령입니다〉,[26] 〈사장님, 저는 왜 목숨을 걸어야 하나요〉[27]는 하나의 문장 안에 의미가 다른 두 개의 단어를 충돌시켜 이 간극에서 대중의 죄의식을 자극한다.

〈가족인데 어떻게 해고해요〉는 한국사회에서 친밀성의 최종심급인 가족을 환기시키며, 아파트 경비원 문제를 가족의 프레임으로 접근하도록 제한한다. 즉, 경비원 해고는 가족이라는 혈연공동체적 정서에 배치되는 것이라는 암시를 통해 사회의 비윤리성을 환기하는 것이다. 〈저는 대학 화장실에 사는 유령입니다〉는 인간으로서 존엄성을 보장받지 못하고 사회적 유령으로 전락한 대학 청소원의 비참한 삶을 대학 화장실과 연결시킨다. 화장실·유령·대학, 이렇게 이질적인 세 단어가 한 문장에 놓이면서 대학 사회의 위선에 대한 대중의 경멸감을 자극한다. 〈사장님, 저는 왜 목숨을 걸어야 하나요〉도 마찬가지다. "저는" "~하나요"라는 10대 청소년의 약자적 표현은 사장님이라는 권위적 표현과 충돌하면서 유린당하는 10대의 순정으로 기득권층의 폭력성을 질타하는 효과를 거둔다.

캡슐언어의 정서적 파급력은 주로 공공선을 해치는 사회 부조리와 관련한 테마에 더욱 효과적으로 사용된다. 정념은 이성을 교란시키는 작용이 아니라, 개인을 자기보다 더 큰 유기체적 전체로 확장시키는 공공적인 힘으로 작용한다. 이는 인터넷 공간에서 감정을 공유하는 일이 사적인 차원을 넘어서 공적인 행위로 확장될 수 있음을

---

25 〈가족인데, 어떻게 해고해요?〉,《SBS 스브스뉴스》2018년 1월 18일자.

26 〈저는 대학 화장실에 사는 유령입니다〉,《SBS 스브스뉴스》2018년 1월 11일자.

27 〈사장님, 저는 왜 목숨을 걸어야 하나요〉,《SBS 스브스뉴스》2017년 2월 14일자.

말해 준다.

그간 감정은 개개인의 내면에서 흐르는 것이어서 이를 공유한 구성원들 사이에서도 잘 표면화되지 않는 비가시적인 것이라고 오해돼 왔다. 뿐만 아니라 감정은 사적인 영역이어서 사회적 역할과 무관한 것이라는 오해 역시 뿌리 깊다. 하지만 디지털 사회에서 감정은 사회를 움직이는 매개로 부상한 지 오래다. 이 사회에서 감정은 분명히 실존하는 것이며, 사회의 시스템과 기능적으로 조응하거나 구조적으로 연동되어 있다는 인식이 분명하게 자리 잡고 있다.[28]

계몽주의에 따르면 지식과 도덕을 가능하게 하는 근거도 감정이다. 합리적 추론이 경험으로 환원되는데, 경험에 수반된 신념 역시 감정의 일종이다. 도덕적 명제들 또한 단순히 이성의 대상이 아니라 어떤 의식를 활성화시키는 감정인 것이나.[29] 따라서 한 집단 내에 유사한 감정이 광범위하게 퍼져 있다면, 이는 사회적 의미와 연동되는 사회적 공공성의 표현 행위로 인식할 필요가 있다.

분노를 자극하는 테마

카드뉴스에서 유독 감정의 밀도가 높은 분노의 테마가 자주 등장하는 것도 이와 관련이 있다.

〈불법 개농장, 어떻게 신고해야 할까요?〉[30]와 〈'살충제 계란'대안?

28 김홍중, 〈사회적인 것의 합정성(合情性)을 찾아서: 사회 이론의 감정적 전환〉, 《사회와 이론》 23, 2013, 10쪽.
29 최희봉, 〈감성과 취미에 관한 흄의 견해〉, 《동서철학연구》 42, 2006, 212쪽.
30 〈불법 개농장을 발견했다면 어떻게 신고해야 할까요?〉, 《동물자유연대》 2017년 6월 11일자.

동물복지농장이 뭔가요〉[31]는 거대기업화되고 있는 식품 산업의 폭력적 현장을 고발한다. 불법 개농장과 살충제 계란은 식품 산업이라는 이름으로 처참한 사육 환경을 눈감아 버렸던 한국사회의 도덕적 타락을 보여 준다. 이는 동물 학대와 동물 생명권의 문제를 넘어 한국사회의 총체적인 타락을 강조하는 전형적인 캡슐언어적 표현이다.

캡슐언어는 통계나 전문 지식을 전혀 동원하지 않고도 이미지와 수사적 언어만으로 감정의 수위를 높인다. 논리적 접근보다는 강렬한 선동성으로 사회 대중의 공분을 자극한다. 캡슐언어로 인해 인간과 친밀한 개, 그리고 식탁에 늘 오르는 닭고기와 관련된 분노가 사회 전반으로 쉽게 확산된다.

감정적 수사는 사회를 특정한 프레임으로 구성하는 집합적 커뮤니케이션의 기능을 한다. 〈불법 개농장, 어떻게 신고해야 할까요?〉라는 청유형 문장, 빨간색으로 강조된 "신고"라는 수행적 어휘, "불법", "살충제"라는 감정이 개입된 표현들은 사회를 특정한 프레임으로 구성하는 기능을 한다. 침묵만으로 집단적 소통은 이루어지지 않는다. 수화조차도 언어 표현 행위다. 분노와 연민이 집단적인 행동

---

31 〈'살충제 계란' 대안? 동물복지농장이 뭔가요〉, 《BabyNews》 2017년 8월 24일자.

과 사회적인 공론화의 단계로까지 나아가려면 감정을 자극하는 파토스적 표현이 반드시 필요한 것이다.

이 점에서 JTBC 〈뉴스룸〉의 '앵커브리핑'은 뉴스에서는 드물게 캡슐언어와 파토스적 수사학의 정점을 보여 준다. JTBC '앵커브리핑'은 감정 표현을 생략한 사건 보도만이 뉴스의 정석이라는 관습에서 탈피한다. 디지털 사회에서 뉴스는 급속도로 팩트 중심에서 스토리 중심으로 이행하고, 또 스토리 내부는 읽고 사유하는 서술형 문장에서 보고 느끼는 감성적 문장으로 달라지고 있다. 이 점에서 JTBC '앵커브리핑'은 사건에 대한 팩트, 윤리적 판단을 파토스에 담아 시청자들에게 전인적인 감성[32]을 제시하는 감정수사학의 새로운 뉴스 스타일을 확립했다고 볼 수 있다.

〈라면이 익어가는 시간…'3분')[33] 은 감성에 기반한 전형적인 캡슐언어의 수사학을 보여 준다.

  라면이 익어가는 시간…'3분'
  라면을 처음으로 먹었던 날을 기억합니다. 1963년 9월, 53년 전이군요. 당시 우리에게 첫선을 보였던 라면값은 10원, 짜장면 값이 30원일 때였습니다. … (중략) …
  "TV 광고에서 라면 국물을 쭉 들이킨 연기자가 "아!" 하면서 열반에 든 표정을 지을 때"
  이 표현들에 동의하지 않을 분은 없을 것 같습니다. … (중략) …

---

32 하병학, 〈방송 뉴스 보도의 변화에 대한 수사학적 고찰−JTBC '뉴스룸'을 중심으로−〉, 《수사학》 29, 2017, 287~291쪽.
33 〈라면이 익어가는 시간…'3분'〉, 《JTBC 뉴스룸 앵커브리핑》 2016년 8월 25일.

기억하시는지요? 70년대 개발독재 시대 공단으로 갔던 많은 누나와 형들의 주된 음식이 라면이었고, 소화가 잘 되지 않아서 오히려 길게 느꼈던 그 포만감으로 이른바 수출입국을 이끌었다는 찡한 얘깁니다.

그리고 그 찡한 얘기는 그로부터 반세기 가까이 지난 2016년의 우리에게도 여전히 현실로 남아 있습니다. 가방 속에 컵라면과 숟가락을 넣고 다녔다던 그 청년. 누군가는 그의 비극에 공감하는 것은 위선이라고 일갈했다지만, 청년을 기억하고자 하는 이들이 편지글을 모아서 책을 출간한 지금도 세상은 그렇게 바뀐 것은 없어 보이기도 합니다.

모든 학교는 구의역이다. … (중략) …

끓는 물에 3분, 짧다면 아주 짧은 시간이지만, 세상은 이들에게 그 행복한 3분마저도 쉬 허락하지 않을 모양입니다.

오늘은 라면의 생일입니다. 오늘 밤도 누군가는 열반에 든 표정으로 라면 국물을 들이키겠지만, 우리는 그 라면 하나로 왜 이리 만감이 교차해야 하는가?

오늘의 앵커브리핑이었습니다.

위 앵커브리핑 전체는 품격 있는 고도의 스타일로 장식되어 있다. 구의역 에어컨 설치 기사 사망 사건과 70년대 공단 노동자들의 노동착취 문제와 같은 시사적 이슈를 "끓는 물에 3분"이라는 문학적 파토스로 가공해 낸다. 약자에 대한 연민, 가혹한 권력에 대한 저항의 정서는 "3분"과 "라면"이라는 문학적 상징 속에 녹아 있다. 비전이 없는 닫힌 상황이지만, 동시에 현실을 버틸 수 있는 최소한으로 주어진 연민의 상황이라는 점은 약자에 대한 애정의 시선으로 문학화한다. 즉, 3분 라면은 전적으로 서민 대중의 동의를 얻어 내는 감성적 표현으로 승화되고 있다.

이렇게 라면과 3분이라는 단어가 응축하고 있는 정서는 논리적으로 제시할 때보다 공적 파급력이 크다. 이는 수치로 가득 찬 그래프를 제시하는 것보다 사회적 공감의 효과가 월등하다.

뉴스의 기반은 로고스다. 하지만 정작 뉴스의 설득력은 고도의 문학적 승화에서 나온다. "모든 학교는 구의역이다", "열반에 든 표정으로 라면 국물을 들이키겠지만" 등 상징과 환유의 스타일을 갖춘 표현들은 어떤 직설보다 사회적 연민과 분노를 자극하는 힘이 있다. 에어컨 설치 기사의 문제를 넘어 한국사회 전체로 공적 사유의 지평을 확장하는 것이다.

감성적 공중의 탄생

결국 이는 공간적 차이를 넘어 유사한 감정을 공유하는 공중을 탄생시킨다. 공통적인 감정을 기반으로 움직이는 존재가 공중이다. 이 공중이 모이는 곳이 공론장이다. 공중과 공론장은 선험적으로 존재하는 것이 아니라, 참여자들의 감정과 수행 의지가 서로 결합하면서 시시각각 구성되는 실체다. 다수가 비슷하게 생각하고, 그 느낌이 전이되어 집단의 담화로 발전하는 순간 공론장은 만들어진 것이다.

디지털 공간에서 개인이 공중으로 부상하는 순간은 이성적 판단이 내려질 때가 아니라 열정에 사로잡혔을 때이다. 감성은 어떤 사회적 계기가 만들어지면 특정한 커뮤니케이션 양식으로 발화되면서 서서히 독특한 표현적 행동적 감각과 감수성을 획득하게 된다. 감정의 공유, 언어적 표출, 대화와 사회적 행위의 발현이 진행되는 과정은 사적인 동시에 공적인 관계가 된다. 감성 공론장은 바로 이 지점

에서 등장한다.[34]

전염력이 강한 감정수사학이 디지털 텔레비전 미디어가 가진 가시성의 효과와 만나면 시청자는 자신도 모르는 사이에 공적 커뮤니케이션 상황에 놓이게 된다. JTBC 뉴스의 접속자들은 기존의 뉴스 시청 방식과 달리, 오프라인의 텔레비전이 아닌 태블릿PC나 스마트폰과 같은 디지털 매체를 통한 접속이 훨씬 많다. 디지털 미디어는 '앵커브리핑'에 대한 타인의 반응을 가시적으로 확인할 수 있다. 인터넷 매체에서는 모든 반응과 효과가 기록되고 검색 가능하다. 따라서 이용자들은 공간적으로 격리되어 있더라도, 자신이 어떤 감성적 분위기 속에 있는지 충분히 확인 가능하다. 이러한 가시성은 인터넷 이용자의 활동이 공적인 커뮤니케이션의 의미를 가질 수 있는 근거가 된다. 조회수 · 검색 수 · 댓글 · 찬반의 분위기 · 트랙백 등으로 남게 되는 정보들은 개개인들이 직접적인 대화가 아니어도 유사한 감정이 대량으로 공유됨을 확인할 수 있게 해 준다.[35]

그간 우리 사회는 인터넷 이용자를 공적 행위 능력이 있다고 보기에는 무리라고 판단해 왔다. 인터넷 이용을 감정적이며 휘발적인 행위로 폄하해 온 것이다. 슬라이드 텍스트 구독자에 대해서도 사회적

---

34 김예란, 〈감성공론장: 여성 커뮤니티, 느끼고 말하고 행하다〉, 《언론과 사회》 18(3), 2010, 149~163쪽.

35 인터넷 매체의 가시성 효과는 개인의 행동에 대한 자기 관찰적 조건만 강화하는 것이 아니라, 타인의 반응에 대한 관찰적 조건도 조성하며, 결정적으로 타인과 유사한 방식으로 자신의 행동을 조정하려는 인식을 갖게 한다. 다시 말하면 모바일로 구독하는 뉴스는 그렇지 않은 경우보다 전염과 관여의 감각이 극대화된다. 구독자들은 의도하지 않아도 개인의 관심, 이익, 정체성의 표현이 타인의 그것과 충돌하고 조정되어 새로운 상호작용을 유발하는 과정을 관찰하면서 공저 의사소통의 효능감에 대한 확신을 갖게 한다. 이준웅, 〈인터넷 공론장의 매개된 상호가시성과 담론 공중의 형성〉, 《언론정보연구》 46(2), 2009, 24~25쪽.

이슈에 대해 고립되어 있어 뉴스에 수동적으로 반응하며 매체로부터 쉽게 영향을 받는 감정적인 군중으로 인식해 왔다. 하지만 감정은 공유의 힘이 강하다. 감성에 젖을 때 시청자는 이성적일 때보다 더 열정적으로 시대의 문제에 개입하게 된다.[36]

이러한 열정이 대량으로 폭발하면 사회 재구성에 대한 혁명의 에너지가 만들어진다. 감정이 갖는 전염력을 상기할 때, 시청자 개인은 혼자 있어도 공적 네트워크 속에 있는 것이 된다. 공중은 이성적 존재가 아니라 감성의 주체다. 감정의 발화 없이 혁명은 일어나지 않는다. 분노가 없으면 혁명이 없으며, 연민과 공감이 없으면 공론장은 구성되지 않는다. 감정은 개인과 사회의 경계를 꿰뚫고 넘나들며 사회적 전파력이 이성보다 월등하다. 감정이 없는 공동체, 감정이 결여된 공론장은 구성되기 힘들다. 슬라이드 텍스트의 캡슐언어와 감정수사학을 사회적 커뮤니케이션으로 보려는 이유가 여기에 있다.

요컨대 슬라이드 텍스트는 미디어 사회에서 감성이 공중의 탄생과 감성공동체의 형성과 직결되는 데 있어 주요한 테마이다. 따라서 슬라이드 텍스트의 캡슐언어와 이에 내재된 감성수사학은 단순한 사적 유희로 볼 것이 아니라, 사회적 커뮤니케이션 과정에 있는 공중이 탄생하는 과정으로 볼 필요가 있다. JTBC 뉴스룸의 '앵커브리핑'은 논증 중심의 뉴스에서 고도의 문학적 스타일을 장착한 파토스적 뉴스의 전범을 보여 준다. 즉, 슬라이드 텍스트의 파토스적 수사학은 감정이 갖는 사회적 네트워크 기능을 확인시켜 주며, 이를 통

---

36 김남일 외, 〈사회적 쟁점에 대한 발언으로서 다큐멘터리의 수사학 연구—EBS-TV 〈지식채널e〉를 중심으로〉, 《한국언론정보학보》 53(1), 2011, 68쪽.

해서 슬라이드 텍스트가 사회 문제에 대한 공론장을 형성하며 사회를 감성공동체로 연대하는 계기를 제공한다.

참고문헌

논문

김남일 외, 〈사회적 쟁점에 대한 발언으로서 다큐멘터리의 수사학 연구—EBS-TV 〈지식채널e〉를 중심으로〉, 《한국언론정보학보》 53(1), 2011, 68쪽.

김성재, 〈탈문자 시대의 매체현상학〉, 《한국방송학보》 19(1), 2005, 20쪽.

김예란, 〈감성공론장: 여성 커뮤니티, 느끼고 말하고 행하다〉, 《언론과 사회》 18(3), 2010.

김지현 외, 〈스낵컬처에 최적화된 모바일 웹툰 인터렉션에 대한 연구〉, 《한국HCI 학회 학술대회자료집》, 2018, 143쪽.

김홍중, 〈사회적인 것의 합정성(合情性)을 찾아서: 사회 이론의 감정적 전환〉, 《사회와 이론》 23, 2013, 10쪽.

박이목 외, 〈〈뉴욕타임즈〉와 〈가디언〉의 인터랙티브 뉴스 특성 연구〉, 《한국언론학보》 59(5), 2015, 99쪽.

이상형, 〈감정과 공공성〉, 《철학논총》 88, 2017, 48~51쪽.

이수안, 〈감각중심 디지털 문화와 포스트휴먼 징후로서 '호모 센수스(homo sensus)'의 출현〉, 《문화와사회》 18, 2015, 133쪽.

이재현, 〈글쓰기 공간으로서의 SNS: 재매개, 환유, 에크프라시스〉, 《커뮤니케이션 이론》 8(1), 2012, 339쪽.

이준웅, 〈인터넷 공론장의 매개된 상호가시성과 담론 공중의 형성〉, 《언론정보연구》 46(2), 2009, 24~25쪽.

임유영, 〈빌렘 플루서의 기술적 상상력과 새로운 글쓰기〉, 《인문학연구》 36(1), 2009, 335쪽.

임창건 외, 〈디지털미디어 시대 공영방송의 경쟁력 강화 전략〉, 《지역과 커뮤니케이션》 21(1), 2017, 104~105쪽.

정소영, 〈빅데이터 시대에 카드뉴스의 유형과 활용 현황 분석〉, 《한국디자인문화학회지》 21(4), 2015, 614쪽.

주민재, 〈모바일 환경에서 복합양식적 텍스트의 활용 양상: '슬라이드 텍스트'를 중심으로〉, 《국어문학》 64, 2017, 343~350쪽.

최희봉, 〈감성과 취미에 관한 흄의 견해〉, 《동서철학연구》 42, 2006, 212쪽.
하병학, 〈방송 뉴스 보도의 변화에 대한 수사학적 고찰—JTBC '뉴스룸'을 중심으로-〉, 《수사학》 29, 2017, 287~291쪽.

단행본

김진혁, 《감성 지식의 탄생》, 마음산책, 2010, 31~175쪽.
조윤경, 《보는 텍스트, 읽는 이미지》, 그린비, 2012, 9~88쪽.

기타 자료

〈1초〉, 《EBS 지식채널e》 2005년 9월 5일자.
〈그가 유죄인 이유〉, 《EBS 지식채널e》 2016년 9월 27일자.
〈라면이 익어가는 시간…'3분'〉, 《JTBC 뉴스룸 앵커브리핑》 2016년 8월 25일자.
〈사장님, 저는 왜 목숨을 걸어야 하나요〉, 《SBS 스브스뉴스》 2017년 02월 14일자.
〈저는 대학 화장실에 사는 유령입니다〉, 《SBS 스브스뉴스》 2018년 1월 11일자.
〈가족인데, 어떻게 해고해요?〉, 《SBS 스브스뉴스》 2018년 1월 18일자.
〈불법 개농장을 발견했다면 어떻게 신고해야 할까요?〉, 《동물자유연대》 2017년 6월 11일자.
〈'살충제 계란' 대안? 동물복지농장이 뭔가요〉, 《BabyNews》 2017년 8월 24일자.
김유진, 〈21세기 소녀담론, 미디어 속 소녀들의 이중적인 자화상〉, 《경향신문》 2017년 9월 12일자.
유재정, 〈'욜로(YOLO)가 필요없는 나라'—#1 덴마크편〉, 《이데일리》 2017년 7월 10일자.
이윤주, 〈한국인 1인당 하루 평균 스마트폰 3시간 쓴다〉, 《경향비즈》 2016년 7월 26일자.
황경상, 〈최투, 부정부패의 짝을 찾아라!〉, 《경향신문》 2016월 12월 22일자.
현예슬, 〈이 거리 주인공은 나야 나~〉, 《중앙일보》 2017년 6월 8일자.

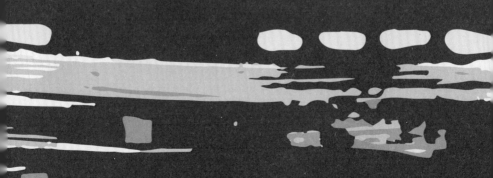

2부

문화의 초국적 이동과
모빌리티의 정치학

문화 콘텐츠의 초국적 이동의 조건들

: 한국 인디음악의 해외 진출을 중심으로

김수철

이 글은 저널 International Communication Gazette 81(2), 2019, pp. 193–208에 실린 논문("'Now it's indie': The creative turn of the cultural policy in the Korean indie music scene")을 저자가 번역, 일부 수정하여 작성한 것임.

케이팝이 전 세계 음악 팬들의 관심을 끌고 있는 동안, 한국의 인디음악도 지난 수십 년 동안 그 인기와 영향력을 발전시키고 확대해 왔다. 1990년대 중반 서울 홍대 지역에서 한국 인디음악이 시작된 이래, 문화 현상으로서 인디음악씬의 인기와 영향력은 이제 더 이상 그 지역과 인디음악 팬들에 국한되지 않게 되었다. 2010년대 들어, 1천 개 이상의 인디 밴드가 주말마다 홍대 지역 10~50개의 라이브 음악 공연장에서 공연을 펼쳤다. 한국 인디음악은 현재 "주류 음악과의 관계에서 보완적인 역할"[1]을 한다고 볼 수 있으며, 일부 밴드는 국내 음악 시장에서 상업적 성공을 거두기도 했다.

지난 몇 년 동안 인디음악 아티스트들은 해외에서 자신의 음악을 공연하고 홍보할 기회를 찾았다. 해외 진출 초기에 일부 인디 밴드(한국 인디 밴드의 1세대인 크라잉넛, 노브레인 등)는 종종 케이팝을 주류 음악으로 인식하는 헤게모니적 문화에 반대하는 입장을 취했다. 케이팝의 성공과 부상은 국제적으로 거의 주목받지 못했던 인디 밴드를 포함하여 한국 밴드에 부인할 수 없는 홍보 효과를 제공하고 있다.[2] 최근 점점 더 많은 한국 인디 아티스트와 그들의 음악이 국내뿐만 아니라 해외 관객들 사이에서도 반드시 케이팝에 대립되는 것으로 인식되고 위치 지어지기보다, 케이팝의 성공과 인기의 연속선상에서 인정받고 있다는 것도 부정하기 힘들다.

한국 인디 뮤지션들은 2010년 이전에도 이미 해외에서 공연을 하고 앨범을 발표하기도 했다. 그러나 최근 몇 년간 해외 글로벌 음악

---

1   양승규, 〈인디음악 20년, 정책현황과 글로벌 진출 지원방안〉, 《한류나우》 19, 2017, 10~17쪽.

2   Epstein, S., "Us and them: Korean indie rock in a K-pop world", *The Asia-Pacific Journal* 13(48), 2015, p. 4.

씬에서 한국 인디 뮤지션이 활발한 활동을 펼치며 부상한 배경에는 한국 정부의 인디 뮤지션에 대한 지원 노력이 있었다. 최근까지도 한국 정부는 대중음악의 해외 시장 진출 지원을 케이팝 성공의 주역인 국내 주요 엔터테인먼트 기획사들 소속의 아이돌 밴드로 제한해 왔다.

전통적으로 한국 대중음악계에 대한 정부의 개입은 공연자와 팬들에게는 늘 반갑지 않은 소식으로 받아들여졌다. 무엇보다도 정부의 개입은 빅뱅 같은 케이팝 아이돌 밴드의 일부 멤버나 전인권, 신중현과 같은 전설적인 팝 뮤지션의 경우처럼 마약(대부분 마리화나) 사용 혐의에 따른 체포 및 기소 혹은 (가사) 검열 등을 의미하였다. 이런 맥락에서 대형 음반사와 계약하거나 정부가 후원하는 행사에서 공연하는 것에 대한 인디음악씬의 인식은 오랫동안 매우 부정적이었으며 금기시되는 경향이 존재했다.

그러나 지난 몇 년 동안 인디 뮤지션들은 정부 지원을 받아들이고 팬 기반을 유지하는 데 성공하고 있다. 이런 변화의 흥미로운 점은 '창조 산업', 특히 박근혜 정부의 문화정책 담론의 핵심인 '창조경제' 개념과 관련이 있다는 것이다. 이 글에서는 창의 산업 정책 담론이 한국 문화 산업과 다른 영역에도 광범위하게 퍼져 있는 상황에서, 해외 글로벌 대중음악씬에서 인디 뮤지션들의 성공을 지원하는 정부의 노력과 관련 정책이 한국 인디음악씬에 미친 영향을 살펴보고자 한다. 또한 대중음악씬과 정부 사이의 역사적 관계를 고려하여 한국 정부가 창의 산업 문화정책을 통해 어떻게 인디음악씬과 조화를 이루고, 그 제작 환경 재편에 어떠한 방식으로 기여하고 있는지 살펴보려 한다.

창조경제와 관련하여 현재 한국의 창의 산업 담론에 기반을 둔 문화정책의 특성을 감안할 때, 정부 정책이 한국 대중음악과 인디음악 씬에 긍정적인 영향을 미치는지 아니면 해로운 영향을 주고 있는지를 속단하기는 어렵다. 오히려 이 글은 특정 정책 목표와 그 결과의 직접적인 관계를 가늠하는 데 있어서 많은 문화적·기술적 요소가 존재하고 있음을 주장한다. 그 요소들이란 한국 인디음악씬의 하위문화, 음악 시장의 변화와 맞물려 있는 기술 환경, 그리고 마지막으로 특정 정부의 특징적인 창조 산업 담론이다.

이 글은 지난 몇 년간 한국의 인디 아티스트가 정부의 지원을 받아 해외로 진출한 사례를 중심으로, 정부의 창의 문화정책과 한국 인디음악씬 사이의 복잡한 관계를 본격적으로 살펴본다. 2010년 이후 실행된 한국 인디 뮤지션에 대한 직접적인 지원 프로그램과 같은 박근혜 정부 초기의 문화정책과 인니 뮤지선의 활발한 해외 진출은, 박근혜 정부의 전반적인 보수적 성격과 한국 인디음악의 일반적인 (비주류적) 정치적 색채를 고려할 때 다소 예상치 못한 일이었다.

이후에 논의되고 있듯이, 한국 인디음악씬의 하위문화는 엡스타인S. Epstein이 설명하는 것처럼, 독립적이고 저항적이며 전복적인 것에서 전문적이고 자의식적이며 현명한 것으로 진화했다고 보는 데 큰 무리가 없다.[3] 한국 인디 밴드에 대한 정부의 지원 정책은 인디 밴드가 지원 프로그램 신청을 거부하거나 정부의 재정 지원 자체를 거부했다면 불가능했을 것이다. 이는 한국 인디 밴드의 하위문화적 측면에서 상당한 변화가 있었으며, 인디 뮤지션들이 정부와 같은 기존 주류 세력에 대한 저항을 멈추고 정부 지원을 유연하게 수용할 수 있을 만큼 실질적인 변화가 일어났음을 의미한다. 이러한 변화는

---

3 Epstein, S., "Us and them: Korean indie rock in a K-pop world", pp. 1-19.

이른바 돈과 명성에 팔려 나가는 일종의 배신 행위sell-out라는 자의식, 혹은 낙인 그리고 새로운 창의 문화 경제라는 환경에서 지속가능한 생계 유지를 위한 일종의 균형 맞추기 사이에서 양자택일의 선택을 강요받아 온 한국 인디 밴드들의 투쟁과 깊은 관련이 있다.

마지막으로, 대중음악 특히 인디음악을 지원하는 문화정책의 효과를 정확히 이해하기 위해 한국 정부 내 창의 산업 담론의 특성과 이에 상응하는 정책도 검토할 것이다. 박근혜 정부와 실무 정책 결정자들 사이에서 창조 산업 또는 창조경제는 그 의미가 명확하거나 구체적이었던 적이 매우 드물다. 창조 산업 담론의 의미화 과정에서 불투명, 불일치, 임의성 (또는 유연성)은 세계의 다른 많은 지역과 국가의 창의 산업 담론에서도 흔히 볼 수 있는 중요한 특징 중 하나이다. 창의 산업 혹은 창조경제의 의미에 존재하는 이러한 애매함 때문에, 문화예술 분야에 대한 정부 지원 정책의 자의성은 불가피한 것이었다. 기존의 케이팝이 글로벌 시장에서 성공함에 따라, 이러한 성과를 인디음악의 해외 진출 지원에도 적용하려는 보수 정부의 바람과 정책들이 한 예시가 될 수 있다.

창의 산업 담론 연구와 한류

기존의 한류 연구에서 일부 학자들은 한류가 글로벌 시장에서 성공한 주요 문화적 요인(예를 들어, 문화 혼종성)에 대해 연구한 반면, 또 다른 학자들은 한국 정부의 역할에 대해 강조했다. 정부 정책이 문화 산업 전반의 성장, 그리고 영화, 방송, 온라인 게임, 대중음악 산업 등의 분야에서 한국 문화상품의 글로벌 성공에 적극적인 역할을 하고 있다는 것이다.[4] 문화 산업에 대한 정부의 접근 방식이 민족 정체성을 보존하는 이데올로기적 도구에서 지식, 혁신, 정보화 시대에 가장 빠르게 성장하는 국가 경제 분야 중 하나로 변화함에 따라, 창의 산업에 대한 최근 연구는 정부와 인디음악씬 간의 관계 변화와 최근 한국 인디 밴드에 의한 문화 콘텐츠의 초국적 이동, 즉 해외 진출 증가를 이해하는 데 유용하다.

다른 한편으로 창의 산업 기반 담론의 역할에 대한 논쟁도 살펴볼 수 있다. 창의 산업 담론이 영국의 문화정책 담론에서 처음 등장한 1990년대 후반 이후, 이 담론은 지리적 경계뿐만 아니라 문화정책 영역을 넘어서 빠르게 확산되었다. 그 후 10년 동안 많은 학자들이 창의 산업 담론의 유용성과 그것이 문화적 실천에 미치는 영향에 대해 논의해 왔다. 이러한 연구들에서 창의 산업 담론은 신자유주의 담론의 하나로 간주된다.[5] 예를 들어 간햄N. Garnham의 경우, 창의 산업 담론을 정보사회의 기술 담론, 슘페터적인Schumpeterian 혁신 이론, 그리고 지식경제 담론을 문화적 실천의 영역으로 숨겨서 은밀하게 가져오는 '트로이 목마' 역할을 담당하고 있는 것으로 이해한다.[6]

인터넷, 스마트폰, 소셜미디어 등 정보통신기술이 선진국 및 중진국 모두에서 빠르게 보급되고 있지만, 디지털 기술이 창의 산업에

---

4 Jin, DY., "Cultural politics in Korea's contemporary films under neoliberal globalization", *Media, Culture & Society* 28(1), 2006, pp. 5-23.

5 Garnham, N., "From cultural to creative industries", *International Journal of Cultural Policy* 11(1), 2005, pp. 15-29; Hesmondhalgh, D., "Cultural and creative industries. in Bennett", T. and Frow, J. eds. *The SAGE Handbook of Cultural Analysis*. London: Sage, 2008, pp. 552-569; Miller, T., "From creative to cultural studies", *Cultural Studies* 23(1), 2009, pp. 88-99.

6 Garnham, N., "From cultural to creative industries", pp. 15-29.

미치는 영향은 다양했던 것으로 이해된다. 이 담론의 효과는 남/북 반구와 같은 지역에 따라 잠정적이고 불확실하며 또한 불균등한 것으로 볼 수 있다.[7] 커닝햄S. Cunningham에 따르면, 선진국에서는 창의 산업 담론이 정보사회의 기술적 지향성을 완화시키는 역할을 하는 반면, 남반구에서는 이러한 담론이 일종의 정부 지원을 찾는 데 자주 활용된다고 본다.[8] 실제로 창의 산업 담론이 단순히 정보사회 담론과 같이 단일한 주요 담론으로 간주되지 않는 한, 창의 산업 담론과 정책의 적용 측면에서 그 지역적 차이를 주의 깊게 검토할 필요가 있다.[9] 이러한 점에서 창의 산업 담론에 기반을 둔 문화정책에는 여러 가지 이질적인 정책 방향과 방해 요소들이 존재하며, 이들이 그 영향을 어떻게 유발했는지에 따라 다르게 평가될 수 있다.

이와 같은 창의 산업 담론에 대한 논의는 지난 몇 년간 한국 보수 정부 시기 창조 산업 담론의 기술적 특성뿐만 아니라, 다양한 영역에서 창의 산업 담론의 다양한 이행 과정을 이해하는 데 큰 도움이 된다. 후술하는 바와 같이 한국 대중음악 영역에 적용된 정부의 창조 산업 담론은 한국 사회에서 정보통신기술이 국가 경제의 경쟁적인 부분으로 간주되는 경향이 강하기 때문에, 창조 산업 담론과 정보사회 담론을 연결하는 경향이 짙다고 할 수 있다. 글로벌 시장에서 정보통신기술의 중요성은 거의 의문의 여지가 없는 것이었으며

---

7 Cunningham, S., "Trojan horse or Rorschach blot? Creative industries discourse around the world", *International Journal of Cultural Policy* 15(4), 2009, p. 376.

8 Cunningham, S., "Trojan horse or Rorschach blot? Creative industries discourse around the world", pp. 375-386.

9 Flew, T. and Cunningham, S., "Creative industries after the first decade of debate", *The Information Society* 26(2), 2010, pp. 118.

항상 당연한 것으로 간주되었다.[10] 하지만 정보통신기술의 중요성과 효과가 전개되고 실현되는 방식은 동일한 것으로 미리 예단될 수 없으며, 때로는 이질적이고 모순적임을 이해할 필요가 있다. 예를 들어, 정보통신기술은 페이스북, 유튜브와 같은 소셜미디어를 통한 광고 마케팅 및 홍보 활동에 활용된다. 특히 정보통신기술과 관련하여 한국의 대중음악이 대형 통신·미디어 회사가 주로 소유하고 있는 온라인 음악 서비스를 통해 배급되고 그 소비 방식 또한 재편되고 있다는 점에 유의할 필요가 있다.

신자유주의 정치경제 담론의 하나로서 창의 산업 담론에 대한 연구들과 더불어 이 글도 창의 산업 및 노동의 변화하는 본질, 특히 신자유주의와 '긱 경제gig economy'에서 창의 노동의 불안정한 업무 경험에 대한 연구들의 관점으로부터 도움을 받고 있다.[11] 모건과 넬리건Morgan and Nelligan은 창의 산업에서 노동의 변화하는 성격을 상세한 예를 들어 설명하면서 다음과 같이 주장한다.

많은 노동자들이 이제는 뮤지션처럼 살고 있습니다. '직업'이라는 단어는 정규 임금노동이라는 포디즘적인Fordist 의미를 잃고 있습니다. … 많은 서구 사회에서 노동시장 규제 완화는 긱 경제를 촉진시켰고, 에

---

10 정종은, 〈한국 문화정책의 창조적 전회〉,《인간연구》25, 2013b, 33~71쪽.

11 De Stefano, V., "The Rise of the "Just-in-time Workforce": On-Demand Work, Crowd Work and Labour Protection in the "Gig-Economy"", *Conditions of Work and Employment Series: No. 71.*, Geneva: International Labour Office, Inclusive Labour Markets, Labour Relations and Working Conditions Branch, 2016, Available at: www.ilo.org/wcmsp5/groups/public/-ed_protect/-protrav/-travail/documents/publication/wcms_443267.pdf(접속일: 2018. 09. 14.); Morgan, G. and Nelligan, P. *The Creativity Hoax: Precarious Work in the Gig Economy*, London: Anthem Press, 2018.

어태스커Airtasker, 우버 엑스Uber X 및 킥스타터Kickstarter와 같은 웹사이트의 출현으로 예비 고용주가 일회성 지불을 위한 일자리 광고를 할 수 있게 되었습니다.[12]

창의 노동의 변화하는 경험에 대한 연구는 정부 지원 프로그램에 참여할 때 생계냐 배신sell-out이냐 사이에서 균형을 유지해야 하는 한국 인디 뮤지션들의 하위문화적 변화를 이해하는 데 도움이 된다. 한국 정부의 지원 프로그램은 해외 음악 페스티벌 등에서 콘서트 투어를 하는 인디 뮤지션들에게 정기적인 지원을 제공하는 방식보다는 일회성 및 경쟁에 기반한 자금을 지원하는 방식을 주로 취했다. 정부는 또한 값비싼 공연장 임대료, 녹음 시설에 대한 인프라 및 관리 지원도 제공했다. 이를 지원받으려면 인디 아티스트가 지원하여 몇 가지 선발 과정을 거쳐야 한다. 이러한 지원 프로그램을 통해 한국의 인디 아티스트들이 직면할 대중음악 산업과 시장은, 모든 아티스트가 자신을 홍보하고 다른 뮤지션 지원자들과의 경쟁에서 이겨 문화 및 대중음악 관련 정부기관에서 제공하는 팝업 기회를 모색하는 양상을 띠게 되었다. 이는 긱 경제의 모습과 크게 다르지 않다. 여기에서 정부는 기존의 주요 온라인 음악 서비스 플랫폼의 도움으로 인디 뮤지션의 유연한 작업·편곡을 가능하게 하면서, 뮤지션들에게 전통적인 의미의 아티스트보다는 독립적인 개별 기업가로서의 활동과 정체성을 권장하고, 이를 통해서 인디 아티스트들의 기업가로서의 정체성과 활동 방식에 영향을 미치는 플랫폼 역할을 수행했다.

---

[12] Morgan, G. and Nelligan, P., *The Creativity Hoax: Precarious Work in the Gig Economy*, p. 6.

한국 인디 뮤지션들의 이동성

2000년대 중반 이후 한국 인디음악 아티스트들은 다양한 해외 무대에서 라이브 공연을 하고 해외 음악 시장에서 자신의 음악을 홍보하는 등, 실제로 글로벌 인디음악계에서 괄목할 만한 입지를 굳혀 왔다.[13] 2000년과 2001년 후지 록 페스티벌에서 한국 초기 인디음악씬의 베테랑 밴드인 크라잉넛과 노브레인이 각각 라인업에 포함되었고, 2003년에는 검엑스가 일본 현지 음반사인 토이팩토리Toy's Factory와 음반 발매 및 판매 그리고 공연 홍보 계약을 체결했다.[14]

2012년 싸이의 〈강남스타일〉의 글로벌 대히트 이전에도 미국의 사우스 바이 사우스웨스트SWSX, 영국의 글래스톤베리 뮤직 페스티벌 등에서 모던 록, 기악, 이모코어, 힙합 등 다양한 장르에서 한국 인디 밴드가 긍정적인 반응을 보이며 시장을 확대했다.[15] 또한 2010년부터 2012년까지 홍대를 기반으로 한 40여 명으로 구성된 독립음반사협회인 서교음반협회SMLA가 서울–도쿄 사운드 브릿지 음악제를 네 차례 개최하며 일본 인디 뮤지션과 한국 인디 뮤지션의 교류 활성화를 위해 노력했다.

박근혜 정부에서 인디음악에 대한 정부의 지원은 확실히 그 이전 어느 때보다 더 컸다고 할 수 있다. 좀 더 구체적으로, 1990년대 중반부터 정부는 문화 산업의 경제적 가치와 중요성을 인식하고 문화

---

13 양승규, 〈인디음악 20년, 정책현황과 글로벌 진출 지원방안〉,《한류나우》19, 2017, 10~17쪽.

14 양승규, 〈인디음악 20년, 정책현황과 글로벌 진출 지원방안〉, 10~17쪽.

15 서정민, 〈인디밴드들, 싸이처럼 될랑가몰라〉,《한겨레》2013년 5월 9일자, URL: http://www.hani.co.kr/arti/culture/music/586719.html(접속일: 2018. 09. 14.)

체육관광부(구 문화부)를 설립했으며, 2012년부터 한국콘텐츠진흥원KOCCA을 비롯한 정부기관에서 인디 뮤지션들에게 재정적 지원을 제공하기 시작했다. 예를 들어, 2012년부터 매년 서울에서 개최되는 국제 음악박람회인 '서울 뮤콘MU : CON'은 문화체육관광부를 중심으로 정부가 지원하는 인디음악 프로젝트 중 가장 주목할 만하다. 서울 뮤콘은 다양한 장르를 대표하는 뮤지션과 크리에이티브 콘텐츠 에이전시들이 참여하는 대중음악 시장의 역할을 수행한다. 프로그램에는 세계 음악 비즈니스계의 주요 에이전시들(기획자, 프로듀서, 엔지니어 등)과의 회의, 음악가를 위한 쇼케이스, 음악 비즈니스 파트너와의 네트워킹을 위한 비즈니스 회의가 포함된다. 이러한 국내외 페스티벌을 통해 국내 인디 뮤지션들은 음반 계약을 확보하고 해외 프로듀서들과 협업할 수 있는 기회도 갖게 되었다.[16] 일례로 한국에서 가장 유명한 인디 밴드 중 하나인 아시안 체어샷은 프로듀서이자 미국의 유명 밴드인 스매싱 펌킨스Smashing Pumpkins의 기타리스트와 협업을 했고, 또 다른 인디 밴드 글렌체크Glen Check는 전설적인 아일랜드 밴드 유투U2의 전 프로듀서와의 협업을 통해 미국 음악 시장에 진출하기도 했다.

케이루키스K-Rookies는 한국콘텐츠진흥원이 2013년 처음으로 도입한 정부 후원 프로그램이다. 이 프로그램은 국내 페스티벌 참여, 연습 공간, 방송 기회, 비즈니스 멘토링 등의 다양한 지원을 제공했다. 케이루키스가 인디 밴드에 대한 직접 지원 프로그램이라면 서울

---

16 박찬은, 〈유명 제작자와 손 잡고 해외로 나가는 밴드들 … 음악의 프리미어 리그 진출한 K-인디〉, 《매일경제》 2014년 6월 11일자, URL: https://www.mk.co.kr/news/culture/view/2014/06/878393/(접속일: 2018. 09. 14.)

뮤콘은 일종의 국제 팝뮤직 페어로 계약 체결, 워크숍 등의 다양한 기회를 제공하는 간접 지원 프로그램이라고 할 수 있다.

2013년부터 2017년까지 한국콘텐츠진흥원이 실시한 직·간접 지원 프로그램을 살펴보면, 전체 음악씬의 개선을 목표로 하면서 인디 뮤지션들이 개별 음악 콘서트나 앨범 제작에 있어 일회성 현금 지원에 의존하지 않고 음악을 연주하고 판매하여 생계를 유지할 수 있는 생태계를 조성하기 위한 간접 지원 프로그램과는 달리, 직접 지원 프로그램이 더 많았음을 알 수 있다. 직접 프로그램을 통한 지원은 인디 뮤지션들에게는 정규 앨범, 뮤직비디오 및 라이브 앨범을 제작하고 홍보하기 위해 정부 기금을 놓고 다른 뮤지션들과 경쟁해야 함을 의미한다. 이는 또한 한국에서 인디 뮤지션이 된다는 것의 의미에도 영향을 미친다. 곧, 이는 인디 아티스트의 삶이 결코 안정적이지 않으며 만성적으로 취약하다는 의미이다. 또한 인디 아티스트들이 대규모 민간 엔터테인먼트 기획사의 전폭적인 지원을 받는 케이팝 뮤지션들과 함께 해외에서 음악을 연주하고 판매할 기회를 모색하기 때문에, 그들의 음악은 케이팝과 같은 주류 음악과는 독립적이거나 완전히 분리된 것으로 더 이상 간주되지 않게 된다.

한국 인디음악씬의 진화
: 생계 유지와 배반 사이에서 균형 잡기

최근 몇 년간 언론들은 인디 밴드의 '해외 진출'과 '해외 공연'에 대해 광범위하게 보도해 왔다.[17] 지난 몇 년 동안 인디를 포함한 일

---

17 권석정, 〈[텐아시아] 홍대에서 핀 인디록, 세계로 간다〉, 《매일경제》 2013년 5월 13

부 한국 밴드는 세계적인 스타 프로듀서, 예를 들어 스티브 릴리화이트Steve Lillywhite(롤링스톤스, 유투, 데이브 매튜 밴드 등의 앨범 프로듀서로 활동)와 주요 레이블의 주목을 받아 왔다.

한국 언론은 늘 글로벌 인디음악씬에 진입한 한국 인디 밴드의 소식을 〈강남스타일〉의 싸이나 케이팝 아이돌 밴드들의 성공 소식을 보도할 때 함께 전하곤 한다. 〈강남스타일〉의 성공과 함께 벌어진 소란과 흥분이 가라앉은 이후, 케이팝씬의 다양한 행위자들—여기에는 케이팝 아이돌 밴드뿐만 아니라 엔터테인먼트 기획사, 온라인 음악 서비스, 그리고 한국 정부 등이 있다—은 〈강남스타일〉과 케이팝의 대성공을 이어 나갈 방안들을 찾고자 했다. 하지만 이후의 상황들은 어느 누구도 이런 유산을 성공적으로 이어받지 못한 것처럼 보였다. 바로 이런 상황에서 한국의 언론들은 인디 밴드의 해외 진출이나 공연 소식에 주목하기 시작했고, 또한 인디음악은 케이록K-rock, 케이인디K-indie로 브랜드화되곤 했다.

국내 언론들은 해외 케이팝의 성공에 대한 찬양과 함께 케이팝의 인기가 식어 가는 상황, 싸이와 같은 성공을 다시 거둘 수 있는 뮤지션이나 케이팝의 인기를 다시 회복할 수 있는 방안들에 대하여 틀에 박힌 보도와 논평을 반복적으로 생산해 내고 있었다. 다수의 논객들은 케이팝이 지나치게 해외 시장에 의존적이고 모두 비슷하게 들리는 음악을 하는 아이돌 밴드들로 구성되어 상대적으로 단조로운 장르와 사운드의 음악들로 구성되어 있다고 비판하곤 했다. 또한 10대

일자, URL: http://news.hankyung.com/article/2013042443111(접속일: 2018. 09. 14.); 박찬은, 〈유명 제작자와 손 잡고 해외로 나가는 밴드들 … 음악의 프리미어 리그 진출한 K-인디〉; 서정민, 〈인디밴드들, 싸이처럼 될랑가몰라〉.

위주의 팬들이 케이팝의 주요 구매자층을 형성하고 있다며 장르, 사운드, 스타일 면에서 좀 더 다양한 층의 팬들을 흡수하기 위한 다양화 전략이 필요하다는 식의 논평들이 제시되었다.

예전에는 케이팝의 장점으로 주목받고 예찬되었던 것들이 이젠 단점인 것처럼 나타나고 있었다. 어떤 미디어 보도는 케이록 혹은 케이인디를 주저 없이 한류의 일부로 지칭하면서 향후 해외에서 한국 대중음악 성공의 희망으로 간주했다. 이러한 시각에 따르면, 최근 케이록의 해외 진출은 한국 대중음악의 해외 진출과 성공을 위한 교두보를 제공한 것으로 나타난다. 또 다른 언론 보도는 세계 대중음악씬에서 최근 한국 인디 밴드들의 출연이 잦아진 것이 국내 시장에서 활동의 동기를 찾지 못하던 한국 인디 밴들에게 해외 시장에 진입할 수 있는 계기를 제공하고 있다고 보고 있다.[18] 이런 언론의 시각은 익숙한 것이다. 한류, 특히 아이돌의 케이팝이 해외 글로벌 팬들에게 인기를 얻게 될 무렵, 많은 국내 논평가들과 언론들은 케이팝이 해외에서 높은 인기를 얻게 된 이유를 해외로 진출하고자 하는 강한 욕망과 동기에서 찾았다. 즉, 규모도 작고 척박한 국내 음악 시장의 상황, 대부분의 뮤지션들이 뮤지션으로서의 커리어로는 생계를 꾸려 나갈 수 없는 상황에서 많은 케이팝 뮤지션들이 해외 시장을 중심으로 한 전략을 발전시켜 나갔으며, 대형 엔터테인먼트 기획사들을 통해서 해외 진출, 공연, 앨범 판매 등의 꿈을 키워 나갔다. 이런 해외 진출 위주의 음악 비즈니스와 시장 전략의 선두에는 10대 케이팝 아이돌 연습생들을 모집하고 훈련시키는 대형 엔터테인먼트 기획사들이 있었다.

---

18 서정민, 〈인디밴드들, 싸이처럼 될랑가몰라〉.

이와 같은 언론 보도를 통해, 최근 한국 인디 아티스트들이 세계 시장에서 인기와 주목을 받고 있다는 사실이 비교적 널리 알려지게 되었다. 그러나 이러한 언론 보도에도 불구하고 한국 인디 뮤지션들이 마주하고 있는 가혹한 현실, 그리고 변화하는 하위문화와 척박한 삶에 대해서는 상대적으로 잘 알려져 있지 않다. 국내에도 잘 알려진 케이팝 연구자 엡스타인은 한국의 인디음악씬이 근본적인 변화를 겪었다고 말한다.[19] 주류 음악과 헤게모니 문화에 대한 과거의 독립적이고 저항적이며 전복적인 태도는 이제 좀 더 실용적으로 변화했으며, 또한 과거보다 훨씬 "프로페셔널하면서 자기의식이 강하고 현명"[20]한 쪽으로 바뀌었다고 말한다. 좋은 예로, 2017년 한국대중음악상 시상식에서 있었던 퍼포먼스를 들 수 있다. 최우수 포크송상을 수상한 인디 뮤지션 이랑은 시상식에서 트로피를 즉석 경매에 붙였다. 이랑은 다음과 같이 말했다.

친구가 돈과 명예와 재미, 세 가지 중 두 가지 이상 충족되지 않으면 하지 말라고 했다. 오늘 이 시상식은 두 가지 이상 충족이 안 되더라. 명예는 충족됐는데 재미는 없고 상금을 안 줘서 돈이 충족되지 않는다. 1월에 전체 수입이 42만 원이더라. 2월에는 감사하게 96만 원이었다. 어렵게 아티스트 생활을 하고 있으니 상금을 주면 감사하겠는데 상금이 없어서 이걸 팔아야 할 것 같다. 내 월세가 50만 원이니 50만 원에서 시작하겠다.[21]

[19] Epstein, S., "Us and them: Korean indie rock in a K-pop world", pp. 1-19.

[20] Epstein, S., "Us and them: Korean indie rock in a K-pop world", p. 5.

[21] 이은정, 〈월세가 50만 원…가수 이랑, 대중음악상 트로피 무대서 경매〉,《연합뉴스》

이랑의 수상 소감은 대부분의 인디 뮤지션들이 직면해야 했던 퍽 퍽한 오랜 현실을 잘 드러내고 있다. 이 시상식 퍼포먼스를 비판하는 목소리도 있었지만, 이 영리한 대중 퍼포먼스는 소셜미디어를 통해 급속하게 퍼져 나가면서 많은 사람의 공감과 주목을 끌었고 실제로 이랑의 음반 판매도 올라가는 효과를 가져왔다[22]

케이팝은 한국에서 가장 많은 수익을 가져다주는 수출품 중 하나로 여겨진다. 한국 인디음악 밴드도 세계적으로 자신들의 음악을 적극적으로 홍보하고 있다. 다양한 형태의 정부 지원과 함께 많은 인디 밴드들이 주로 북미와 유럽의 음악 페스티벌과 쇼케이스에서 국내 언론뿐 아니라 주요 해외 언론 및 레이블의 프로듀서들의 주목을 받기 시작했다.

다양한 반응을 불러일으키고 있는 인디 밴드 잠비나이Jambinai가 좋은 예다. 잠비나이의 음악은 음악적 사운드와 스타일 측면에서 포스트 록 및 펑크라고 할 수 있다. 피리, 해금, 거문고와 같은 한국 전통 악기와 일렉트로닉 사운드를 혼합한 이들의 음악은 한국 전통 음악처럼 들리기도 하지만, 또 다른 한편으로 노이즈, 익스페리멘탈 록, 메탈, 하드코어 사운드의 짙은 영향을 엿볼 수 있다. 한국 전통

2017년 2월 28일자, URL: https://www.yna.co.kr/view/AKR20170228223800005 (접속일: 2019. 09. 10.)

22 구둘래, 〈대중음악상 상패 50만 원에 사실래요?〉, 《한겨레》 2017년 3월 1일자, URL: http://m.hani.co.kr/arti/culture/music/784682.html?_fr=gg(접속일: 2018. 09. 14.); 권진경, 〈트로피 판 이랑, 뮤지션으로서의 자존심은 지켰다〉, 《오마이뉴스》 2017년 3월 5일자, URL: http://star.ohmynews.com/NWS_Web/OhmyStar/at_pg_m.aspx?CNTN_CD=A0002304099(접속일: 2018. 09. 14.); 박희진, 〈음원시장, 멜론 '독주' 굳히나…파격 할인에도 힘 못쓰는 2위들〉, 《한국경제》 2017년 4월 25일자, URL: http://newslabit.hankyung.com/news/app/newsview.php?aid=201704256207g (접속일: 2018. 09. 14.)

음악과 클래식 음악을 전공한 세 명의 주요 멤버는 대학에서 만나 졸업 후 밴드를 결성한 것으로 알려져 있다.

한국의 다른 인디 아티스트들처럼 잠비나이도 유튜브에 자신들의 뮤직비디오를 올리는 방식으로 프로모션을 했다는데, 이 유튜브 영상을 네덜란드 뮤직 에이전시 어스비트Earthbeat의 창립자가 발견했다(어스비트는 아프리카, 아시아, 남미를 포함한 전 세계 다양한 지역의 전통 음악과 크로스오버 뮤지션과 밴드들의 영상을 발굴, 보급하고 있다). 그 후 잠비나이는 서울 뮤콘 쇼케이스, 아시아뮤직마켓APaMM, 영국의 세계음악엑스포WOMEX:World Music Expo, 그리고 미국의 사우스 바이 사우스웨스트 등의 뮤직 페스티벌에 초대되었다. 2014년에만 14개국에서 벌어진 주요 프리미엄 페스티벌(미국 텍사스 오스틴 시의 사우스 바이 사우스웨스트, 덴마크의 로스킬데Roskilde 페스티벌, 영국의 글래스톤베리 페스티벌과 세계음악엑스포 등)에 초대되어 공연했으며,[23] 좀 더 최근에는 2018년 평창 동계올림픽 폐막식에서 공연을 펼쳐 많은 주목을 받았다.

한국의 창의 문화정책과 그 불만들

박근혜 대통령의 탄핵 이후 박근혜 정부의 많은 (창조) 문화정책, 특히 한류 관련 정책들이 불법적이고 부패한 관행과 관계를 통해서 이루어졌다는 것이 사법당국에 의해서 밝혀졌다. 한류 산업과 연관된 박근혜 정부의 창조 산업 정책은 초기에는 스튜어트 커닝햄Stuart

---

23 박찬은, 〈유명 제작자와 손 잡고 해외로 나가는 밴드들 …음악의 프리미어 리그 진출한 K-인디〉.

Cunningham이 말했듯이, '로르샤흐 반점Rorschach Blot'[24]처럼 자의적인 의미를 지니고 있는 것으로 보였다. 하지만 이 로르샤흐 반점은 이후 문화정책 관련 정부 부처(문화체육관광부, 한국콘텐츠진흥원, 그리고 한류산업 지원 부흥/진흥 관련 정부 관련 단체들을 포함)에 속한 일부 정부 관료들의 부패와 난맥상이 드러나 이들이 고발, 처벌됨에 따라 부패의 얼룩으로 변질되었다. 2017년 초에 이루어진 박근혜 대통령에 대한 한국 헌정 사상 초유의 탄핵 사태에는 이러한 창조 문화정책과 관련한 부패가 그 핵심적 원인의 하나로 꼽힌다.

정부 고위층의 이러한 부패에도 불구하고 문화 산업, 특히 인디 영화, 인디 게임, 그리고 인디음악 관련 산업은 과거 어느 때보다도 높은 관심을 끌었다. 특히 새로운 한류 문화상품 수출을 위한 새로운 틈새시장 개발을 모색하고 있던 정부에게, 이와 같은 인디 한류 문화 산업 분야들의 약진은 충분히 주목할 만했다. 이러한 인디 장르들 중에서도 인디음악은 박근혜 정부 출범 초기 가장 높은 관심을 받았다. 실제로 인디음악에 대한 높은 관심과 지원은 박근혜 정부 출범 초기인 2013년과 2014년에 나타났다. 2013년 박근혜 정부는 새로운 문화정책의 비전과 방향을 제시하면서 '창조경제'라는 단어를 전면에 내세웠다. 하지만 '창조경제' 개념은 톱다운 형식으로 위에서부터 부과된 것으로, 그 의미가 명확하지 않았고 일관되지도

---

24 로르샤흐 반점은 인격진단 검사 '로르샤흐 반점 테스트'에서 나온 말이다. 로르샤흐 반점 테스트는 열 장의 카드에 나타나 있는 좌우대칭의 잉크 얼룩을 보여 주면서 피험자의 반응 속도, 반응의 내용, 그리고 피험자가 주목한 특징 등을 종합적으로 기록하여 정신적 상태와 인격을 진단하는 기법을 말한다. 커닝햄은 이 테스트에 존재하는 잉크 얼룩에 대한 자의적인 해석의 과정을 빗대어 창의 산업, 창의 문화 정책이 그 의미가 애매모호하면서 지역, 국가, 산업, 관련 행위주체들 등에 따라서 같은 기표에 대해 제각기 자의적인 의미 해석 과정이 존재함을 지적하고 있다.

않았다. 이러한 애매모호함과 자의성의 원인은 부분적으로는 그동안의 수많은 문화정책 담론들에서 '창의성'이라는 개념이 입맛에 따라 자의적으로 사용된 탓도 없지 않다.[25] 그동안 생산된 수많은 정부 정책 담론 및 정책 보고서들을 보면, 창의성이라는 용어는 텅 빈 개념이거나 기껏해야 문화정책 결정자나 관련 정부 행위자들이 문화정책의 새로움을 강조하기 위해 사용한 레토릭에 가까운 것이었다고 평가할 수 있다. 마치 이러한 용어를 사용하는 것이 실제 새로운 문화정책 수행을 대신해 줄 수 있을 거라고 기대하듯이 손쉽게 사용된 것이다.

이러한 맥락에서 한국에서 '창조경제'의 범위는 무엇보다도 정보통신기술의 사용과 연관된 고부가가치 산업, 좀 더 구체적으로는 소프트웨어 관련 산업, 더 나아가 영화, 게임, 그리고 관광과 레저 등을 포함하는 것으로 여겨졌다. 구체적으로 살펴보면, 인터넷을 포함한 디지털 기술의 사용이 확대되었던 1990년대 중반 이후 문화 산업은 당시 김대중 정부(1998~2003)에 의해서 핵심 국가 산업으로 인정받게 되었다. 노무현 정부(2003~2008) 시절에는 '창의 산업' 개념이 영국과 같은 유럽 국가들의 문화정책을 참조하면서 처음으로 공식적으로 도입되었다.[26] 이명박 정부(2008~2013) 들어서는 '창의 콘텐츠 산업'이라는 용어가 기존의 문화 산업, 창의 산업이라는 용어를 대체

25 김수철, 〈한국 문화산업에서 '창조성으로의 전회creative turn'에 관한 고찰: 대중음악산업을 중심으로〉,《아세아연구》58(3), 2015, 72~105쪽; Kwon, S and Kim, J. The cultural industry policies of the Korean government and the Korean Wave. *International Journal of Cultural Policy* 20(4), 2014, pp. 422-439.

26 정종은, 〈영국 창조산업 정책의 부상: 개념들의 변천에 관한 고찰〉,《문화정책논총》27(1), 2013a, 123~145쪽.

했으며 박근혜 정부(2013~2017)에서는 다시 창조경제의 핵심으로 '콘텐츠 산업'이라는 용어가 등장, 대체되었다. 이러한 용어들의 다양한 변형에도 불구하고 20여 년 동안 변치 않고 지속된 것은, 문화 산업을 창의 산업과 연관 짓고자 하는 의지였고, 또한 여기에서 언제나 정보통신기술의 중요성을 강조하는 기조가 유지되었다.[27]

　　문화정책과 창의 산업 추진에 있어서 정보통신기술에 대한 정부의 일관된 강조는, 기존의 문화 산업 분야와 창의 산업 분야에 일정한 영향을 주게 된다. 그중 대중음악 산업 분야에서 일어난 가장 주목할 만한 변화는 플랫폼 중심의 음악 산업 재편이라고 할 수 있다. 미국이나 일본 같은 해외 음악 시장과 비교해서 씨디나 엘피 레코드 형태의 판매가 이루어지는 오프라인 음악 시장의 경우 한국은 지난 20여 년간 훨씬 빠른 속도노 축소되거나 사라졌다. 반면 오프라인 음악 시장의 디지털화 속도는 세계 어느 국가들보다도 더 빠르게 진행되었다. 대중음악 산업의 이러한 디지털화는 주요 음악 시장이 단지 온라인 시장으로 변화됨을 의미할 뿐만 아니라, 더욱 중요하게는 플랫폼 중심의 온라인 서비스 시장으로 변모됨을 의미한다. 즉, 대중음악 산업 전체가 기존에 소유하고 있는 콘텐츠 배급망을 통해서 많은 구독자를 끌어들일 수 있는 시스템을 갖춘 몇몇 주요 네트워크 사업자나 방송 사업자들에 의해서 지배될 가능성이 높아졌음을 의미한다. 국내 대중음악 산업에서 이들의 영향력은 의문의 여지가 없다. 예를 들어, 국내 최대 음악 온라인 서비스인 멜론(2016년 카카오와 병합됨)은 2017년 현재 국내 온라인 음악 서비스 시장의 절반 이

27　정종은, 〈한국 문화정책의 창조적 전회〉, 33~71쪽; 최병두, 〈창조경제, 창조성, 창조 산업: 개념적 논제들과 비판〉,《공간과 사회》45, 2013, 90~130쪽.

상을 차지하는 것으로 알려져 있다.[28] 또한 KT텔레콤 소유의 온라인 음악 서비스 플랫폼인 지니는 2019년 현재 18퍼센트의 시장 점유율로 2위를 차지하고 있다. 나머지 시장을 차지하고 있는 온라인 음악 서비스 플랫폼들(벅스뮤직, 네이버뮤직)은 모두 주요 인터넷 포털이나 케이블TV 방송 사업자에 의해 소유, 운영된다. 이들은 모두 문화 콘텐츠 산업에서 문화적 매개자로서의 역할을 자처하고 있는 거대 기업들이라고 볼 수 있다.

여기서 중요한 점은 이러한 콘텐츠 배급망과 플랫폼을 중심으로 한 문화 산업, 특히 대중음악 산업의 재조직화가 문화적 매개자 역할을 수행하는 거대 기업과 문화 생산자 역할을 주로 담당하는 개인 혹은 소규모 기업들과의 공정하고 평등한 관계 형성에 어떠한 영향을 미치는가이다. 문화 산업의 플랫폼 중심의 재편은 거대 자본에 대한 의존성을 더욱 심화시키는 것으로 보인다. 즉, 거대 자본 중심으로 재편된 온라인 음악 산업에서 기업들은 서비스 혁신이나 기술 개발에 의한 이윤 추구 방식에만 의존하는 것이 아니다. 이보다는 생산에서 소비까지 전 과정의 수직적 계열화 방식에 의한 이윤 증대 방식이 훨씬 손쉽게 선택되는 경향이 높다. 다시 말해, 기존에 소유하고 있는 배급망에 대한 지배와 통제력을 기반으로 콘텐츠 상품에 대한 게이트키퍼 역할에서 나오는 부가가치 생산이 이윤 발생의 주요 방식이 되는 것이다. 이러한 환경에서 문화 산업 내에 거대 자본과 소규모 자본, 혹은 개인 문화 생산자들 사이의 관계는 수평적인 모습보다는 점점 더 위계적이고 일방적인 관계가 지배적이게 된다.

더 나아가, 대중음악 산업의 플랫폼화는 개인이나 독립적인 문화

---

28 박희진, 〈음원시장, 멜론 '독주' 굳히나…파격 할인에도 힘 못쓰는 2위들〉.

생산자들의 창작노동뿐만 아니라 삶 자체를 고도로 유연화시키고 파편화시킬 가능성이 높다. 정부의 문화 콘텐츠 산업 지원을 위한 자금 지원 방식이 개별 아티스트나 개인 콘텐츠 생산자들이 자신들의 작업, 프로젝트를 시작하기 위해 필요한 자금을 지원해 주는 방식을 취함에 따라, 이들 개별 문화 생산자들은 자신의 시간과 능력에 대한 엄밀한 자기 평가 및 상황 판단을 바탕으로 매우 전략적으로 행동해야 하는 상황에 처하게 된다. 이러한 과정에서 소위 기업가적 마인드는 필수적으로 요구되곤 한다. 창의 산업에서 자신들의 창작노동을 제공해야 하는 많은 아티스트들은 점점 더 장기적인 계약이나 고용보다는 문화 창의 산업에 대한 가장 흔한 정부 지원 방식인 일회적 현금성 지원에 의존하는 상황에 익숙하게 되는 것이다.

이러한 창의, 혁신 문화노동 혹은 창작노동에 대한 지원은 인디 아티스트들에게도 일반화된 지원 방식이 되었다. 한 언론 보도에 따르면, 국내 대중음악 아티스트들은 온라인 음악 판매를 통한 수익금의 매우 작은 부분만을 가져가고 있는 것으로 알려져 있다. 예를 들어, 현재는 거의 자취를 감춘 mp3 파일의 시장 판매 가격은 700원 정도였는데 여기서 아티스트의 몫은 300원 정도였으며, 오늘날 지배적인 스트리밍 서비스에서 한 회당 아티스트들의 몫은 평균 4.2원으로 알려져 있다.[29] 또한 문체부의 2015년 조사에 따르면, 국내 아티스트들의 연간 평균 수입은 126만 원으로 알려져 있다.[30] 앞서 언급한 인디 가수 이랑의 한국대중음악상 시상식 퍼포먼스가 인디음악씬에서 폭넓은 공감을 이끌어 낸 이유를 이해할 수 있는 대목이다.

---

29 박희진, 〈음원시장, 멜론 '독주' 굳히나…파격 할인에도 힘 못쓰는 2위들〉.

30 박희진, 〈음원시장, 멜론 '독주' 굳히나…파격 할인에도 힘 못쓰는 2위들〉, 재인용.

디지털 플랫폼 중심의 국내 대중음악 산업 재편은 또 다른 문제를 낳았다. 대중음악 시장에서 지배적 행위자인 거대 기업들이 다양한 디지털 문화 콘텐츠뿐만 아니라 인터넷 배급망 서비스까지 제공하면서 소비자(사용자)와 문화 콘텐츠 사이를 매개하는 일종의 문화 매개자 역할을 수행하게 되었다는 점이다. 다시 말해서, 디지털 미디어 기업이 콘텐츠와 서비스의 단순 제공자이자 커뮤니케이터로서 나타날 뿐만 아니라, 더 나아가 일부는 대중들에게 차별 없는 공정한 서비스를 제공하는 문화적 리더이자 유명 인사로까지 자리매김될 수 있는 환경이 된 것이다. 예를 들어, 케이팝 산업의 경우 케이팝의 세계적인 성공과 함께 국가 브랜드 및 한국의 이미지를 높이는 역할을 수행했다고 평가받는 과정에서, 이들 거대 문화 콘텐츠 기업의 대표들은 종종 국위 선양에 앞장서 기여한 인물로 여겨지곤 했다. 이 과정에서 문화 매개자로서 거대 문화 콘텐츠 산업의 대표적 인물들은 자신들의 시장 지배력과 권위를 더욱 강화할 수 있게 되었고, 이는 대중음악 산업과 문화정책 영역에서도 그들의 영향력을 높여 주는 효과를 가져왔다.

다른 한편, 인디 뮤지션들은 이러한 변화된 환경, 즉 몇몇 주요 디지털 온라인 서비스 플랫폼이 지배하는 음악 시장 환경에서, 독립적으로 자신의 음악을 판매하는 것만으로는 더 이상 생계를 유지하는 것이 불가능함을 인식해야만 했다. 또한 변화된 환경에 적응 또는 살아남기 위한 노력의 일환으로, 소셜미디어의 스마트한 활용을 통한 마케팅 활동에 노력을 아끼면 안 되고, 부족하지만 일회성 정부 지원금을 타기 위해 준비하고 경쟁하는 현명한 선택을 해야만 하는 상황에 처했다. 바로 인디 아티스트와 기업가로서의 정체성이 그 어느 때보다 가까워지게 되는 계기이자 순간이다.

문화 콘텐츠와 문화 산업, 그 이동의 조건들

한국의 인디 뮤지션들이 정부와 파트너 관계를 맺는다는 것은 그 자체로 문제적으로 보일 수 있다. 하지만 정부의 문화정책이 문화 산업 전반에 미친 영향이 부정적이었는지 긍정적이었는지를 판단하는 일은 그리 간단하지 않다. 오늘날 문화 산업이 고도로 발전한 국가에서의 문화정책은 끊임없이 문화 산업 외에 다른 요소들과 복잡한 상호관계를 맺는다. 예를 들어, 인터넷과 같이 콘텐츠 배급/소비와 관련된 배급망 기술의 수준, 이러한 네트워크 산업의 복잡한 정치경제적 이해관계와 시장 구조, 문화 생산자들의 하위문화의 특징, 그리고 특정 국면에서 형성되는 문화정책 담론의 지형 등에 따라서 문화정책은 늘 문화 영역 이외의 다른 이질적 요소들과 상호작용 속에 있다. 이러한 요소들은 특정 문화정책 결정자들의 논의와 특정 문화정책의 범위를 넘어서는 경향이 강해서 때로는 의도치 않은 정책 실행 결과를 낳을 가능성도 배제할 수 없다. 특정 문화정책 실행의 효과는 바로 이러한 요소들과의 복잡한 상호작용의 결과로 나타나기 때문이다. 박근혜 정부 시절 한국 인디음악의 활발한 해외 진출은 이러한 맥락에서 이해될 필요가 있다.

인디음악에 대한 정부의 지원과 최근 한국 인디음악의 활발한 해외 진출은, 과거 인디음악씬과 정부 사이의 관계를 고려할 때 이례적인 일이었다. 지난 몇 년간 보수 정부에서 한국 인디음악의 해외 진출에 대한 유례 없는 국가적 지원—일회성의 현금성 지원이 주를 이루긴 했지만—이 적지 않게 이루어졌고, 이러한 지원과 활동이 이루어진 곳에는 '창조경제'라는 간판이 걸려 있었다. 한국의 많은 인디 뮤지션과 음반사들은 이 특유의 정부 지원 프로그램을 활용하여 더 큰 글로벌 시장의 문을 두드렸다. 또한 많은 인디 아티스트들은 소셜미디어 등을 통해 앨범, 뮤직비디오 및 라이브 공연을 적극적으로 홍보하는 등 마케팅에서 국내의 높은 정보통신기술을 효과적으로 사용하였다.

사실 대중음악, 특히 인디음악이 국가 지원의 수혜자가 되는 것은 더 이상 금기시되는 일도 아니고 드문 일도 아니다. 그동안 한국 정부는 케이팝과 같은 주류 대중음악의 홍보, 마케팅에서 일정한 역할을 수행해 왔다. 이 밖에도 전통적으로 국악이나 클래식 음악에서 잘 알려진 주요 오케스트라나 합창단과 같이 지자체 단위를 대표하는 기관과 단체에도 꾸준한 지원이 이루어졌다. 한국 인디음악의 해외 진출도 이제는 아주 낯선 일이라기보다는 나름의 역사와 배경을 가진 것으로 바라볼 수 있다.

한국의 인디음악씬은 사실 1990년대 그 태동부터 글로벌 음악씬과 밀접하게 연동되어 있었다고 볼 수 있다. 특히 많은 국내 인디 뮤지션들은 1990년대 중반 북미 지역에서 시작된 그런지 록grunge rock에 열광했다.[31]— 과거 케이팝에서 영어 가사의 존재가 혼종성의 한 예시로서 제시되기도 했지만,[32] 한국 인디 아티스트들에게 영어(가사)는 다른 어떤 대중음악 장르에서보다 자연스럽고 친숙한 것이라 해도 과장이 아니다. 실제로 적지 않은 한국의 인디 아티스트들이 유창한 영어를 구사하고 있으며, 또한 이를 통해서 유럽과 북미 지

---

31 Epstein, S., "Us and them: Korean indie rock in a K-pop world", pp. 1-19; 이정엽, 〈홍대 인디음악씬의 문화경제〉, 《대중음악학회지》 6, 2010, 69~96쪽.

32 Jin, DY and Ryoo, W., "Critical interpretation of hybrid K-pop: The global-local paradigm of English mixing in lyrics", *Popular Music and Society* 27(2), 2012, pp. 113-131.

역 팬들, 언론 및 제작자들과 소통한다.

하지만 창의 산업 기반의 문화정책에 의한 정부 지원은, 그 정책 내용의 본래 목적이 아무리 불분명하더라도 결국 일정한 영향을 미친 것으로 볼 수 있다. 인디 아티스트들이 창의적 문화 생산의 본래 모습이라고 할 수 있는 "교환과 수출의 글로벌 네트워크와 연계된 작고 유연한 기업"[33]과 비슷한 모습들을 갖추어 감에 따라, 문화와 시장 사이에 존재하는 기존의 관계는 불가피하게 변화될 수밖에 없었다.

이 글에서 살펴보았듯이, 한국의 대중음악 분야에 대한 문화정책은 정보통신기술에 대한 과도한 의존과 강조 분위기에 따라 기존의 오프라인 시장은 빠르게 사라지고 온라인 시장이 지배적이게 만들었다. 또한 국내 로컬 시장보다는 해외 글로벌 시장을 중시하는 풍토도 강화되었다. 이러한 변화는 인디음악씬과 인디 뮤지션들에게도 지대한 영향을 미쳤다. 오프라인보다는 온라인, 로컬보다는 해외, 글로벌이 대중음악 산업(인디 음악을 포함해서)에서 대세인 듯한 분위기가 지배적이게 되었다.

사실 한국의 인디음악은 다른 전 세계 많은 지역의 인디음악씬이 그러하듯이 로컬의 맥락과 맞닿아 있는 경향이 매우 강하다. 인디 뮤지션과 인디음악 팬들의 관계와 상호작용 정도에 있어서 인디 음악은 다른 어떤 대중음악 장르보다도 그 장르의 기원과 확산이라는 측면에서 매우 로컬하며 특정 장소에 기반해 있다. 이는 오늘날 대중음악이 스포티파이, 유튜브, 아이튠즈와 같은 글로벌 디지털 음악

---

33 Cunningham, S., "Trojan horse or Rorschach blot? Creative industries discourse around the world", p. 378.

2부 문화의 초국적 이동과 모빌리티의 정치학 _ 159

플랫폼을 통해서 주로 판매되고 배급된다는 점에서 다소 과장된 것으로 들릴 수도 있다. 하지만 인디음악이 오늘날 디지털 플랫폼이나 바이럴 온라인 공간에서 판매되는 경향이 지배적이라 하더라도, 그 음악과 밴드들이 여전히 특정 로컬의 맥락과 깊이 연관되어 있다는 점은 변하지 않는다. 이는 한국의 문화정책이 해외 음악시장에서 한국의 국가 이미지를 대표하는 문화상품의 하나로서 인디음악의 판매와 확산이라는 목표를 넘어서 더 많은 발전과 비전을 제시하는 데 있어 중요한 도전을 제기한다. 인디음악의 판매와 확산에 있어서 온라인 음악 시장뿐만 아니라 뮤지션과 팬들이 직접적으로 소통할 수 있는 로컬, 장소에 기반을 둔 탄탄한 시장, 동시에 로컬과 글로벌이 아닌 로컬과 로컬의 만남이 이루어질 수 있는 창의적인 소통 네트워크의 중요성은 더욱더 강조될 수밖에 없다.

국내 문헌

권석정, 〈[텐아시아] 홍대에서 핀 인디록, 세계로 간다〉, 《매일경제》 2013년 5월 13일자, URL: http://news.hankyung.com/article/2013042443111 (접속일: 2018. 09. 14.)

권진경, 〈트로피 판 이랑, 뮤지션으로서의 자존심은 지켰다〉, 《오마이뉴스》 2017년 3월 5일자, URL: http://star.ohmynews.com/NWS_Web/OhmyStar/at_pg_m.aspx?CNTN_CD=A0002304099 (접속일: 2018. 09. 14.)

구둘래, 〈대중음악상 상패 50만원에 사실래요?〉, 《한겨레》 2017년 3월 1일자, URL: http://m.hani.co.kr/arti/culture/music/784682.html?_fr=gg (접속일: 2018. 09. 14.)

김수철, 〈한국 문화산업에서 '창조성으로의 전회(creative turn)'에 관한 고찰: 대중음악산업을 중심으로〉, 《아세아연구》 58(3), 2015, 72-105쪽; Kwon, S and Kim, J. The cultural industry policies of the Korean government and the Korean Wave. *International Journal of Cultural Policy* 20(4), 2014, pp. 422-439.

박희진, 〈음원시장, 멜론 '독주' 굳히나…파격 할인에도 힘 못쓰는 2위들〉, 《한국경제》 2017년 4월 25일자, URL: http://newslabit.hankyung.com/news/app/newsview.php?aid=201704256207g (접속일: 2018. 09. 14.)

박찬은, 〈유명 제작자와 손 잡고 해외로 나가는 밴드들…음악의 프리미어 리그 진출한 K-인디〉, 《매일경제》 2014년 6월 11일자, URL: https://www.mk.co.kr/news/culture/view/2014/06/878393/ (접속일: 2018. 09. 14.)

서정민, 〈인디밴드들, 싸이처럼 될랑가몰라〉, 《한겨레》 2013년 5월 9일자, URL: http://www.hani.co.kr/arti/culture/music/586719.html (접속일: 2018. 09. 14.)

양승규, 〈인디음악 20년, 정책현황과 글로벌 진출 지원방안〉, 《한류나우》 19, 2017.

이은정, 〈월세가 50만원…가수 이랑, 대중음악상 트로피 무대서 경매〉, 《연합뉴스》 2017년 2월 28일자, URL: https://www.yna.co.kr/view/AKR2017022

8223800005 (접속일: 2019. 09. 10.)

이정엽, 〈홍대 인디음악씬의 문화경제〉, 《대중음악학회지》 6, 2010.

정종은, 〈영국 창조산업 정책의 부상: 개념들의 변천에 관한 고찰〉, 《문화정책논총》 27(1), 2013a.

정종은, 〈한국 문화정책의 창조적 전회〉, 《인간연구》 25, 2013b.

최병두, 〈창조경제, 창조성, 창조산업: 개념적 논제들과 비판〉, 《공간과 사회》 45, 2013.

해외 문헌

Hesmondhalgh, D., "Cultural and creative industries", in Bennett, T. and Frow, J. eds. *The SAGE Handbook of Cultural Analysis*. London: Sage, 2008.

Morgan, G. and Nelligan, P., *The Creativity Hoax: Precarious Work in the Gig Economy*, London: Anthem Press, 2018.

Cunningham, S., "Trojan horse or Rorschach blot? Creative industries discourse around the world", *International Journal of Cultural Policy* 15(4), 2009.

De Stefano, V., "The Rise of the "Just-in-time Workforce": On-Demand Work, Crowd Work and Labour Protection in the "Gig-Economy", *Conditions of Work and Employment Series: No. 71*, Geneva: International Labour Office, Inclusive Labour Markets, Labour Relations and Working Conditions Branch. 2016, Available at: www.ilo. org/wcmsp5/groups/public/-ed_protect/-protrav/-travail/documents/publication/wcms_443267.pdf (접속일: 2018. 09. 14.)

Epstein, S., "Us and them: Korean indie rock in a K-pop world", *The Asia-Pacific Journal* 13(48), 2015.

Flew, T. and Cunningham, S., "Creative industries after the first decade of debate", *The Information Society* 26(2), 2010.

Garnham, N., "From cultural to creative industries", *International Journal of Cultural Policy* 11(1), 2005.

Jin, DY., "Cultural politics in Korea's contemporary films under neoliberal globalization", *Media, Culture & Society* 28(1), 2006.

Jin, DY and Ryoo, W., "Critical interpretation of hybrid K-pop: The global-local paradigm of English mixing in lyrics", *Popular Music and Society* 27(2), 2012.

Kwon, S and Kim, J., "The cultural industry policies of the Korean government and the Korean Wave", *International Journal of Cultural Policy* 20(4), 2014.

Miller, T., "From creative to cultural studies", *Cultural Studies* 23(1), 2009.

Park, M. J., Artist sells her trophy during Korean music awards. *Korea Expose* 1st, March, 2017, URL: https://koreaexpose.com/artist-lee-lang-sells-awards-trophy/ (접속일: 2018. 09. 14.)

1960년대 한국 괴수영화와
동북아시아 영화 교류 · 관계의 양상

함충범

이 글은 다음 논문의 내용을 토대로 하고 있음. 함충범, 〈1960년대 한국 SF 괴수 영화와 동북아시아 영화 교류 · 관계의 양상〉, 《현대영화연구》 37호, 한양대학교 현대영화연구소, 2019.

서론

한국영화사에서 1960년대는 제작 인력 및 인프라가 확충되는 한
편 다수의 회사가 출몰하고 다양한 작품이 양산된, 산업 규모 중심
의 외형적인 면에서만큼은 20세기 최고의 호황기였다. 아울러, 영화
법 도입과 국제영화제 개최를 통해 제도적 기반이 구축되고 해외 교
류의 장이 마련되기 시작한 때이기도 하다. 그러면서 동 시기 한국
영화는 좀 더 다채로운 제작 경향을 띠었는데, '불가사리', '용가리',
'왕마귀' 등 괴수 캐릭터가 등장하는 일련의 작품이 선보여졌다는
점 역시 특기할 만하다.

〈송도말년松都末年의 불가사리〉(1962), 〈우주괴인 왕마귀〉(1967), 〈대
괴수 용가리〉(1967) 등 세 편의 영화가 그것인데, 이들 작품은 허구적
상상을 영상으로 구현하였을 뿐 아니라 그 과정에서 일본영화(계)와
직간접적으로 관계를 맺기도 하였다. 이는 종래의 한국영화와는 구별
되는 모습이었던바, 위의 세 작품에 관한 검토 작업은 한국영화사를
넘어 동아시아 영화사 연구의 지평을 확장하는 데 기여할 수 있을 터
이다.

이들 작품은 오랫동안 한국영화사 연구의 관심 영역 안으로 들어
오지 못하다가,[1] 최근 들어 비로소 관련 연구들이 조금씩 축적되고

---

[1] 1960년대를 포함한 한국영화 통사를 담은 주요 단행본을 예로 들어 보자. 1969년
'한국영화 50주년' 기념 사업의 일환으로 한국영화인협회에서 편찬한 이영일의 《한
국영화전사》(삼애사)에는 〈송도말년의 불가사리〉, 〈우주괴인 왕마귀〉, 〈대괴수 용가
리〉 중 어느 작품에 대한 언급도 들어 있지 않다. 이는 김종원과 정중헌이 공술供述
한 《우리 영화 100년》(현암사, 2001)에서도 마찬가지이다. 2000년대 중반 한국영상
자료원에서 기획한 《한국영화사 공부: 1960~1979》(이효인 외, 이채, 2004)나 영화
진흥위원회에서 기획한 《한국영화사: 開化期에서 開花期까지》(김미현 외, 커뮤니케

있다. 송효정은 〈우주괴인 왕마귀〉와 〈대괴수 용가리〉를 한국형 '소년 SF영화'로 분류한 뒤, 두 작품이 박정희 정권 하 제2차 개정 영화법(1966) 체제 속에서 당대 한반도 정세와 국제 질서를 반영하고 과학에 대한 유토피아적 태도를 엿보이며 냉전 시기 자기반영적 징후를 표출하였음을 강조한다.[2] 김청강 역시 이러한 논점의 연장선상에서 〈대괴수 용가리〉에 주목하여, 1960년대 미국 · 일본 · 한국 등 '자유 진영' 간 '초국가적 문화 연대'를 통해 제작, 배급, 상영된 이 작품이 당대의 냉전 체제를 수용할 뿐 아니라 과학 정책 이면에 자리하던 원폭 피해와 전쟁 경험을 둘러싼 한국인의 (무의식적) 공포를 상기시킨다고 주장한다.[3] 함충범의 경우, 도호東宝의 특수촬영 기술을 중심으로 한일 영화 교류 · 관계사를 조망하는 가운데, 1960년대에

이션북스, 2006)에서 역시 한 편의 작품명조차 거론되지 않는다. 다만, 1988년 영화 진흥공사를 통해 이영일이 저술한 《한국영화주조사》에서는 '1960년대의 작품 경향' 으로 '멜로드라마', '희극-저속 취향의 사회풍자', '범죄심리극과 대륙활극물', '궁중 사극, 사극멜러드라마, 사극액션물', '청춘영화의 대두', '예술영화 또는 '문예영화의 붐'' 이외의 '기타' 항목에 〈홍길동전〉(신동헌 감독, 1967)과 〈황금철인〉(박영일 감독, 1968) 등의 만화영화와 함께 "SF(空想科學)영화는 金基惪이 감독한 〈대괴수 용가리〉(1967년, 극동흥업제작)가 본격적인 대작으로서 그 효시가 되었다. 특수촬영을 위한 시설과 기술은 일본에서 불러온 기술진과 합작하면서 제작하였다"라는 설명이 덧붙여져 있다.(이영일, 《한국영화주조사》, 영화진흥공사, 1988, 449쪽) 아울러, 2000년대 들어 호현찬이 '한국영화 100년사'를 편년체 방식으로 기술記述한 《한국영화 100년》의 경우 "저널리스트 출신인 차태진은 1960년에 극동흥업을 창설해 영화계에 뛰어들어 한때 명성을 떨친 제작자이다"라는 문장 뒤에 "일본의 특수촬영 팀을 초빙하여 〈대괴수 용가리〉(김기덕 감독)라는 괴물영화를 만들어 성공한다. 한국에서 본격적으로 만든 괴수영화의 시초라고 하겠다"라는 서술이 이어져 있다.(호현찬, 《한국영화 100년》, 문학사상사, 2000, 169쪽)

2 송효정, 〈한국 소년SF영화와 냉전 서사의 두 방식: 〈대괴수 용가리〉와 〈우주괴인 왕마귀〉의 개작 과정 연구〉, 《어문논집》73호, 민족어문학회, 2015.

3 Chung-kang Kim, "Monstrous Science: The Great Monster Yonggari(1967) and Cold War Science in 1960s South Korea," *Journal of Korean Studies* 23-2, 2018.

있어서는 〈대괴수 용가리〉 제작 과정을 통해 양국 간 기술 제휴 양상을 재구하며 그 연대기적 궤적을 가늠한다.[4]

　그동안의 연구 동향을 감안할 때 세 논문의 성과를 인정하지 않을 수 없겠으나, 이들 모두 영화사적 관점을 견지하고 있음에도 불구하고 〈송도말년의 불가사리〉에 관한 내용을 거의 담아내지 못하였다는 부분이 아쉽다. 또한 송효정의 경우 서사적 측면에만 초점이 맞추어져 있을 뿐더러 제작을 둘러싼 국제적 관계성에 대한 논의가 이루어지지 못하였다는 점에서, 반대로 함충범의 경우 작품 외적인 측면에 방점이 찍힌 채 영화 자체의 내적 분석이 다각적으로 행해지지 못하였다는 점에서 한계가 발견된다. 아울러 김청강에 대해서는, 연구의 공간적 범주를 미국으로까지 확대함과 동시에 영화 작품에 대한 역사적 해석을 적극적으로 행하는 과정에서 자료의 구체성과 논거의 직결성이 충분히 확보되지 못하였다는 부분을 단점으로 지적할 만하다.

　이에, 이 글에서는 1960년대 한국 괴수영화와 동북아시아 영화 교류 및 관계의 양상을 살펴보려 한다. 즉, 1960년대 전반기에 만들어진 〈송도말년의 불가사리〉와 1960년대 후반기에 나온 〈우주괴인 왕마귀〉 및 〈대괴수 용가리〉의 장르적 변화상 및 그 요인, 같은 연도에 제작·개봉된 〈우주괴인 왕마귀〉와 〈대괴수 용가리〉의 기술 차이 및 파급 효과, 각 작품의 서사 구성 및 표현 기법과 시대적 배경에 대해 동북아시아 영화 교류·관계사의 관점에서 단계적으로 탐구하고, 북한영화 〈불가사리〉(1985) 등을 통해 이후의 동향과 영화사적

4　함충범, 〈도호의 특수촬영 기술과 한일 영화 교류 · 관계사의 양상〉, 《인문학연구》 30집, 인천대학교 인문학연구소, 2018.

의의를 되짚어 보고자 한다. 이를 위해 기존 연구들의 결과를 수용하고 주장을 참조하면서도, 그것들이 간과하거나 규명하지 못한 지점을 아우르며 논지를 이어 갈 것이다. 더불어 앞서 언급한 세 편의 영화 콘텍스트 및 텍스트적 요소를 분석의 주요 대상으로 삼는 동시에, 이들 작품과 교류의 전력前歷 혹은 영향 관계를 지니는 여타의 작품들도 시야에 두려 한다.

'사극' 괴수영화에서 'SF' 괴수영화로, 그리고 일본영화의 영향

전술한 바대로, 1962년 작품인 〈송도말년의 불가사리〉와 1967년에 나온 〈우주괴인 왕마귀〉, 〈대괴수 용가리〉에는 흔히 찾아볼 수 없는 특이한 동물의 외양을 지닌 괴수가 등장한다. 이에, 한국영상자료원 한국영화데이터베이스(http://www.kmdb.or.kr)에는 〈송도말년의 불가사리〉의 키워드가 '괴기, 괴물, 괴수, 괴수영화'로, 〈우주괴인 왕마귀〉의 키워드가 '괴수, 외계인, 지구 침략, 핵폭탄'으로, 〈대괴수 용가리〉의 키워드가 '괴수, 괴수영화'로 표기되어 있다. 세 작품 모두 '괴수(영화)'라는 공통분모를 공유한 채 '괴수영화'로 범주화되어 있는 것이다.

그러나 한편으로 〈송도말년의 불가사리〉와 뒤의 두 작품 간의 구별 지점 또한 명확히 존재한다. 한국영화데이터베이스상에, 광성영화사에서 김명제가 감독을 맡아 완성하여 1962년 12월 1일 명보극장에서 개봉된 〈송도말년의 불가사리〉는 '공포(호러)' 및 '판타지 Fantasy'로 장르 구분이 되어 있다. 반면, 세기상사가 제작하고 권혁진이 연출하여 1967년 6월 30일 대한극장 · 세기극장 · 시민회관 등에서 개봉된 〈우주괴인 왕마귀〉와 극동필림이 제작하고 김기덕이 연출하여 1967년 8월 12일 국제극장에서 개봉된 〈대괴수 용가리〉는 '공포(호러)'와 'SF^{Science Fiction}' 장르로 분류화되어 있다.[5]

"가상 세계에서의 비현실적이고 초자연적인 내용을 담은 영화"[6]라는 '판타지 영화'의 단순한 사전적 의미 속에는 함유되어 있지 않은 "과학적인 지식을 토대로 하여 시간과 공간의 테두리를 벗어난 일을 가상하여 만든 이야기"[7]의 요소가 작품 전체의 중추를 이룬다는 점에서 'SF'영화로 구분되어 있는 〈우주괴인 왕마귀〉와 〈대괴수 용가리〉는 분명 〈송도말년의 불가사리〉와는 차별성을 지닌다고 할 만하다.

제목에도 반영되어 있는 것처럼 고려시대(918~1392) 말엽을 시간적 배경으로 삼은 〈송도말년의 불가사리〉의 경우, 한국영화의 일반적인 장르 기준을 적용한다면 '시극영화'의 카테고리 속에 들어갈 여지도 충분하다. 그도 그럴 것이, 1962년 3월 24일 영화 제작이 완료된 시점에서 이 영화의 장르는 다음과 같이 '사극'으로 통용되고 있었다.

光星푸로의 異色史劇 「불가사리」의 촬영이 24日 完了되었다
피 없이 죽어간 南瀅의 魂이 불가사리로 변모하여 부패한 탐관오리들을 서늘케 한다는 高麗末을 時代배경으로 한 金明濟監督의 史劇° 崔戊龍·嚴鶯蘭 등 出演[8](강조-인용자)

---

5   한국영상자료원 한국영화데이터베이스(http://www.kmdb.or.kr) 참조.

6   다음 한국어사전(https://dic.daum.net).

7   다음 한국어사전.

8   〈김명제 감독, 《불가사리》〉, 《동아일보》 1962년 3월 29일자, 4면.

사극은 한국전쟁(1950~1953)이 끝난 후 1950년대를 관통하며 1960년대 초 당시까지도 가장 선호되는 영화 장르였다. 예컨대, 한국영화제작자협회에서 발표한 1961년도 '국산영화' 총 85편 가운데 "거의가 사극물"로 분류될 정도였다. 한편, 1961년 "11월 26일 이후 제작 신고를 하고" 1962년 2월 4일 현재 "아직 개봉 안 된 영화" 중에 〈송도말년의 불가사리〉도 포함되었다.[9]

그러나 사극 형식을 띤 작품에 괴수가 등장하는 경우는 이전까지 그 전례를 찾기 어렵다. 영화계에서는 1950년대 후반부터 "스릴러 액션 영화의 경향"이 일기 시작하여 1960년대 들어 "붐이 생"기기도 하였지만, 대부분 '현대' 혹은 '근대'를 시대적 배경으로 둔 '탐정 스릴러', '액션 스릴러', '액션 활극물', '심리 스릴러', '사회 스릴러' 등으로 점철되어 있었다.[10] 이 가운데는 "인간으로 변신한 천년 묵은 뱀인 백사부인(최은희)"과 "젊은 약사 허선(신성일)"의 사랑을 다룬 신필림 제작, 신상옥 감독의 〈백사부인〉(1960) 같은 작품도 있었지만, 이 영화는 중국의 고대 설화집 《뇌봉괴적雷峰怪蹟》 중 〈백사전白蛇傳〉을 모태로 한 만큼 다소 이국적인 색채를 띠었다.[11] 뿐만 아니라 〈백사부인〉은 괴수가 아니라 '귀신'이 나온다는 점에서도 〈송도말년의 불가사리〉와는 간극이 존재한다.[12]

---

9 〈61년도 방화 제작 85본 거의가 사극물. 미개봉도 50여 작〉,《경향신문》1962년 2월 4일자, 4면.

10 이영일,《한국영화전사》(개정판), 소도, 2004, 280~284쪽.

11 한국영상자료원 한국영화데이터베이스.

12 옛 시대를 배경으로 귀신이 등장하는 공포물로서는 동명의 중국 소설을 원작으로 둔 조선영화과학연구소 제작, 김소동 감독의 〈목단등기牧丹燈記〉(1947)를 시초로 꼽을 만하다. 참고로 이 작품은 1964년 백호빈 감독에 의해 다시 영화화되기도 하였다.

그럼에도 '판타지'가 가미된 사극영화로서 〈백사부인〉이 주목되는 것은, "백사부인이 요술을 부리는 장면이나 하늘로 승천하는 장면에서 특수촬영이 사용되어 화제가" 되었다는 사실이다.[13] 이는 현재적 기준에서 '판타지 영화'로도 공인되어 있는 〈송도말년의 불가사리〉의 사례와도 중첩되는 부분이기 때문이다.

"촬영의 기술적 난관이었던 불가사리, 40년 한국영화사상에 그 숙원 이루어지다",[14] "웅대한 스케일과 특수촬영의 효과!",[15] "전율! 비할 수 없는 대 스펙타클! 금년도 영화계에 대혁명!"[16] 등 당대 신문광고에 실린 영화 포스터의 문구를 들여다보건대, 개봉 당시 이 작품이 특수촬영이라는 영화 테크놀로지를 통해 스펙터클을 제공하는 것으로 대중 관객의 문화적 소비를 유도하려는 의도 하에 홍보되었음을 알 수 있다.

비록 현재 혹은 미래를 배경으로 하여 공상과학을 직접적인 소재로 채택한 영화는 아니더라도, 〈송도말년의 불가사리〉가 5년 뒤에나오는 두 편의 '괴수영화' 〈우주괴인 왕마귀〉, 〈대괴수 용가리〉와연관될 수 있는 또 다른 이유는 바로 이러한 지점에 자리한다. 특히'용가리'라는 이름이 '용'과 '불가사리'의 합성으로 지어진 것이라는김기덕 감독의 증언을 참고하건대, 〈송도말년의 불가사리〉와 〈대괴수 용가리〉 간의 텍스트적 관계성을 유추해 볼 수 있다.[17]

---

13 한국영상자료원 한국영화데이터베이스.

14 《경향신문》 1962년 11월 30일자, 8면 광고.

15 《동아일보》 1962년 12월 3일자, 8면 광고.

16 《동아일보》 1962년 12월 6일자, 8면 광고.

17 한국영상자료원 편,《한국영화를 말한다: 한국영화의 르네상스 1》, 이채, 2005, 35쪽 참조.

그렇다면, 1962년의 시점에 한국영화 〈송도말년의 불가사리〉의 기획 및 제작 과정에서 특수효과를 활용한 색다른 영화적 시도는 어떻게 행해질 수 있었을까? 그 계기 혹은 동인으로 일본영화 〈고지라ゴジラ〉 시리즈를 지목할 수도 있을 것이다. 1937년 설립 후 특유의 기술력을 바탕으로 일본의 대표적인 메이저 컴퍼니의 지위를 고수해 온 도호에서 지속적으로 제작되어 2016년 〈신 고지라シン·ゴジラ〉까지 총 29편이 선보인 'SF 괴수영화' 시리즈의 제1편은, 1954년 11월 3일 개봉되어 961만여 명의 관객을 동원한 혼다 이시로本田猪四郎 감독의 〈고지라ゴジラ〉였다. 첫 작품의 흥행 성공에 힘입어 곧이어 만들어진 〈고지라의 역습ゴジラの逆襲〉은 이듬해인 1955년 4월 24일 개봉되었는데, 오다 모토요시小田基義가 연출한 제2탄 역시 834만여 명을 극장에 불러들였다. 그리고 혼다 이시로 감독이 다시 메가폰을 잡아 완성한 제3탄 〈킹콩 대 고지라キングコング対ゴジラ〉는 1962년 8월 11일 공개되어 입장객 수 1,255만여 명의 최고 기록을 세웠다.[18] 모두 쓰부라야 에이지円谷英二의 미니어처를 이용한 특수촬영 기술이 효과적으로 발휘되어 있다.

그 30여 년 전 미국에서 제작된 SF 괴수영화의 효시작 〈킹콩King Kong〉(1933) 속 주인공 캐릭터와, '고릴라(ゴリラ:고리라)'와 '고래(クジラ:구지라)'의 합성어로 이름 붙여진 일본식 괴수가 만난 〈킹콩 대 고지라〉가 공전의 히트를 구가하던 1962년에 한국에서도 〈송도말년의 불가사리〉가 제작·개봉된 일은, 그 시기가 인접해 있다는 사실을 차치하더라도 다음과 같은 점들이 있기에 단순한 우연으로 치부하기 어렵다. 우선 〈고지라〉 속 '고지라'가 전설의 생명체로 설정되

---

18 위키피디아 일본어판(http://www.ja.wikipedia.org) 참조.

어 있듯, 〈송도말년의 불가사리〉 속 '불가사리不可殺伊' 역시 실제로 예전부터 전승되어 온 전설 속 동물이다. 다음으로 고지라가 그러하듯, 불가사리 역시 인간처럼 '이족보행'을 통해 몸을 움직인다.[19]

〈고지라〉 시리즈와 〈송도말년의 불가사리〉 사이에는 차이를 보이는 지점도 당연히 있다. 대표적으로 전자는 '현재'를 배경으로 하며 고지라가 인간에게 피해를 주는 존재로 나오는 데 반해, 후자의 경우 600여 년 전의 시간대를 배경으로 하며 불가사리가 악정惡政에 항거하는 정의로운 영웅으로 묘사되어 있다.

흥미로운 점은, 〈우주괴인 왕마귀〉와 〈대괴수 용가리〉로 오면서 적어도 위의 두 부분만큼은 〈고지라〉와의 간극이 상당히 좁혀진다는 사실이다. 이들 두 영화 또한 〈고지라〉와 영향 관계를 가지고 있었음을 전제할 때, 1960년대 전반기 일본 '괴수영화'의 장르적 '변용'이 후반기에 이르러 '차용'으로 전환되었다고 볼 수 있다. 그러면서 〈송도말년의 불가사리〉로 대변되는 '사극' 괴수영화가 〈우주괴인 왕마귀〉와 〈대괴수 용가리〉를 포괄하는 'SF' 괴수영화로 수렴되었던 것이다. 그 기저에 1960년대를 통과하며 한국영화의 다양화 및 분화 현상이 심화되었을 뿐 아니라, 한일 관계가 진척됨에 따라 양국 간 영화 교류 역시 촉진되었다는 점이 중요한 환경으로 놓여 있었음은 물론이다.

---

19 이와 관련하여, 이영재는 "미국영화의 피폭괴수들이 개미, 문어, 게, 거미 등"의 형상을 띠는 데 반해 "고지라를 비롯한 일본영화의 괴수들은 인간적인 특질들을 공유"하면서 "이족보행을 한다"고 설명한다. 아울러, 보다 실감나는 장면 구사를 위해 〈고지라〉 속 괴수의 표현은 "사람이 수트 속에 들어가 움직이는" 방식으로 이루어진다고 부연한다. 이영재, 〈1950년대 미국과 일본의 괴수영화와 핵: 지구, 블록 국가의 착종〉, 《사이》 25호, 국제한국문학문화학회, 2018, 68쪽.

SF 괴수영화 제작 과정에서의 기술적 격차와 파급 효과

1960년대 들어 한국과 일본의 영화 교류 및 관계의 양상은 이전에 비해 크게 활기를 띠었다. 4·19혁명(1960)과 5·16군사정변(1961)을 거치면서 한국 대중문화계 내에서 출판, 가요 업계를 중심으로 이른바 '일본 붐' 현상이 일던 가운데, 영화 분야에서도 일본(인)을 다룬 작품이 양산되고 일본 소설이나 영화 작품을 기반으로 한 한국 영화가 만들어졌으며, 이에 따라 일본 원작에 대한 판권 문제와 표절 논란이 불거지기도 하였다.

보다 직접적인 교류는 국제영화제를 통해 성사되었다. 1954년 도쿄에서 열리기 시작한 아시아영화제가 그것인데, 1957년 도쿄, 1960년 도쿄, 1963년 도쿄, 1965년 교토, 1967년 도쿄에서 열린 영화제에서 한국영화가 일본에 공개됨과 더불어, 1962년 제9회 대회 및 1966년 제13회 영화제의 서울 개최를 계기로 여러 편의 일본영화가 한국에서 상영되는 일도 생겨났다. 1962년 5월 12일부터 16일까지 서울에서 개최된 제9회 아시아영화제에서는 구로사와 아키라黑澤明 감독의 〈쓰바키 산주로椿三十郎〉(1962), 이치무라 히로카즈市村泰一 감독의 〈강은 흐른다川は流れる〉(1962), 마스다 도시오升田利雄 감독의 〈위를 향해 걷자上を向けて歩こう〉(1962), 마스무라 야스조增村保造 감독의 〈아내는 고백한다妻は告白する〉(1961) 등의 일본영화가 공개되었다. 한편, 1966년 5월 5일부터 9일까지 서울에서 열린 제13회 아시아영화제에서는 야마모토 사쓰오山本隆夫 감독의 〈일본 도둑 이야기にっぽん泥棒物語〉(1965), 나카무라 노보루中村登 감독의 〈난춘暖春〉(1966) 등 일본영화 5편이 출품되어, 이 가운데 〈일본 도둑 이야기〉가 감독상, 편집상, 남우조연상을 수상하였다. 이때에는 특히 구로사

와 아키라 감독의 〈라쇼몽羅生門〉(1950, 제15회 베니스영화제 황금사자상), 이마이 다다시今井正 감독의 〈무사도잔혹이야기武士道殘酷物語〉(1963, 제13회 베를린영화제(1963) 금곰상), 고바야시 마사키小林正樹 감독의 〈할복切腹〉(1962, 제16회 칸영화제(1963) 심사위원대상)과 〈괴담怪談〉(1965, 제18회 칸영화제(1965) 심사위원대상), 이마무라 쇼헤이今村昌平 감독의 〈인류학 입문人類學入門〉(1966) 등 국제적으로 인정받은 유명 일본영화 5편이 "찬조 출품 형식으로 영화인들에게 공개" 되었다.[20]

이에 한국에서는 일본영화 개방을 둘러싼 논의가 일기도 하였다. 일본영화 개방 문제는 한일국교정상화가 이루어진 1965년부터 본격적으로 제기된 것이었다. 한국 정부는 "소위 7·23 공약이라 하여 66년 기술교류, 67년 합작영화, 68년에 수입이라는 방침을 세웠으나 국민 감정을 고려, 실행하지"는 않았다.[21] 이러한 상황에서 "1967년에는 한일문화교류 협정 체결을 시도하였으나, 한국 여론의 적극적인 반대로 인하여 결국 일본영화의 수입 문제"가 원점으로 돌아간 일도 있었다.[22]

그럼에도 1967년 들어 한국영화계에서 일본영화 수입을 둘러싼 기류는 점차 거세졌다. 일례로 한국영화제작가협회 회장으로서 도쿄를 방문한 신상옥이 다이에大映의 사장 겸 일본영화제작자연맹 회장이자 아시아영화제의 탄생을 주도한 나가타 마사이치永田雅一를

20 야마모토 이사오, 《일본대중문화의 개방정책과 유입실태의 변천에 관한 연구: 영화·방송·대중 음악과 공연을 중심으로》, 경기대학교 석사논문, 2004, 32쪽, 54쪽.

21 〈"신중" 소리높은 일본영화 수입〉, 《경향신문》 1969년 11월 1일자, 5면.

22 야마모토 이사오, 《일본대중문화의 개방정책과 유입실태의 변천에 관한 연구: 영화·방송·대중 음악과 공연을 중심으로》, 32~33쪽.

만나 "한일 간의 영화 수출입 업무를 추진하는 데 거의 합의"에 도달하였다는 소식이 신문 지면을 채우곤 하였다.[23]

이 와중에 1967년 초, 극동흥업주식회사의 사장 차태진이 일본으로 건너가 '괴기과학영화' 제작을 위한 "특수촬영 기술 타협"을 성사시켰으며,[24] 이에 따라 일본 측 기술자 6명이 방한訪韓하여 촬영에 돌입하였다. 특수촬영은 화양리에 위치한 삼성스튜디오에서 진행되었다. 협업 과정에서 중개자 역할을 한 이는 '이노우에 간井上莞'으로 일본에서 활동하던 이병우였고,[25] 그의 주선으로 한국을 찾은 이들은 야기 마사오八木正夫의 기술진이었다. 야기 마사오는 도호촬영소에 소속된 상태로 〈고지라〉(1954) 제작에 참여한 후 1956년부터 다이에로 이적하여 여러 편의 SF 괴수영화 제작에 참여하고, 1966년부터는 에키스프로エキスプロ를 세워 영화와 텔레비전 드라마에서 다수의 특수촬영 제작 경험을 쌓아 가던 인물이다.[26]

그리하여 만들어진 영화가 〈대괴수 용가리〉(1967)였다. 연출은 극동흥업을 이끌면서 〈5인의 해병〉(1961), 〈남과 북〉(1965) 등의 전쟁영화와 〈가정교사〉(1963), 〈맨발의 청춘〉(1964), 〈떠날 때는 말없이〉(1964), 〈불타는 청춘〉(1965) 등 일본영화와도 관련이 있는 청춘영화를 앞세워 1960년대 최다 흥행 감독 중 한 명으로 명성을 떨치던 김

---

23 〈영화 수출입 일원화 추진〉, 《매일경제》 1967년 1월 7일자, 3면.

24 〈이모저모〉, 《경향신문》 1967년 1월 14일자, 5면.

25 이병우는 1942년 〈바다 독수리海鷲〉의 감독으로 데뷔한 뒤 활동을 멈추었다가 1952년부터 1972년까지 총 27편의 작품에서 촬영을 담당하였다. 1958년부터 1966년까지는 일본 닛카쓰日活에서 경력을 쌓았다. 일본영화 데이터베이스(http://www.jmdb.ne.jp) 참조.

26 위키피디아 일본어판 참조.

178 _ 모빌리티 텍스트학

기덕이 맡았다. 특수촬영은 야기 마사오가, 미술은 미카미 무쓰오三上陸南가, 조연操演 기술은 스즈키 도루鈴木昶가 담당하였으며, 이외에도 이병우와 그의 조수 나카가와 겐이치中川建一가 제작에 참여하였다.[27]

결국 〈대괴수 용가리〉는 통상적인 경우보다 3~4배의 제작비가 들었으나, 11만 3,000여 명의 관객을 동원하여[28] 흥행에 성공하였다. 아울러, 이 영화는 일본에서 컬러 블루 스크린 합성 작업이 이루어져, 그 프린트가 세계 각지로 수출되기도 하였다. 이에 비해 동 시기에 나온 또 다른 한국 SF 괴수영화 〈우주괴인 왕마귀〉는 관객 동원면만 하더라도 〈대괴수 용가리〉의 절반에도 미치지 못하였다.[29]

두 작품은 각각 "한국의 기술진만으로 시도되는 괴물영화"라는 점과 "일본 전문가들의 기술 협조로 한국에서 최초로 본격적인 미니어처 촬영을 시도"한 괴물영화라는 점에서, 영화 제작 과정을 거치며 세간의 주목을 받았다. 그러나 크랭크인 시점이 2주가량 앞섰던[30] 〈대괴수 용가리〉의 개봉일이 〈우주괴인 왕마귀〉보다 오히려 한 달 반 정도 늦어진 데에서도 드러나듯, 애초부터 전자의 경우가 더욱 과감한 투자를 시도하였다. 일본에서 기술력을 공수해 온 일부터가 그러하거

---

27 한국영상자료원 편,《한국영화를 말한다: 한국영화의 르네상스 1》, 35~36쪽 참조.

28 한국영상자료원 한국영화데이터베이스 참조.

29 한국영화데이터베이스상에는 5만 명으로 표기되어 있다.

30 〈대괴수 용가리〉는 1967년 4월 3일, 〈우주괴인 왕마귀〉는 동년 4월 17일에 크랭크인된 것으로 알려져 있었다. 〈첫 미니아추어 촬영 기괴한 동물상 등장〉,《동아일보》1967년 5월 2일자, 5면.

니와,[31] 막대한 자금과 물량을 투입하여[32] SF 괴수영화의 장르적 특징을 살리려 한 것은 기획의 일환이었던 것으로 보인다.[33]

단적으로 필름 종류부터 차이가 나타났다. 〈우주괴인 왕마귀〉가 흑백 필름을 사용한 뒤 "한국 최초의 괴수영화", "한국 최초의 전 화면 특수촬영" 등의 문구로 홍보 전단지를 장식한 반면,[34] 〈대괴수 용가리〉는 줄곧 이 작품이 "총천연색 시네마스코프"로 촬영된 영화임을 내세우고 때때로 '특촬감독'으로서 야기 마사오의 이름을 공표함으로써 그 기술적 성취를 강조하곤 하였다.[35]

'도호 창립 30주년 기념 작품'이자 일본영화 최고의 흥행작인 〈킹콩 대 고지라〉가 총천연색 테크니컬러를 사용하여 '도호스코프' 방식으로 만들어졌음을 상기할 때, 〈대괴수 용가리〉 제작진의 관심과 선택은 단순히 일본 기술진의 협조를 구하는 것을 넘어 당대 세계 최고 수준의 기술력을 자랑하던 일본영화계의 SF 괴수영화를 모델

---

31 이와 관련하여, 김기덕은 일본 기술진의 초빙이 "화면 합성 같은 기초적 기술도 없었"던 당시 한국 영화계의 낙후된 환경에 따른 선택이었다고 회고한다. 한국영상자료원 편, 《한국영화를 말한다: 한국영화의 르네상스 1》, 36쪽.

32 개봉 당시 영화 포스터에는 "영화에 동원된 기재의 주요 내용"이 다음과 같이 나열되어 있기도 하였다. "고속도 촬영기 5대 / 한국 최초 500mm '즈므렌즈' 사용 / 비행기 30대, 탱크 20대, 로켓트 24門, 대포 16門, 자동차 50대, 헬리콥터 2대(이상 1/20 축소) / 인왕산 남산 세트 건축에 흙 700트럭 / 남대문 건조에 목수 120명 / 서울시가지 세트에 석회 1,200포 / 용가리의 머리에는 전자장치 / 동양 유일의 구름과 안개 제조기 사용 / 우주공항 캡슐 발사 3회 / 水爆 투하용 구름 제조에 1개월" 《동아일보》 1967년 8월 10일자, 5면 광고.

33 〈대괴수 용가리〉의 제작 배경 및 기술 제휴 과정에 관한 전반적인 내용은 함충범, 〈도호의 특수촬영 기술과 한일 영화 교류·관계사의 양상〉, 425~429쪽을 참고한 것임.

34 《동아일보》 1967년 6월 27일자, 7면 광고..

35 《동아일보》 1967년 8월 9일자, 7면 광고 참조.

로 삼는 데 있었던 것으로도 유추 가능하다.

아울러 그 전략이 흥행 측면에서도 커다란 성공을 거두었음은 앞서 살펴본 바와 같다. 그리고 이를 넘어 후대에 행해진 1960년대 한국영화사 서술에도 일정 부분 영향을 미친 것으로도 해석 가능하다.[36] 특정 영화의 기술 전략이 한국과 일본 간 영화 교류를 견인하고, 이로 인해 동 시기 관객의 호응을 얻는 한편 영화사적 족적을 남기게 된 하나의 사례라 할 만하다. 이는 물론 〈대괴수 용가리〉가 SF 괴수영화로 만들어졌기에 가능한 일이었다고 하겠다.

괴수 형상 및 시대적 표상의 유사성과 차이

1960년대 한국 괴수영화 중 가장 큰 반향을 일으킨 〈대괴수 용가리〉에서는 인왕산 부근에 나타난 용가리가 서울 중심부의 광화문과 시청 거리를 지나 남대문, 남산 등으로 이동하며 수많은 건물을 파괴하면서 사람들에게 해를 끼치다가 한강대교에 이르러 공격을 받고 쓰러지는 일련의 과정이 컬러 영상으로 스펙터클하게 그려진다. 주목되는 점은, 이러한 장면들이 흑백 영상으로 구성된 일본영화 〈고지라〉의 그것과 매우 흡사한 방식으로 연출되어 있다는 데 있다.[37]

---

36 가령, 이영일은 1960년대 '괴수영화'들 가운데 유일하게 〈대괴수 용가리〉에 관해 "본격적인 대작으로서" 한국 "SF(空想科學)영화"의 "효시가 되었다"고 설명한다.(이영일, 《한국영화전사》(개정판), 449쪽) 호현찬 역시 〈대괴수 용가리〉에 대해서만 "일본의 특수촬영팀"이 "초빙"되어 만들어진 "한국에서 본격적으로 만든 괴수영화의 시초"로 소개한다.(호현찬, 《한국영화 100년》, 169쪽)

37 나아가, 제목의 유사성을 통해서도 감지되듯 유아사 노리아키湯淺憲明 감독의 〈대괴수 가메라大怪獸ガメラ〉(1965) 등 동 시기 제작된 일련의 일본영화 역시 한국영화 〈대괴수 용가리〉와 밀접한 연관성을 띠고 있었던 것으로 보인다. 〈대괴수 가메

아울러, 영상 구성의 측면뿐 아니라 서사 구조에 있어서도 태평양에서 출몰하던 고지라가 한 섬마을을 덮친 후 일본의 수도 도쿄를 위협한다는 〈고지라〉의 위기 설정 패턴이 상당 부분 〈대괴수 용가리〉에 차용된 듯 보인다. 또한 두 영화는 '대괴수'의 출현으로 막대한 피해가 발생한 뒤 정부와 군의 노력과 더불어 과학자와 해상 경비대원-우주비행사(이순재 분)와 젊은 과학자(오영일 분)의 활약 속에, 양쪽 모두 과학자가 개발한 약물로 괴수를 쓰러뜨려 최종적으로 승리를 거둔다는 문제 해결 방식에서도 유사성을 띤다.[38]

흥미로운 점은, 〈고지라〉의 고지라와 〈대괴수 용가리〉의 용가리가 비슷한 외양을 띠고 있다는 사실이다. 직립하기는 하지만 마치 공룡의 형상과도 흡사한 이들 '괴수'는, 〈우주괴인 왕마귀〉나 〈송도말년의 불가사리〉에 등장하는 괴인怪人이라고도 불린 만한 '인간을 닮은 괴물'과는 사뭇 다른 모습이다.

그도 그럴 것이 〈우주괴인 왕마귀〉에서 '감마성 괴인'은 외계'인'이 보낸 존재로, 〈송도말년의 불가사리〉에서 '불가사리'는 부패한 권력층에 대항하다 죽은 주인공 남형(최무룡 분)의 영혼이 들어간 존재로 설정되어 있기 때문이다. 하지만 감마성 괴인은 그를 통해 지구를 침공하려 한 감마성 외계인에 의해 다른 행성으로 이동하기 전에 '처리'되는 반면, 불가사리는 살아생전 자신의 연인이었던 나미(엄앵란 분)와 함께 승천하며 스스로 자취를 감춘다. 이는 두 영화 속 괴수에 대한 사람들의 인식과 태도의 차이에서 비롯된 설정이라고

라〉에 관한 김기덕의 언급에 대해서는 한국영상자료원 편,《한국영화를 말한다: 한국영화의 르네상스 1》, 35쪽, 42쪽 참조.

38 함충범, 〈도호의 특수촬영 기술과 한일 영화 교류·관계사의 양상〉, 428쪽.

도 할 만하다. 즉, 〈우주괴인 왕마귀〉의 괴인은 영화 속 영웅인 공군 소령 오정환(남궁원 분)과 용감한 고아 소년 '다람쥐'(전상철 분) 등에 의해 반드시 물리쳐야 할 '타자'로 상정되어 있는 데 반해, 〈송도말년의 불가사리〉 속 불가사리는 백성의 편에 선 귀족 청년이 환생하여 부패를 일삼다가 급기야 왕권까지 노리는 악한 역적 세력을 징벌하고 민중을 지키는 정의의 '수호신'처럼 묘사되어 있다.

종합적으로 정리해 보면, 먼저 〈송도말년의 불가사리〉의 경우 과거로부터 전승되어 오던 설화를 토대로 영화 속 불가사리가 유익하고 긍정적인 존재로 그려져 있다. 또한 극중 주동 인물이 환생하였기에 그 외형적 형태는 사람과 가깝다. 다음으로, 〈우주괴인 왕마귀〉에서 괴인은 감마성 외계인의 대리인으로서 지구를 공격하는 침략자로 등장한다. 그리고 용맹스런 지구인의 반격을 받다가 결국에는 외계인이 지구를 떠나면서 소멸되고 만다. 마지막으로, 〈대괴수 용가리〉 속 용가리는 갑작스레 변화된 환경에서 공룡과 닮은 모습으로 인간을 위협하며 나타난다. 그러나 이 역시 용감한 이들과의 '대결' 끝에 퇴치된다.

〈송도말년의 불가사리〉를 통해 이 작품이 나온 1962년 당시를 떠올리건대, 5·16군사정변으로 수립된 과도적인 군사정권 하에서 이전의 '낡은' 정치가 타파의 대상으로 상정되어 있던 동 시기 정치·사회적 상황이 읽혀진다.

이후 박정희 정권은 1963년과 1967년의 대통령 선거를 통해 집권에 성공함으로써 권력을 공고히 해 갔으며, 그 과정에서 냉전 하의 국제 정세와 남북한 대치 상황이 자주 이용되었다. 송효정은 〈우주괴인 왕마귀〉의 개작 과정에서 "괴물 왕마귀가 상징하는 추상적 전쟁 의지에 대한 공포 및 반전과 보편주의에 입각한 세계 평화의 메시지는 희석되"는 대신 "휴전선에서 남하하여 서울을 파괴하는 정체불명의 괴물 이미지"가 강조되었다는 점과,[39] 〈대괴수 용가리〉의 경우 "오리지널 시나리오가 국제적 양식의 오락영화로 각색되면서 스토리에 내재되었던 악의의 갈등의 소지가 완화되고 오히려 괴물에 대한 양가적이고도 모호한 감정"이 침투하였다는 점을[40] 지적하면서, 1965년 《학생과학》 창간과 2차 영화법 개정(1966) 등을 사회문화적 배경으로 거론한다. 여기에 더하여, 이들 영화를 1968년 한 해에만 〈국민교육헌장〉이 제정되고 향토예비군이 창설되며 광화문에 이순신 동상이 세워지는 등 국가 주도의 반공적 애국주의, 민족주의 정책이 강화되어 간 시대적 징후를 드러낸 텍스트로 해석해 볼 수도 있을 터이다.

북한영화를 통한 교류·관계의 확장

1960년대 후반 한국영화계에서는 다양한 형태의 영상 기술적 시도가 있었는데, 관련 작품들은 대개 대중에게 볼거리를 제공하며 관객을 소구하려는 목적 하에 기획된 것이었다. 현재적 관점에서 'SF 장르'로 분류되기도 하는 〈우주괴인 왕마귀〉와 〈대괴수 용가리〉 역시 이와 궤를 같이한다. 〈대괴수 용가리〉의 제작 과정에서 '중공中共'의 핵 개발을 중심으로 한[41] '공산 진영'의 무력적 위협감과 이로 인

---

39 송효정, 〈한국 소년SF영화와 냉전 서사의 두 방식: 〈대괴수 용가리〉와 〈우주괴인 왕마귀〉의 개작 과정 연구〉, 117쪽.

40 송효정, 〈한국 소년SF영화와 냉전 서사의 두 방식: 〈대괴수 용가리〉와 〈우주괴인 왕마귀〉의 개작 과정 연구〉, 125~126쪽.

41 중국에서는 1964년 10월 최초로 원자폭탄 실험에 성공하였으며, 1966년 10월에는

한 불안감을 파생시킬 만한 배경적 정보가 희석되었음은 이러한 차원에서 이해 가능하다.

그럼에도 불구하고, 영화 텍스트를 둘러싼 시대적 배경이라는 콘텍스트적 요소는 일정 부분 작품 곳곳에 묻어나게 되는바, 〈대괴수 용가리〉 및 〈우주괴인 왕마귀〉 속 이야기가 '냉전 서사'의 틀에서 해석되는 이유는 바로 이 지점에 존재한다. 그도 그럴 것이, 〈대괴수 용가리〉에 직간접적으로 영향을 미친 일본영화 〈고지라〉도, 〈고지라〉 제작에 자극제가 된 미국영화 〈심해에서 온 괴물〉도, 냉전(체제)과 핵무기(개발)를 둘러싼 위기감과 공포감을 반영하고 있었다. 특히 〈고지라〉는 1954년 3월 1일 비키니환초에서 행해진 미국의 첫 건식 수소폭탄 실험 과정에서 일본인 선원 23명이 피폭된 '제5후쿠류마루第五福龍丸호 사건'을 모티브로 하여, 전후 냉전질서에 편입된 채 과거 전쟁 기억에서 벗어나지 못하고 있던 일본인의 불안과 공포를 자극하였다.[42]

한국의 경우, 1970년대 들어 국제 정세와 세계경제의 변화에 직면한 상황에서 박정희 정권이 '10월 유신'(1972)을 통해 기형적 독재

미사일 기술을 이용한 수소폭탄 실험에도 성공하였다. 아울러 1967년 6월에는 3메가톤급의 수소폭탄을 개발하기도 하였다. 〈우주괴인 왕마귀〉와 〈대괴수 용가리〉가 기획 · 제작 · 개봉되던 시기와 맞물린다.

[42] 이와 관련한 자세한 내용에 관해서는 다음의 논문들을 참고할 만하다. 김려실, 〈일본 재난영화의 내셔널리즘적 변용: 〈고지라〉와 〈일본침몰〉을 중심으로〉, 《일본비평》 7호, 서울대학교 일본연구소, 2012; 이경희, 〈수폭괴수 고질라의 탄생과 특촬 테크놀로지: 제국과 포스트제국의 단속적 선율〉, 《일본비평》 19호, 서울대학교 일본연구소, 2018; 이영재, 〈1950년대 미국과 일본의 괴수영화와 핵: 지구, 블록 국가의 착종〉; Chon Noriega, "Godzilla and the Japanese Nightmare: When "Them!" Is U.S.," *Cinema Journal* 27-1, 1987; Yoshiko Ikeda, "Godzilla and the Japanese after World War II: From a scapegoat of the Americans to a saviour of the Japanese," *Acta Orientalia Vilnensia* 8-1, 2011 등.

체제를 구축한다. 이와 더불어 영화계에 대한 국가의 통제 및 개별 영화의 국책성이 강화되었는데, 국책영화 제작 과정에서 일본 기술 진에 의한 '선진적' 영상 기술을 활용하는 사례들도 늘어 갔다.[43] 한 편, 1978년에는 한국의 유명 감독 신상옥이 홍콩에서 납북되는 사건이 발생하기도 하였다. 흥미로운 점은, 1986년 3월 오스트리아 빈에서 배우 최은희와 함께 망명하기 전까지 그가 북한에 머무르며 연출을 맡은 총 7편의 작품 중에 북한 최초의 'SF영화'로 칭할 만한 〈불가사리〉(1985)가 포함되어 있다는 사실이다.

이 영화는 김세륜 각본, 신상옥 연출로 1985년에 만들어졌으나 완성을 앞두고 신상옥의 '탈북 사건'이 발생하여, 필름상의 감독 타이틀은 후반작업을 마무리한 정건조로 대체되었다. 또한 이 영화는 특히 이례적으로 일본 기술진이 제작 과정에 참여하였다. 특수촬영 감독을 맡은 이는 나카노 데루요시中野昭慶였고 불가사리 인형 연기자Suit Actor를 담당한 이는 사쓰마 겐파치로薩摩劍八郎였는데, 이들은 모두 도호 소속으로 영화 〈고지라〉 시리즈 제작에 참여한 경력이 있었다.[44]

이렇듯 일본 영화인들과의 기술 제휴를 통해 〈불가사리〉는 SF 괴수영화에 걸맞은 스펙터클한 영상 기법을 선보였다. 아울러 남한 출신 감독이 메가폰을 잡고 한반도에 전승되어 오던 '불가사리 설화'

---

[43] 대표적인 예로 한국전쟁(1950~1953)을 배경으로 한 영화진흥공사 제작, 임권택 감독의 〈증언〉(1973)과 임진왜란(1592~1598)을 배경으로 한 한진흥업 제작, 장일호 감독의 〈난중일기〉(1977)를 들 수 있다. 전자의 경우 일본 기술진이 한국으로 초빙되었고, 후자의 경우 특수촬영 자체가 일본에서 진행되었다. 이에 관한 구체적인 내용은 함충범, 〈도호의 특수촬영 기술과 한일 영화 교류·관계사의 양상〉, 429~433쪽 참고.

[44] 위키피디아 일본어판 참조.

를 이야기의 모티브로 삼으면서, 북한영화로는 흔치 않게 국제적 교류를 실현하게 되었다. 여기에는 일본을 비롯한 해외로의 수출이라는 기획 의도가 자리하고 있었는데, 실제로 이 작품은 일본에서 1998년 7월 4일 개봉되어 반향을 일으켰고[45] 남한에서도 김대중 대통령의 평양 방문 이후인 2000년 7월 22일 정식 개봉되어 극장에서 관객에게 선보였다. 일본에서 개봉할 때는 마침 할리우드에서 제작된 〈고지라〉의 리메이크작 〈고질라Godzilla〉(롤랜드 에머리히Roland Emmerich 감독, 1998)가 개봉 중이었는데, 〈불가사리〉는 관객 호응 측면에서 〈고질라〉에 밀리지 않는 존재감을 나타내기도 하였다.[46]

이와 같이 남한 출신 감독이 메가폰을 잡고 일본 기술진과의 협업을 통해 SF영화로 만들어져 한국, 일본 등지에서도 상영되었다는 점과 연동을 이루며, 〈불가사리〉는 그 사상성과 선전성에 머물지 않고 대중 오락적 성격을 충분히 발산하였다. 아울러 그 이면에는 형식적, 내용적 차원에서 이 작품이 지니는 한국 및 일본 괴수영화들과의 일련의 연계성이 자리하고 있었다.

우선, 표현 기법 면에서 〈불가사리〉는 1960년대 남한 SF 괴수영화 및 그 원형이 되는 일본 SF 괴수영화와 공통점을 보인다. 예컨대, 〈불가사리〉에서 불가사리가 왕궁을 파괴하고 왕을 '응징'하기 위해 그곳에 진입하는 장면은, 전통 건축을 통해 공간-문화적인 특수성을 드러낸다는 점에서 〈대괴수 용가리〉 속 용가리의 남대문 근처 배회 장면을 연상시킨다. 또한, 거대하게 자란 불가사리가 농민들의

---

45 〈북 억류 때 만든 북한판 고질라 '불가사리' 신상옥 감독 영화 일(日)서 개봉〉, 《경향신문》 1998년 6월 19일자, 6면 참조.
46 〈북한영화가 '할리우드' 꺾었다〉, 《경향신문》 1998년 8월 31일자, 8면 참조.

선두에 서서 군대를 무찌르는 장면은 〈고지라〉에서 고지라가 섬마을에 나타나 사람들을 혼비백산하게 만드는 장면과 화면 구도 및 피사체의 움직임에 있어 유사성을 공유한다.

당연히 차이점도 발견된다. 1980년대에 만들어진 〈불가사리〉의 영상 기법이 컬러 화질이나 특수촬영, 미니어처 세트 및 소품 제작 등 전반적인 부분에서 1950년대 영화 〈고지라〉 및 1960년대 영화 〈대괴수 용가리〉의 그것보다 정교하고 세련되어졌음은 물론이거니와, 작품의 이야기 구조에 따라 주인공 '괴수'나 배경 공간을 둘러싼 이미지가 상이하게 비추어진다는 점도 그러하다. 즉, 〈불가사리〉 속 불가사리는 용가리, 고지라와는 달리 민중의 편에 선 유익한 존재로 등장한다. 때문에 불가사리가 궁궐을 파괴하거나 군사를 쫓더라도 그 모습이 부정적으로 비추어지지 않는다. 그 피해의 대상 자체가 민중의 반대편에 있는 부정적 존재이기에 그러하다. 이는 〈대괴수 용가리〉와 〈고지라〉 속 괴수 및 그에 의해 피해를 입는 대상이 지니는 이미지와 상반되는 것이라고 할 수 있다.

그런데 이러한 〈불가사리〉 속 괴수의 존재성과 연결되는 것이 있으니, 바로 〈송도말년의 불가사리〉에서의 또 다른 '불가사리'이다. 두 작품 모두 한국 전통의 '불가사리 설화'를 이야기의 바탕에 두었기에, 둘 간의 서사적 연관성은 애초부터 클 수밖에 없었을 터이다. 나아가 23년 뒤에 나온 북한영화 〈불가사리〉를 남한 출신 신상옥이 연출하였다는 사실을 고려할 때, 이 작품에 어떠한 식으로든 〈송도말년의 불가사리〉가 영향을 미쳤을 것이라고도 볼 수 있다.

일차적으로, 두 작품은 불가사리 설화를 내용적 토대로 삼았다. 용어는 '불가살不可殺+이(명사화 접미사)' 형태에서 '이'의 음차 爾 또는 伊가 붙어 사용되다가 연철되어 '불가사리'가 되었다. '불가살'은 '죽

일 수 없다'라는 뜻으로 "'무슨 방법을 쓰더라도 막을 수 없는 현실'
을 은유"하거나, 혹은 '불가살火可殺'로서 '불로 죽일 수 있다'를 의미
하기도 한다.[47] 불가사리 관련 설화는 18개가 있으며, 대다수가 "고
려 말을 배경으로 설정하"여 "신돈이라는 등장인물에 주안점을 맞"
춘다.[48] 이어 1921년에는 현영선의 소설《송도말년 불가살이전松都末
年不可殺爾傳》이 출판되기도 하였다. '여말선초麗末鮮初'를 시대적 배
경으로 두고 신돈, 이성계 등 역사적 실존 인물을 등장시킨다는 점
이 특징적이다.[49]

그런데 제목 자체가 〈송도말년의 불가사리〉와 일치하는 바, 영화
기획 과정에서 이 책이 내용적 토대를 제공했을 가능성이 커 보인
다. 물론, 영화 필름이 현존하지 않는 상태에서 〈송도말년의 불가사
리〉의 시나리오를 실피긴대 그 내용이《송도말년 불가실이진》과 차
이를 보이는바, 각본 구성 과정에서 소설에 대한 각색이 행해졌거나
소설에서 제목만 따오고 주요 내용은 설화 중 하나를 바탕으로 한
것으로 추정된다.

〈송도말년의 불가사리〉와 북한영화 〈불가사리〉의 내용을 비교하
더라도 이러한 양상이 발견된다. 전체적인 내용 흐름에 있어서는,
사악한 권력층의 횡포로 민심이 흉흉하던 때에 정의로운 인물의 혼
이 담긴 불가사리가 나타나 악의 세력을 물리치고 평화를 찾아 주지
만, 대량의 철을 먹어 사람들에게 오히려 짐이 된 불가사리가 결국

47 김보영,《한국서사문학에 나타난 '불가살이' 연구》, 단국대학교 석사논문, 1994, 9,
    14, 30쪽.
48 김보영,《한국서사문학에 나타난 '불가살이' 연구》, 34쪽.
49 김보영,《한국서사문학에 나타난 '불가살이' 연구》, 47~66쪽 참조.

주인공 여성의 요청과 희생으로 그녀와 함께 스스로 사라진다는 공통된 서사 구조를 지닌다.

반면, 세부적인 이야기 설정에서는 두 작품 간에 차이도 존재한다. 〈불가사리〉에서는 여주인공 이름이 나미가 아닌 아미(장선희 분)이고 그녀의 연인 이름도 인대(함기섭 분)이다. 인대는 선두에서 봉기를 이끌다가 영화 중간 부분에서 처형되는 인물로, 그의 모친과 동생도 영황에 등장한다. 〈송도말년의 불가사리〉에서 나미와 남형이 높은 신분이었던 데 반해, 아미와 인대는 피지배계층에 속한다. 아미에게는 〈송도말년의 불가사리〉에 등장하는 하녀 음전이(강미애 분) 대신 남동생 아나(리종국 분)가 있으며, 그녀의 부친은 〈송도말년의 불가사리〉 속 성장군(김동원 분)과는 달리 대장장이 탁쇠(리인권 분)이다. 또한, 제목을 통해 그 정보를 드러내는 〈송도말년의 불가사리〉와 달리 〈불가사리〉 속 시공간적 배경은 모호하게 설정되어 있다. 악역도 〈송도말년의 불가사리〉에는 문관 출신의 정승(박경주 분)과 무관인 도철(최성호 분), 불교 승려인 선혜(이업동 분)가 나오는 데 비해, 〈불가사리〉의 경우 황토포사(리룡운 분), 원(박봉익 분), 왕(박영학 분), 그리고 여러 명의 장교들이 등장한다. 두 영화는 불가사리의 탄생과 소멸에서도 차이를 보인다. 〈송도말년의 불가사리〉의 불가사리는 죽은 남형의 무덤가에서 그의 혼이 들어가 탄생하고 마지막에는 나미의 부탁에 따라 무덤으로 사라진 뒤 다음 날 아침 나미와 함께 승천하나, 〈불가사리〉에서는 감옥에 갇혀 지내던 탁쇠가 자녀인 아미와 아나가 던져 준 밥알을 모아 손으로 빚은 뒤 그가 죽은 후 바느질을 하던 아미의 피가 떨어져 불가사리가 생명력을 얻고 종국에는 아미가 들어가 있는 대종大鐘을 섭취한 불가사리가 아미의 기도에 의해 산산조각 나며 없어지게 된다.

이처럼 〈송도말년의 불가사리〉가 고려 말 상류층의 역사적 변화를 토대로 기존의 신분 질서를 유지한 채 이야기를 구성하고 있다면, 〈불가사리〉는 서사 구조 자체가 백성에 의한 왕조의 멸망이라는 계급투쟁에 기반하고 있다. 이는 북한영화 〈불가사리〉가 "사상제일주의라는 북한의 문예이론에 따라 만들어"져,[50] "주체사상에 입각한 영웅서사 문법의 전형을 그대로 재현하"기 때문일 것이다.[51] 동시에 이 작품은 "1980년대 주체사상의 변화" 하에서 '숨은 영웅론'과 '개성론'이 문예이론의 핵심에 자리하던 때를 반영하기도 하는데,[52] 그렇기에 아미와 인대를 비롯한 백성들의 희생과 반란 성공 후 불가사리의 존재성에 대해 "사회주의국가들 내부에서 새롭게 생성된 모순까지 제거해야 함을 뜻하는 것"[53]이라든지 "혁명 정신을 잊어버린 구세대일 수도 있고 책상머리에 앉아 탁상공론허는 관리들일 수도 있고 노동 없이 국가 배급만 축내 온 건달 노동자일 수도 있다"[54]는 해석이 가능하다.

그럼에도 간과하지 말아야 할 점은, 〈불가사리〉가 "력사영화와 혁명영화"뿐 아니라 "과학환상영화의 요소들을 파편적으로 내포하고 있"다는 사실이다.[55] 이렇듯 복합적 장르 특성을 지닌 이 작품에 대

50 장용훈, 〈〈불가사리〉악정에서 백성 구한 전설적 괴물 영화화〉, 《통일한국》 2000년 8월호, 93쪽.

51 박훈하, 〈북한의 '대가정론'과 여성의 주체 위치: 영화 〈불가사리〉를 중심으로〉, 《오늘의 문예비평》 2004년 3월호, 156쪽.

52 박훈하, 〈북한의 '대가정론'과 여성의 주체 위치: 영화 〈불가사리〉를 중심으로〉, 156쪽.

53 박훈하, 〈북한의 '대가정론'과 여성의 주체 위치: 영화 〈불가사리〉를 중심으로〉, 159쪽.

54 이명자, 〈괴물 대 불가사리─ 괴물: 불가사리 불안의 재현〉, 《민족21》 2006년 10월호, 151쪽.

55 이지용, 〈북한 영화에서 나타난 환상의 양상: 영화 〈불가사리〉의 내용적 특징을 중

해 신상옥은 후일 "핵무기를 비판하기 위해서 만들어진 영화라고 역설"하기도 하였거니와,[56] 이러한 지점에서도 일본 SF 괴수영화 〈고지라〉 및 남한 SF 괴수영화 〈대괴수 용가리〉와의 친연성이 발견된다. 동북아시아 영화 교류·관계 확장의 대표적 사례라 할 만하다.

이후의 흐름과 영화사적 의의

북한에서 〈불가사리〉가 만들어진 시기와 비슷한 때에 남한에서는 우성사 제작, 김정용 감독의 〈비천괴수飛天怪獸〉(1985)가 나오는데, 이 작품은 현대사회에서 공룡의 부활이라는 아이디어를 토대로 한 '공상과학SF영화'로서 학생층을 주요 관객으로 상정하여 겨울방학 시즌에 개봉되었다.

공룡을 소재로 삼은 영화는 1990년대에도 만들어졌다. 먼저 원시시대를 배경으로 한 〈티라노의 발톱〉(1994)이 여름방학 시즌에 맞추어 개봉되었다. 이 작품은 실사영화와 만화영화, 애니메이션의 혼합 형식을 띠며 1980년대 중반부터 유행하기 시작한 아동 대상의 일련의 SF영화 '우뢰매 시리즈'와 '영구 시리즈'에서 배우, 연출, 제작 등을 담당해 오던 유명 코미디언 심형래가 자신이 세운 영구아트무비에서 감독과 주연을 맡은 영화였다. 〈비천괴수〉도 그러하거니와, 〈티라노의 발톱〉 역시 평단에서도 논외의 작품으로 취급받았고 흥행에도 성공하지 못하였다.

심으로〉, 《한국문화기술》 24호, 단국대학교 한국문화기술연구소, 2018, 123쪽.

[56] 이지용, 〈북한 영화에서 나타난 환상의 양상: 영화 〈불가사리〉의 내용적 특징을 중심으로〉, 127쪽.

그러다가 1990년대 말 심형래가 또 다른 SF 괴수영화를 내놓았는데, 다름 아닌 〈용가리Yonggary〉(1999)였다. 삼부파이낸스엔터테인먼트의 공동 제작 및 배급으로 기획된 이 작품은 공간적 배경을 미국 로스앤젤레스와 우랄산맥 지역으로 설정하고 등장인물 또한 거의 현지 배우들로 채웠다는 점에서 차별성을 지니기도 하였으나, 영화 타이틀을 비롯하여 주된 이야기의 소재가 〈대괴수 용가리〉의 그것과 일치성 혹은 최소한 유사성을 보이는 영화였다.

역시 여름방학 시즌에 개봉되어 30만 명이 넘는, 당시로서는 적지 않은 관객을 동원한 〈용가리〉를 기점으로 이후 한국에서는 SF 괴수영화가 여러 차례 기획·제작되었을 뿐 아니라 비평과 흥행 양면에서 호성적을 거두기도 하였다. 대표적인 예로, 한강에서 서식하는 괴생명체를 통해 영화저 스펙터클 및 상상력과 사회비판적 관점을 제공한 봉준호 감독의 〈괴물〉(2006)과, 〈용가리〉를 만든 심형래가 '이무기 전설'을 모티브로 삼아 이번에도 미국 LA를 배경으로 현지 배우들과 작업하여 완성한 〈디워D-War〉(2007)를 들 수 있다. 후자는 한국에서만 누적 관객 785만 5,474명을 기록하였으며, 전자의 경우 1091만 7400명의 관객 동원과 더불어 평단에서도 호평을 받으며 한국영화의 새로운 가능성을 제시하였다.

한편, 일본영화 〈고지라〉 시리즈는 제29편인 안노 히데아키庵野秀明 감독의 〈신 고지라シン·ゴジラ〉(2016)까지 도호에서 계속해서 만들어졌으며, 2017년 이후에는 총 3편의 애니메이션 버전도 나왔다. 또한 이 영화는 1990년대 후반 미국에서 롤랜드 에머리히 감독의 〈고질라〉(1998)로 리메이크된 뒤 2014년 가렛 에드워즈Gareth Edwards 감독의 동명 작품으로 다시 만들어졌고, 2019년에는 마이클 도허티Michael Dougherty 감독의 〈고질라: 킹 오브 몬스터Godzilla: King of the

Monster〉로 이어졌다. SF 괴수영화 〈고지라〉의 영향력이 1960년대 한국영화를 거쳐 1990년대 이후 미국영화로도 파급되었다는 점이 눈에 띈다.

이와 관련하여, 미국영화 〈Tremors〉(론 언더우드Ron Underwood 감독, 1990)가 한국 개봉 시 '불가사리'로 번역된 이래, 돈 마이클 폴Don Michael Paul 감독의 〈Tremors: A Cold Day in Hel〉(2018)까지 6편이 이어져 오는 내내 줄곧 '불가사리'라는 제목을 유지해 왔다는 사실도 흥미롭다. 남한에서도 익히 알려진 1980년대 북한영화 〈불가사리〉의 문화적 영향력에 따른 현상이라 할 만하며, 한 단계 더 앞을 보건대 이를 통해 1960년대 남한영화 〈송도말년의 불가사리〉와의 연관성을 떠올리는 것도 무리는 아닐 터이다.

문화의 다양한 속성 중에서도 '문화전파culture diffusion'는 그것의 공간적 확대와 시간적 지속을 견인한 핵심적 특성이라 할 수 있다. 20세기 이후 대중적인 영상 문화로서 가장 꾸준하게 자리를 지켜 온 영화 역시 국가와 시대, 지역과 시간을 초월한 초국가적transnational 차원의 전파와 수용 과정을 여전히 폭넓게 거쳐 왔다. 그리고 다각적이고도 다층적인 교류 양상을 보여 준 하나의 사례로 한국영화사, 일본영화사, 북한영화사를 아우르는 동아시아 영화사의 영역에서, 그리고 그 너머를 포괄하며 일련의 1960년대 한국 SF영화들이 자취를 드러낸다.

참고문헌

단행본

김미현 외,《한국영화사: 開化期에서 開花期까지》, 커뮤니케이션북스, 2006.

김종원 · 정중헌,《우리 영화 100년》, 현암사, 2001.

이영일,《한국영화전사》, 삼애사, 1969.

이영일,《한국영화전사》(개정판), 소도, 2004.

이영일,《한국영화주조사》, 영화진흥공사, 1988.

이효인 외,《한국영화사 공부: 1960~1979》, 이채, 2004.

한국영상자료원 편,《한국영화를 말한다: 한국영화의 르네상스 1》, 이채, 2005.

호현찬,《한국영화 100년》, 문학사상사, 2000.

논문

김려실,〈일본 재난영화의 내셔널리즘적 변용: 〈고지라〉와 〈일본침몰〉을 중심으로〉,《일본비평》7호, 서울대학교 일본연구소, 2012.

김보영,《한국서사문학에 나타난 '불가살이' 연구》, 단국대학교 석사논문, 1994.

송효정,〈한국 소년SF영화와 냉전 서사의 두 방식: 〈대괴수 용가리〉와 〈우주괴인 왕마귀〉의 개작 과정 연구〉,《어문논집》73호, 민족어문학회, 2015.

야마모토 이사오,《일본대중문화의 개방정책과 유입실태의 변천에 관한 연구: 영화 · 방송 · 대중 음악과 공연을 중심으로》, 경기대학교 석사논문, 2004.

이경희,〈수폭괴수 고질라의 탄생과 특촬 테크놀로지: 제국과 포스트제국의 단속적 선율〉,《일본비평》19호, 서울대학교 일본연구소, 2018.

이영재,〈1950년대 미국과 일본의 괴수영화와 핵: 지구, 블록 국가의 착종〉,《사이》25호, 국제한국문학문화학회, 2018.

이지용,〈북한 영화에서 나타난 환상의 양상: 영화 〈불가사리〉의 내용적 특징을 중심으로〉,《한국문화기술》24호, 단국대학교 한국문화기술연구소, 2018.

함충범,〈도호의 특수촬영 기술과 한일 영화 교류 · 관계사의 양상〉,《인문학연구》30집, 인천대학교 인문학연구소, 2018.

Ikeda, Yoshiko, "Godzilla and the Japanese after World War II: From a scapegoat of the Americans to a saviour of the Japanese," *Acta Orientalia Vilnensia* 8-1, 2011.

Kim, Chung-kang, "Monstrous Science: The Great Monster Yonggari(1967) and Cold War Science in 1960s South Korea," *Journal of Korean Studies* 23-2, 2018.

Noriega, Chon, "Godzilla and the Japanese Nightmare: When "Them!" Is U.S.," *Cinema Journal* 27-1, 1987.

신문, 잡지

《경향신문》
《동아일보》
《매일경제》
《민족21》
《오늘의 문예비평》
《통일한국》

인터넷 자료

다음 한국어사전(https://dic.daum.net)
위키피디아 일본어판(http://www.ja.wikipedia.org)
일본영화 데이터베이스(http://www.jmdb.ne.jp)
한국영상자료원 한국영화데이터베이스(http://www.kmdb.or.kr)

기타

〈송도말년의 불가사리〉 오리지널 시나리오

텍스트의 이동과 문화적 효과

: 일본판 〈수상한 그녀〉를 중심으로

우연희

이 글은 《일본어문학》 91집(2020.11)에 게재된 원고를 수정 및 보완하여 재수록한 것이다.

근대 기술의 발전과 텍스트의 이동

근대 기술은 이동을 더 쉽고 빈번하게 만들었다. 근대 기술의 발전은 물건과 사람의 물리적 이동뿐만 아니라 보이지 않는 무형의 형태들도 이동하게 만들었다. 최근 몇 십 년간 이용량이 증가한 우편, 팩스, 인터넷, 유선전화, 이동전화, 휴대용 컴퓨터 등 많은 통신 영역들의 확산[1]은 물리적 이동과 더불어 가상적 이동 역시 일상이 되었음을 보여 준다. 특히 이동통신의 발전은 소설이나 영화와 같은 텍스트의 이동을 가속화시켜 문화 간의 만남을 가능하게 했다. 텍스트는 여러 형태로 국가의 경계를 넘고 문화의 경계를 넘어 도착한 곳의 문화를 반영하여 각색adaptation된다. 문화의 횡단으로 형성되는 여러 현상 중 각색은 한 문화가 다른 문화로 변용되고 현지화되는 방식 중 하나이다.

오늘날 텍스트는 하나의 국가 또는 문화권 내에서 자유롭게 이동한다. 뿐만 아니라 국가 간, 문화 간 텍스트 이동 역시 매우 빈번하다. 텍스트 이동은 일반적으로 매체의 전환을 동반하고 이는 매체에 적합한 스토리텔링의 변화로 이어진다. 원 소스 멀티 유스OSMU: One Source Multi Use는 그 대표적인 예이다. 물론 텍스트는 장르나 매체의 변화 없이 이동하기도 한다. 이 글에서는 매체의 변화를 수반하지 않고 한국에서 일본으로 이동한 영화 〈수상한 그녀怪しい彼女〉(2016)를 린다 허천Linda Hutcheon의 각색 이론에 의지해 살펴보려고 한다.

각색은 전통적으로 각색자가 원천적인 자료에 얼마나 충실하게 접근하는가 하는 충실도에 따라 구분되었다. 그러나 허천은 각색

---

1 존 어리, 《모빌리티》, 강현수 · 이희상 옮김, 아카넷, 2014, 24쪽.

을 생산물, 창작 과정, 수용 과정의 관점에서 파악하고 다층적인 텍스트로 정의한다.[2] 그동안 각색 연구는 생산물로서의 각색을 강하게 인식하고 원작과의 비교가 중심이 되는 연구가 대부분이었다. 기존 〈수상한 그녀〉에 대한 연구 역시 한국판과 다른 나라에서 제작된 영화 간의 비교 연구가 주를 이루고 있다. 주로 중국판과 한국판 영화의 문화적 차이 및 역사·이데올로기 차이, 중국 관객의 인식과 평가, 노인에 대한 인식, 한국어 의사소통 교육 방안, 홍보의 현지화 전략, 의상 비교 분석 등을 중심으로 연구되었다. 또 일본판 〈수상한 그녀〉에 대해 한·중·일 영화 포스터를 중심으로 한 시각 요소 비교 연구, 한류를 키워드로 중국과 일본의 현지화 전략 분석 연구가 있다.[3] 이처럼 원작을 기준으로 한 각색 작품의 충실성 연구, 원 소스 멀티 유스와 같이 문화 콘텐츠의 매체적 전환과 관련하여 변형 양상 및 상업화 전략을 중심으로 한 연구가 대부분을 차지하고 있다. 원

---

2   첫째, '생산물'로 인식되는 각색은 특수한 작품이나 작품들의 공공연하고 광범위한 대규모 전위이다. 둘째, '창작 과정'으로서의 각색 행위는 해석과 창작을 의미한다. 셋째, '수용 과정'의 관점에서 본 각색은 상호텍스트성의 형식이다. 상호텍스트성은 변형을 동반한 반복을 통해 울려 퍼지는 다른 작품들을 기억함으로써 각색을 팰랭프세스트로 인식하고 체험하게 하는 역할을 한다. 이런 점에서 '각색'은 각색되는 과정과 생산물, 수용 과정 모두를 가리킨다. 린다 허천, 《각색 이론의 모든 것》, 손종흠 외 옮김, 앨피, 2017, 53~54쪽.

3   관련 연구로 민신기, 〈원소스 멀티테리토리 영화의 시각요소 함의 비교 연구-수상한 그녀의 한국, 중국, 일본판 포스터를 중심으로-〉, 《조형미디어학》 Vol. 22 No. 1, 2018, 한국일러스트아트학회, 125~132쪽; 이헌율·장요문, 〈한국 영화 중국 리메이크에 나타난 문화적 차이—수상한 그녀와 중국판 20세여 다시 한 번을 중심으로〉, 《한국콘텐츠학회논문지》 17(12), 2017, 272~280쪽; 배순정·이현심, 〈Arnold Van Gennep의 '통과의례'를 적용한 노인심리 분석—영화 〈수상한 그녀〉를 중심으로〉, 《문화와 융합》 41권 3호, 2019, 391~414쪽; 임소신, 《한국 영화 원작과 중국 리메이크 영화 비교 연구: 〈수상한 그녀〉와 〈20세여 다시 한 번〉을 중심으로》, 청주대학교 대학원 박사학위논문, 2019 등이 있다.

작과 각색 작품의 비교 연구에 그치지 않고 각색을 생산물과 생산 과정, 수용 과정으로 파악하는 허천의 관점에서 〈수상한 그녀〉를 연구한 사례는 찾아보기 힘들다.

따라서 이 글에서는 각색이 텍스트의 이동으로 인해 발생한 현상이라는 점에 착안하여, 린다 허천의 각색 이론에 의지하여 〈수상한 그녀〉를 검토하려 한다. 생산물, 각색 과정, 수용 과정을 중심으로 일본판 〈수상한 그녀〉를 원작과 비교하고 국가 간 이동을 추동하는 제작 과정에서의 전략, 각색된 영화의 관객 수용까지 살펴보려 한다. 또한 한국에서 일본으로 이동한 생산물로서의 각색 작품 〈수상한 그녀〉에 현지의 문화와 사회가 어떻게 반영되었는지 분석하려 한다.

한국과 일본의 〈수상한 그녀〉

〈수상한 그녀〉는 국내에서 2014년 1월에 개봉하여 관객 865만 명을 동원하였다. 한국어 외에 중국어, 베트남어, 일본어, 태국어, 인도네시아어, 영어, 스페인어 등 총 8개 언어로 제작된 세계 최초 영화라는 진기록을 세웠다.[4] 이처럼 여러 나라에서 제작된 여러 영화들 중 일본판 〈수상한 그녀〉를 중심으로 한국판과 어떤 지점에서 같고 또 다른지, 일본의 문화가 어떻게 반영되었는지 살펴보겠다.

허천의 말처럼 각색의 매력이 반복과 차이의 혼합, 즉 친숙함과 기발함의 혼합에 있다면 〈수상한 그녀〉의 한국판과 일본판의 반복

---

4 영어와 스페인어 버전 역시 철저한 현지화 과정을 거쳐 시나리오와 캐스팅을 진행했다. 〈〈수상한 그녀〉 이번엔 미국 진출…영어·스페인어로 제작〉, 《연합뉴스》 2016년 11월 7일자.

과 차이는 무엇일까? 어떤 것이 반복되어 친숙함을 불러일으키고 어떤 것이 달라져서 기발함을 느끼게 하는지 그 요소들을 찾아보자. 일본판 〈수상한 그녀〉는 원작 스토리의 큰 줄기를 유지하고 있다. 한국판 〈수상한 그녀〉는 노인문제 전문가인 대학교수 아들을 둔 오말순 할머니가 며느리와의 갈등으로 요양원에 보내지게 된 사실을 알고 집을 나온 그날, 사진관에서 사진을 찍은 뒤 스무 살 젊은 시절로 돌아가게 되고, 그 이후 오말순 할머니가 20세 오두리의 모습이 되어 가족의 곁에 맴돌면서 일어나는 일들이 전개된다.[5] 배급을 맡았던 쇼치쿠松竹 홈페이지에서 확인할 수 있는 일본판 〈수상한 그녀〉의 개요는 아래와 같다.

시타마치 상점가를 콧노래를 부르며 활보하는 세야마 가쓰는 동료 노인들도 어려워하는 독설 할머니. 커리어 우먼인 딸 유키에와 자칭 밴드맨인 손자 쓰바사의 자랑을 반복하는 가쓰가 모두 내심 지겹다. 자랑스럽게 여기던 딸 유키에와의 사이도 어색해졌다. 여자 혼자 딸을 키우고 생색을 내는 가쓰에게 유키에가 폭발. 유키에와 다툰 뒤 가쓰는 집을 나가 버린다. 가쓰는 밤길을 걷다 본 적도 없는 작은 사진관을 발견.

---

5 한국 포털사이트에서 확인할 수 있는 〈수상한 그녀〉의 개요는 다음과 같다. "아들 자랑이 유일한 낙인 욕쟁이 칠순 할매 오말순은 어느 날, 가족들이 자신을 요양원으로 독립시키려 한다는 청천벽력 같은 사실을 알게 된다. 뒤숭숭한 마음을 안고 밤길을 방황하던 할매 말순은 오묘한 불빛에 이끌려 '청춘 사진관'으로 들어간다. 난생 처음 곱게 꽃단장을 하고 영정사진을 찍고 나오는 길, 그녀는 버스 차창 밖에 비친 자신의 얼굴을 보고 경악을 금치 못한다. 오드리 헵번처럼 뽀얀 피부, 날렵한 몸매, 주름진 할매에서 탱탱한 꽃처녀의 몸으로 돌아간 것! 아무도 알아보지 못하는 자신의 젊은 모습에 그녀는 스무 살 '오두리'가 되어 빛나는 전성기를 즐겨보기로 마음먹는다." 네이버 영화 〈수상한 그녀〉, https:// movie.naver.com/movie/bi/mi/basic. nhn?code=107924(접속일: 2020. 03. 15.)

거기서 아주 좋아하는 오드리 헵번의 사진을 보게 된다. 뭔가에 홀린 듯 사진관에 들어간 가쓰. "제가 이 카메라로 공주를 만들어 드릴게요." 그렇게 미소 지으며 주인은 셔터를 눌렀다….

사진관을 나온 가쓰는 오토바이 미러에 비친 자신을 보고 경악한다. 거기에는 스무 살로 젊어진 자신의 모습이 있었다.[6]

두 영화의 스토리는 할머니가 처음 본 사진관에서 사진을 찍은 뒤 갑자기 회춘하면서 벌어지는 일들을 담고 있다는 점에서 큰 줄기가 동일하다. 73세의 할머니가 20세가 되면서 생계 때문에 포기했던 자신의 꿈을 다시 찾아 나서는 스토리는, '인생을 리셋해서 다시 살고 싶다는'[7] 국가와 시대를 막론하고 지지받아 온 희망을 담고 있다는 점에서 보편성을 긴다.

보편성을 갖는 스토리에 각 지역의 문화가 반영되며 변용이 일어난다. 영화의 콘셉트가 반영되어 있는 두 영화의 포스터에서 각각의 영화가 어디에 초점을 맞추고 있는지 추측해 볼 수 있다. 한국판 포스터는 70대 할머니와 스무 살로 돌아간 주인공이 부각되어 있다면, 일본판 포스터는 가족과 주변 사람들과의 관계 중앙에 스무 살의 주인공을 위치시켜 놓았다. 일본판 포스터의 구도는 일본판 〈수상한 그녀〉를 관통하는 할머니(스무 살의 주인공)-딸-손자에 이르는 가족 간의 갈등과 화해라는 주제를 담고 있다.[8]

---

6 쇼치쿠 홈페이지, https://www.shochiku.co.jp/cinema/lineup/ayakano/(접속일: 2020. 09. 22.)

7 〈田部未華子 伸びやかな歌声披露　韓国映画リメイク〈あやしい彼女〉〉,《朝日新聞》 2016年 4月 1日.

8 영화 포스터의 시각요소 함의 연구에서는 한국판 포스터에 대해 다음과 같이 분석

〈수상한 그녀〉 한국판(왼쪽)과 일본판(오른쪽) 포스터

　영화의 주된 전달 매체인 포스터에서 두 영화가 주장하는 내용을 가늠할 수 있고 더불어 달라지는 지점 또한 발견할 수 있다. 일본 미즈타 노부오水田伸生 감독은 일본판 〈수상한 그녀〉에 대해 "피를 나눈 부모 자식 간의 말로 표현할 수 없는 정, '인생을 다시 스무 살로 되돌릴 수 있다면 어떨까' 하는 판타지 등 누구나 공감할 보편적인 이야기"라고 소개했다. 이러한 감독의 발언을 통해 부모와 자식의 정에 무게를 두고 있음을 알 수 있는데, 이는 영화 속 가족 구성에도 영향을 미친다.

　원작이 주인공과 아들(며느리) 간의 관계와 갈등이 중심이었다면,

한다. 손을 잡고 환하게 웃고 있는 두 여성은 나이 차가 크지만 같은 스타일로 한 사람을 나타낸다. 각 세대의 자신의 삶에 만족하지만 젊어지고 싶어 하는 은폐된 신화가 담겨 있다고 본다. 일본판 포스터는 마치 무대 속의 주인공처럼 인생에서 가장 스포트라이트를 받았던 20대로 돌아간다면 무슨 일이 벌어질지 보여 주겠다는 함축적 의미가 들어있다고 해석했다. 민신기, 〈원소스 멀티 테리토리 영화의 시각요소 함의 비교 연구〉, 129~131쪽.

〈수상한 그녀〉 한국판(왼쪽) 가족 구성과 일본판(왼쪽) 가족 구성

일본판에서는 주인공과 싱글맘인 딸의 관계로 변주됐다. 원작은 소통을 통해 가족 내에서 화합을 시도하는 며느리와 주인공의 관계를 보여 주지만,[9] 일본판은 주인공과 딸의 갈등 해결이 중심이다. 이처럼 다시 얻은 젊음과 피를 나눈 부모와 자식 간의 갈등과 화합을 중심으로 하는 일본판 〈수상한 그녀〉에서는, 부모와 자식의 관계가 돋보일 수 있도록 주인공과 아들 부부, 두 손주로 구성된 원작의 5인 가족이 두 싱글맘과 한 명의 손자로 구성된 3인 가족으로 변화된다. 그리고 일본판 영화에서는 모녀 사이의 정을 나타내는 메타포로서 주인공의 특별한 행위가 새롭게 삽입된다.

　아래 이미지에서 볼 수 있듯이 회춘이라는 중심 사건이 일어나기

도입부 장면　　　　　　　과거 회상 장면　　　　　　　갈등 해결 장면

9　박정현, 《노년 여성에 대한 사회적 상상력의 한·중 비교: 영화 〈수상한 그녀〉(한국)와 〈20세여 다시 한 번〉(중국)을 중심으로》, 연세대학교 대학원 석사학위논문, 2017, 77쪽.

전 장면, 과거 회상 장면, 모든 것을 알고 갈등이 해결되는 장면에서 가쓰가 딸의 등을 쓰다듬어 주는 행위가 등장한다. 등을 쓰다듬어 약을 살 수 없었던 가난한 시절 어린 딸의 병을 낫게 했고, 갈등의 골이 깊어진 지금은 마음의 상처를 다스려 준다.

또한 일본판 〈수상한 그녀〉는 한국판과 시간의 순서를 바꾸어 주제를 더 명확히 보여 준다. 주제는 매체와 장르는 넘나드는 각색 작업뿐만 아니라 맥락을 틀 짓는 각색 작업에서 자주 다루어지는 스토리 요소이다.[10] 일본판 〈수상한 그녀〉는 회춘이라는 사건을 통해 가쓰는 행복이 무엇인지 돌아보고 딸은 싱글맘이었던 가쓰가 자신을 위해 어떤 것들을 희생했는지 깨닫게 되는 모녀 간 이야기에 집중하는데, 가족애와 행복에 대한 고민과 해결이라는 주제가 첫 장면에서 강렬하게 등장한다.

일본판 〈수상한 그녀〉 첫 장면에서 가쓰는 20대의 오도리 세쓰코를 포기하고 세야마 가쓰로 돌아가기로 선택하고 손자를 살린다. 상처가 난 부분의 피부가 노화되는 것을 보고, 피가 나면 70대 원래 모습으로 돌아가게 된다는 것을 알고도 가쓰는 사고를 당한 손자를 위해 수혈을 선택한다. 원작 한국판 〈수상한 그녀〉의 첫 장면은 일본판과 매우 대조적이다. 일본판의 첫 수혈 장면은 원작에서는 후반부 클라이맥스 부분에 배치되어 있다. 일본판은 시간을 재배치하여 마지막 갈등 해소 장면을 제일 앞에 놓음으로써 가족관계에 집중하게 만든다.

---

10 각색을 할 때 상이한 기호 체계들은 주제, 사건, 세계, 캐릭터, 동기화, 시점, 결말, 문맥, 상징, 이미지 등 여러 스토리 요소들에서 '등가물'을 찾는다. 린다 허천,《각색 이론의 모든 것》, 55~56쪽.

사고당한 손자와 가쓰

손자에게 수혈하는 가쓰

    반면 한국판 〈수상한 그녀〉의 첫 장면은 젊음과 늙음, 젊은이와 노인, 특히 노인 여성을 강하게 대비시키며 시작된다.[11] 남자들이 농구를 하는 장면으로 시작되는 한국판 〈수상한 그녀〉는 여자를 나이대별로 10대는 농구공, 20대는 럭비공, 30대는 탁구공, 중년은 골프공, 그 이후를 피구공에 비유한다.[12] 이어서 국립대학교 교수이자 노인문제 전문가인 아들의 강의 장면이 이어진다. 학생들은 노인에 대

---

11 한국판 〈수상한 그녀〉의 도입부 내레이션은 다음과 같다. "여자를 공에 비유하면 꽃 같은 10대는 농구공이라 할 수 있다. 높이 떠 있는 공을 잡기 위해 남자들이 온 힘을 다해 손을 뻗는다. 20대 여자는 럭비공이다. 남자들이 개떼처럼 달려들어 공 하나를 차지하기 위해 싸운다. 남자가 공에 목숨을 거는 유일한 시기다. 30대는 탁구공이다. 공 하나에 달라붙는 남자의 수는 꽉 줄어들지만 공에 대한 집중력은 아직 괜찮은 편이다. 중년의 여자는 골프공. 공 하나에 남자 하나. 남자는 그 공만 보면 아주 멀리 날려 버린다. 그리고 여자가 그 나이마저 지나고 나면 피구공 신세다."

12 일본판도 오도리가 손자에게 수혈하는 장면 뒤에 이어지는 도입부에 젊음에 대한 내레이션이 등장한다. 일본판에서는 여성잡지 편집장으로 성공한 딸이 젊은 사람에게 밀려나는 장면과 신사에서 장수를 기원하는 주인공의 모습을 교차해서 보여준다. 이어 다음과 같은 내레이션이 이어진다. "아무리 강하게 원해도 세상에는 젊었을 때만 할 수 있는 일이 있다. 특히 이 나라 여성의 가치는 젊음 지상주의. 물오른 40대, 마성의 미인, 어른 여성, 이런저런 말로 꾸민다고 해도 한 살이라도 어린 여자의 승리. 오래 살아서 득 보는 것 거의 없다. 게다가 중년이라고 불릴 시기도 지나 버린 여자는 더 이상 남자도 여자도 아닌 노인이라는, 자기와는 다른 별개의 생물로 취급하기 때문이다."

해 "주름, 검버섯, 거북이, 냄새, 탑골공원, 얼굴이 두껍다"로 특징짓
는다. 늙지 않을 것 같으냐고 묻는 교수에게 한 여학생은 "전 안 늙
을 건데요. 전 서른 넘으면 자살할 거예요. 뭘 구질구질하게 7, 80까
지 살아요?"라고 반문한다. 마치 고령화시대 젊음과 늙음의 대립과
갈등이 한국판 〈수상한 그녀〉를 관통하는 주제처럼 느껴진다. 이는
세대 갈등을 강하게 인식하고 있는 한국의 맥락, 사회적 상황을 반
영한 것이다. 그 때문인지 한국판 〈수상한 그녀〉에 대한 연구는 노
인문제, 노년 여성에 대한 인식, 노인 심리에 대한 분석이 눈에 띈다.

각색된 일본판 〈수상한 그녀〉는 기본적인 이야기 구조는 그대로
유지하고 있지만 배경이 일본으로 바뀌면서 현지 정서에 맞게 여러
요소가 수정됐다. 우선 공간의 변화가 눈에 띄는데 한국판 말순 할
머니의 일터는 실버 카페였지만 일본은 목욕탕으로, 20대로 되돌아
간 뒤 처음 밤을 보내는 곳이 한국은 찜질방, 일본은 공원의 놀이터
로 그려진다. 또 일본판에서 새로이 등장하는 중요한 장소 중 하나
는 바로 신사神社이다.

신사는 상점가의 입구에 위치하며 일상과 밀접하게 연결된 위로
와 기원의 공간, 사건이 발생하는 공간으로 기능한다. 일본에서 신
도는 일본 사회와 문화의 여러 측면에 스며들어 다양한 관습·예의·
신앙 형태로 나타나면서 '일본 고유의 정신'으로 여겨지고 있다.[13] 일
본인의 사상을 통합하는 이데올로기로서 일본인의 삶에 밀착된 종
교적 장소인 신사가 이 영화에서 스토리의 중심적인 공간으로 활용
된다. 신사에서 가쓰는 장수를 기원하고, 동네 어린아이는 불륜 중

---

13 최경순, 〈근대 일본인 해외이주의 궤적과 신도(神道)의 역할〉, 《일본사상》 28,
2015, 224쪽.

| 기원의 공간 | 사건 발생 공간 | 가출한 뒤 위로 공간 |

인 엄마가 남자 친구와 헤어지고 아빠가 돌아오기를 소원한다. 또 가쓰가 보이스 피싱에 속아 사기꾼에게 돈을 건네다가 마침 집으로 돌아오던 손자를 만나면서 사기인 것을 알게 되는 장소, 이 일로 딸과 다투고 집을 나온 뒤 울면서 찾은 곳도 신사이다. 일본판 〈수상한 그녀〉는 스토리의 결정적인 장소로 신사가 등장함으로써 공간의 변화를 통해 일본의 역사와 문화, 사회를 반영한다.

한국판과 일본판의 주인공 오말순과 가쓰가 여자 혼자 힘으로 자식을 키울 수밖에 없었던 배경은 한국과 일본의 역사를 그대로 보여 준다. 오말순 여사가 파독 광부였던 남편의 죽음으로 미망인이 된 사연을 갖고 있다면, 일본판에서는 전쟁고아였던 가쓰의 과거가 서술된다. 일본은 1945년 패한 전쟁에서 일본열도가 아닌 중국을 비롯한 아시아 여러 국가에서 전투를 벌였다. 일본열도가 전장이 되지 않았음에도 일본은 1944년 말부터 미국이 일본을 무력화시키고 전쟁을 조기 종결시키기 위해 도쿄와 그 일대에 소이탄을 투하해 큰 피해를 입은 '도쿄대공습'의 경험이 있다. 이러한 일본의 전쟁 역사가 일본판 〈수상한 그녀〉에서 가쓰의 과거로 그려진다. 한국판을 이미 알고 있는 관객이라면 전쟁고아라는 말에서 한국전쟁을 상상했을지도 모른다. 이처럼 일본판 〈수상한 그녀〉는 이야기의 큰 줄기는 한국판과 동일하지만 일본의 언어, 사회, 문화, 역사가 반영되어 중

심 인물 구성, 이야기의 공간과 배경, 역사, 시간의 배열 등 여러 요
소가 변형되었다.

현지화 전략을 통한 〈수상한 그녀〉의 각색

〈수상한 그녀〉와 같은 이동하는 문화 콘텐츠의 특징 중 하나로,
성공한 원작 콘텐츠를 매체의 특성에 맞게 각색하는 방식인 원 소
스 멀티 유스가 있다. 원 소스 멀티 유스는 성공한 하나의 콘텐츠
가 게임, 만화, 영화, 소설, 캐릭터 등 여러 상품으로 파급되어 원작
의 흥행이 2차 콘텐츠의 수익으로까지 이어지는 효과를 갖는다. 특
히 1990년대에서 2000년대에 한국과 일본의 인기 콘텐츠를 중심으
로 하는 동아시아 지역의 문화상품화 과정을 설명하는 용어로 넓게
유통되었다. 이러한 문화상품화는 지금까지도 활발하게 이루어지고
있으며 중국, 일본을 비롯한 각국에서 제작된 〈수상한 그녀〉 역시
그 연장선상에 있다.

그러나 〈수상한 그녀〉는 기존의 원 소스 멀티 유스와는 차별된 방
법으로 제작되었다. 원 소스 멀티 유스는 동일한 스토리의 반복, 매
체에 따른 스토리 각색을 통한 스토리텔링[14]을 개발 방법으로 한다.
일반적으로 하나의 소스가 매체에 맞게 변형되어 반복 사용되는데,
이에 반해 〈수상한 그녀〉는 하나의 소스가 매체 변화 없이 린다 허
천이 말하는 보여주기 양식[15]에서 보여주기 양식으로 여러 국가에서

---

[14] 신동희 · 김희경, 〈트랜스미디어 콘텐츠 연구: 스토리텔링과 개념화〉, 《한국콘텐츠
학회논문지》 10(10), 2010, 181~184쪽.

[15] 허천은 각색을 말하기, 보여주기, 스토리와 상호작용하기라는 세 가지 참여 양식으
로 이론화했다. 말하기는 소설, 단편소설, 역사 서술 등에 해당하는 것으로 묘사하

반복되어 제작되었다. 매체 변화에 따른 각색보다 하나의 소스와 동일한 장르로의 이동은 각 지역의 문화와 사회의 반영이 두드러지게 나타나는 특징이 있다. 이렇게 제작된 콘텐츠는 제작된 국가에 따라 언어와 등장인물의 인종이 달라지고 해당 지역의 문화가 적극적으로 반영된다. 이는 판권을 파는 것에 그치지 않고 기획 단계에서부터 철저하게 현지화 전략을 거쳤기에 가능했다. 〈수상한 그녀〉는 매체나 장르의 변화 없이 제작되었기 때문에, 원작과 각색 작품 간의 반복과 차이를 가늠해 볼 수 있는 좋은 재료가 된다. 앞서 살펴본 한국판에서 일본판으로의 변화가 어떤 과정을 거쳐 이루어졌는지 검토해 보자.

〈수상한 그녀〉가 이동하고 각색되는 과정에 중요한 상업화 전략으로 원 소스 멀티 테리토리OSMT: One Source Multi Territory[16]를 빼놓을 수 없다. 원 소스 멀티 테리토리는 다른 국가와 문화를 타기팅하여

기, 설명하기, 요약하기 등을 일컫는다. 보여주기는 영화, 발레, 라디오극과 무대극, 뮤지컬과 오페라 등에 해당하는 것으로 실시간으로 체험되는 직접적 청각 공연과 일반적 시각 공연을 포함한다. 스토리와 상호작용하기는 게임, 테마파크 등이 해당된다. 허천은 세 가지 참여 양식의 틀로 각색을 보면 매체 특이성에 집중하느라 놓쳐 버릴 수 있는 매체 횡단적 연계를 파악할 수 있고 단순한 형식적 각색 규정에서 벗어나 각색 과정을 고려할 수 있게 된다고 설명했다. 린다 허천,《각색 이론의 모든 것》, 90쪽.

16 이 용어는 2015년경부터 CJ E&M의 해외시장 진출 전략으로 언론에 소개되기 시작했다. 원소스 멀티테리토리는 기존의 타 국가 간의 합작영화와 비슷해 보이지만 차이점이 있다. 다양한 문화와 관객을 대상으로 만들어져 영화의 정체성이 모호해지는 공동제작의 문제점을 해결하고 공동제작의 장점을 활용하는 전략이 곧 원소스 멀티테리토리 전략이다. 하나의 시나리오를 중심으로 각국과의 공동제작을 통해 해당 국가에 맞춘 영화를 만들어 그 나라의 관람객들의 취향을 보다 정확하게 반영하는 현지화 전략이라는 것이다. 임채원,〈영화 산업에서의 글로벌 진출과 원소스멀티테리토리 전략-CJ E&M〈수상한 그녀〉를 중심으로-〉,《글로컬창의문화연구》Vol. 6 No. 2, 2017, 32쪽.

만들어진다는 점에서, 한 국가의 시장을 목표로 해서 문화적 요소를 고려할 필요가 없는 원 소스 멀티 유스와 차이점을 갖는다. 원 소스 멀티 테리토리는 "한 가지 소스를 가지고 나라별로 현지화를 시켜 가며 글로벌 진출을 꾀하는 방식"[17]으로 설명할 수 있다. 원 소스 멀티 테리토리는 다른 문화를 가진 다른 국가의 소비자를 겨냥하기 때문에 타 문화에 대한 이해와 분석이 필수적이라는 점이 특징이다.[18] 각색된 〈수상한 그녀〉는 중국과 베트남에서 매출과 흥행 1위[19]를 기록하고, 일본에서는 개봉 첫 주에 일본 국내영화 랭킹 9위를 차지했다.[20] 〈수상한 그녀〉가 리메이크된 국가에서 흥행한 배경에는 투자와 제작을 맡은 기업의 전략이 주효하게 작용했다.

스토리는 새로운 환경에서는 다른 방식으로 다시 말하고 보여진다. 이동한 스토리는 사람이 새로운 지역 환경에 적응하듯 지역 문화에 적응한다. 각색을 거치면서 스토리는 새로운 환경에 뿌리를 내리고 살아 내기 시작한다. 각색은 다름 아닌 스토리가 다른 시간과 새로운 장소에 맞게 적응adaptation함으로써 진화하고 변화되는 방식이다. 이런 점에서 각색이란 스토리가 다른 문화와 다른 매체로 여

---

17 《〈수상한 그녀〉 이번엔 미국 진출…영어·스페인어로 제작〉, 《연합뉴스》 2016년 11월 7일자.

18 임채원, 〈영화 산업에서의 글로벌 진출과 원소스멀티테리토리 전략〉, 30쪽.

19 중국에서 〈20세여 다시 한 번〉이라는 제목으로 개봉, 누적 박스오피스 한화 약 638억 원의 매출을 올렸다. 〈20세여 다시 한 번〉의 중국 박스오피스는 역대 한중 합작영화 가운데 1위에 해당한다. 베트남판 〈내가 니 할매다〉는 박스오피스 매출 약 441만 달러를 기록하며 2015년 개봉 베트남 영화 최고 흥행을 이루었다. 역대 베트남 자국 영화 흥행 1위의 자리에 올랐다.

20 영화닷컴(映画.com) 사이트, https://eiga.com/news/20160404/20/(접속일: 2020. 02. 15.)

행을 하는 것과 같다.[21] 각색, 적응을 뜻하는 'adaptation'이 새로운 상황에 적합하도록 어떤 것을 바꾸는 과정이라는 점을 기억한다면, 각색은 텍스트가 새로운 문화와 사회에 적합하도록 무언가가 변화되는 것임을 쉽게 이해할 수 있다. 허천은 스토리의 적응 능력에 대해 "복사 없는 반복 능력, 동일성 속에 차이를 내장하는 능력, 자아와 타자가 동시에 될 수 있는 능력"이라고 설명한다. 이러한 적응 능력은 문화 반영이라는 문화적 맥락에 의해 쉽게 달성된다.

각색은 여러 새로운 맥락 가운데에서 이루어지는 앞선 작품의 변형이다. 각색 작품은 각색되는 원작에 의해서도 규정되지만, 사회적·민족적 배경, 시기, 테크놀로지, 경제적 요소 등 다양한 요인들에 의해서도 규정되기 때문이다. 허천은 각색에서의 이런 상호문화적 만남과 적응을 인류학 용어인 '현지화indigenization'를 사용하여 설명한다. 허천은 현지화를 이해하는 예로 다른 공간이나 맥락에서 전력을 사용 가능한 형태로 변환시켜 주는 어댑터 플러그와 전기 컨버터를 들고 있다. 어댑터가 다른 출력의 전력을 자유롭게 사용할 수 있게 기능하는 것처럼, 현지화는 각색 작품이 여행지를 자유롭게 누빌 수 있도록 기능한다.

일본의 미즈타 노부오 감독은 각색 과정에서 현지화 작업에 적극적으로 참여했다. 그 예로 원작과 일본 이외의 다른 나라에서 제작된 영화가 모자 관계를 그린 데 비해, 일본판은 모녀 관계를 중심으로 스토리가 전개된다는 점을 들 수 있다. 이는 "일본에는 싱글맘이 많은 데다 대부분 관객이 여성"이라 "모녀 관계가 더욱 감동을 줄

---

21   린다 허천,《각색 이론의 모든 것》, 96쪽.

것"[22]이라는 각색자의 판단 하에 가족 구성이 변경된 것이다. 자신의 토양에 이식하고자 하는 것을 스스로 선택한다[23]는 현지화를 적용해 보면 주요 등장인물의 성별 변화는 하나의 전략이다. 이는 제작 단계에서 싱글맘이 많은 일본의 사회적 상황에 주 관객층 대다수가 중년 여성이라는 일본의 사회적·문화적 요소를 반영하고자 각색자와 일본판 감독이 선택한 방법인 것이다.

이처럼 해당 국가의 문화적 요소를 접합시킨 콘텐츠를 제작하는 현지화는 제작 과정에서의 문화적 할인[24]을 줄이기 위한 전략이다. 일본판 〈수상한 그녀〉는 문화적 할인을 낮추고 성공적인 해외 진출을 위해 CJ E&M과 일본 니혼텔레비전, 영화 제작·배급사 쇼치쿠가 공동으로 투자하여 제작됐다. 극중 인물도 모두 일본인 배우로 발탁되었고 영화 작업은 현지 스태프와의 협업으로 이루어졌다. 이는 영화 콘텐츠 내용만 현지화가 이루어지는 것이 아니라, 제작 과정도 현지화가 이루어졌음을 뜻한다.

문화적 할인율을 낮추기 위한 방법으로 한국판 〈수상한 그녀〉에서 오두리가 부른 '빗물', '하얀 나비', '나성에 가면'과 같은 노래는

---

22 〈[매거진M] '수상한 그녀' 한·중·일 감독 좌담〉, 《중앙일보》 2016년 11월 21일자.

23 린다 허천, 《각색 이론의 모든 것》, 303쪽.

24 문화적 할인은 하나의 문화 콘텐츠가 다른 문화권이나 문화 콘텐츠 시장에 진입했을 때 가치가 떨어지는 현상을 말한다. 그 할인되는 비율은 '문화적 할인율'이라고 한다. 문화적 할인은 문화적 근접성과 밀접한 관계를 갖고 있다. 지리적으로 가깝고 문화적인 특성이 비슷한 지역의 문화상품은 쉽게 수용되는 한편 그렇지 못한 콘텐츠는 배제되는 현상이 나타나는 것이다. 문화적 할인을 일으키는 요소인 배우, 음악, 의상 등을 개봉 국가에 맞게 변화시켜 제작하여 최대한 문화적 할인을 줄이는 전략이다. 원소스 멀티테리토리로 제작된 영화는 해외 영화가 아니라 로컬 영화로 분류되어 해당 국가의 관객들에게 친숙하게 다가간다는 장점이 있다. 임채원, 〈영화 산업에서의 글로벌 진출과 원소스멀티테리토리 전략〉, 24쪽.

일본의 유명한 쇼와 가요인 '올려다 봐, 밤하늘의 별을見上げてごらん夜の星を',[25] '새빨간 태양真赤な太陽',[26] '슬퍼서 견딜 수 없어悲しくてやりきれない'[27] 등으로 변화되어 일본판에 삽입되었다. 《아사히신문》의 기사 역시 원작과 각색 작품의 크게 달라진 요소 중 하나로 한국 가요가 쇼와 커버 명곡으로 바뀌었다는 점을 꼽고 있다.[28] 일본의 대표적 엔카 가수인 미소라 히바리美空ひばり의 곡이나 밀리언셀러 곡을 삽입함으로써 거부감을 줄이고 문화적 할인을 낮추어 쉽게 관객들에게 다가가게 한 것이다. 〈수상한 그녀〉와 같이 하나의 소스에 그 지역의 사회와 문화를 반영하여 제작된 콘텐츠야말로 국가의 경계를 넘어 문화를 횡단한 각색 작품이다.

팔랭프세스트적 텍스트 〈수상한 그녀〉

각색 작품은 원작과 관련해서 변형되고 창작된 텍스트이다. 각색을 각색으로 다루기 위해서는 각색을 항상 각색되는 텍스트에 사로잡혀 있는 '팔랭프세스트적palimpsestuous' 작품으로 간주해야 한다.[29]

---

25 1960년에 초연된 뮤지컬 〈올려다 봐, 밤하늘의 별을見上げてごらん夜の星を〉의 극중 주제곡으로 1963년 사카모토 규坂本九의 커버곡이 인기를 얻어 제5회 일본레코드대상 작곡상을 수상했다. 후에 여러 가수들이 커버했으며, 2002년 전국 천문대가 실시한 인터넷 조사에서 "'별'하면 떠오르는 곡"이라는 질문에 2위에 오른 곡이다.

26 일본의 쇼와 시대를 대표하는 가수인 미소라 히바리가 1967년에 발매한 싱글로, 이 곡이 실린 앨범은 140만 장이라는 기록적인 판매 기록을 남겼다.

27 일본 포크그룹 '포크 크루세더스ザ・フォーク・クルセダーズ'가 두 번째 싱글곡으로 예정되어 있던 〈임진강〉이 발매금지 처분을 받자 그 대신 1968년에 발표한 곡이다.

28 〈〈あやしい彼女〉若返り´弾けた田部か好演〉, 《朝日新聞》 2016년 4월 8일.

29 허천은 각색 및 각색에 대한 학술적 관심이 증가하고 우리가 각색의 편재성을 인정하면서도 각색된 작품을 원작보다 대부분 이차적인 것, 파생적인 것, "뒤떨어진 것,

팔랭프세스트는 고대 양피지에 기록된 글로서, 지우고 그 위에 다시 쓰는 작업을 거치면서 다층적인 의미를 갖게 된 문서를 의미한다. 각색 작품을 읽고 볼 때 이미 원작을 알고 있는 청중은 그림자처럼 존재하는 원작을 끊임없이 의식한다. 각색은 원작이 존재하지 않으면 성립할 수 없고, 원작은 각색이 이루어졌기 때문에 원작으로 규정될 수 있다. 이처럼 두 작품은 상호적인 관계를 맺고 있다. 따라서 청중은 각색 작품을 대하면서 각색되는 텍스트, 즉 원작 사이를 왕복하게 된다. 이것은 모든 텍스트가 다른 텍스트에 연결되어 있을 뿐만 아니라 다른 텍스트를 통해 구성되고, 동시에 다른 텍스트로 구성되는 상호텍스트성을 갖고 있기 때문이다.[30]

각색은 원작과의 충실성의 관계에서 떠나 생각할 수 없지만, 그 자체로 해석하고 평가할 수 있는 작품이기도 하다. 각색은 '복제하지 않은 반복'이다. 이는 우리가 각색된 작품을 대할 때 각색 작품의 바탕에 깔려 있는 원작을 의식하게 된다는 말이다. 따라서 한국영화 〈수상한 그녀〉가 일본영화 〈수상한 그녀〉로 각색될 때 일본이라는 공간과 문화 · 사회가 반영되고, 또 한편으로 각색 작품을 보는 수용자는 원작의 흔적을 의식하게 된다.

구체적으로 일본 관객들이 일본판 〈수상한 그녀〉를 어떻게 보았는지 야후 재팬 영화 사이트 유저 리뷰[31]를 통해 확인해 보았다. 리뷰에는 원작인 한국판을 이미 본 뒤 일본판과 한국판을 비교하는 관

중급 정도의 것, 문화적으로 열등한 것"으로 취급해 왔다는 점에 문제를 제기한다. 린다 허천, 《각색 이론의 모든 것》, 51쪽.

30 서성은, 〈린다 허천의 각색 담론〉, 《우리어문연구》 Vol. 48, 2014, 321쪽.

31 야후 재팬 영화 사이트 〈怪しい彼女〉, https://movies.yahoo.co.jp/movie/354392/review/(접속일: 2020. 10. 05.)

객과 한국판에 대한 의식 없이 일본판만을 보고 남긴 평이 공존했다. 대체로 '부모와 자식 간의 사랑과 정을 느낄 수 있고' '마지막 모녀 관계가 회복되는 신이 압권'이라며 보편적인 가족애에 대한 감동이 주를 이뤘다. 영화에 삽입된 노래와 문화에 대해서 '쇼와 가요와 옛날 패션의 매력이 넘쳤다', 쇼와를 살았던 관객에게는 '그리움과 기억을 되돌아볼 수 있는 작품'이라는 평가를 받았다. 또 주인공 다베 미카코를 비롯하여 고바야시 사토미 등 배우들의 연기가 탄탄했다는 의견도 많았다. '쇼치쿠 영화다운 '인정희극人情喜劇''이라거나 '미즈타 감독의 작품이라 코미디 요소가 가득한 영화를 기대했는데, 소원을 적어둔 에마絵馬에 "증모增毛・발모発毛・육모育毛"라고 쓰여 있는 등 코미디 요소가 많다'는 평가는 일본 영화 그 자체로 〈수상한 그녀〉를 본 감상평으로 분류할 수 있나. 이러한 리뷰는 영화감독 또는 스타의 지위 역시 수용 맥락의 중요 요소[32]임을 확인시켜 준다.

다른 한편으로 원작을 의식하면서 일본판 영화를 관람한 관객의 평가도 적지 않았다. '설정이 일본이어서 시대 배경이나 인간관계를 좀 더 친밀하게 느낄 수 있었다', '각색이 절묘해서 일본인이 몰입할 수 있도록 만들어졌다'며 일본이라는 배경이 설득력 있게 설명되고 있음을 평가했다. 이는 수용 맥락이 텍스트의 배경과 스타일의 변화를 결정한다는 것을 역설한다. '배우의 연기력도 촬영도 편집도 연출도 원작이 낫다'는 취지의 의견이 있었지만 그럼에도 불구하고 '옛날 쇼와 가요 명곡을 영화 스토리와 완전히 링크시킨 점'은 호응을 얻었다. 앞에서 살펴본 문화적 할인율을 낮추기 위한 쇼와 가요 전략이 매우 유효한 방법이었음을 확인할 수 있다. 모녀 가족 구

---

32   린다 허천, 《각색 이론의 모든 것》, 291쪽.

성의 변화에 대해서는 일본 사회에 더 맞는 각색이라는 평이 있었다. 그 이유에 대해 관객은 '일본에서는 중년 남성이 어머니를 안고 감사의 말을 하지 않기 때문'으로 설명했다. 관객은 한국판과 일본판이 달라진 지점을 의식하고 거기에 실제 일본 사회의 모습을 대입시켜 영화를 해석하고 있었다. 원작에 비해 오드리 헵번이 주인공으로 등장하는 〈로마의 휴일〉 영화의 요소가 더 명확히 전해져서 좋았다는 리뷰도 있었다. 수용자들이 한국판과 일본판을 비교하는 학술적 연구에서는 그다지 논의되지 않았던 점까지 섬세하게 파악한다는 점이 흥미로웠다. '〈로마의 휴일〉의 명장면이나 명대사가 더해져서 그 영화에 대한 경의가 느껴졌다'는 의견은 수용자가 원작 이외에 모티브가 되는 텍스트까지 소환하여 다층적인 의미를 지닌 텍스트로 각색 작품을 받아들이고 있음을 반증한다. 이처럼 각색된 작품은 수용자가 가진 지식과 경험, 다른 작품에 대한 기억을 통해 다층적인 방식으로 해석된다. 또 관객은 반복과 차이의 혼합, 친숙함과 기발함의 혼합에서 각색의 매력을 향유한다.

각색은 다른 사람의 스토리를 자신의 것으로 받아들이는 과정이자 자신의 감수성, 관심사 등으로 그 스토리를 걸러 내는 과정이다. 각색 작품을 보거나 읽는 사람이 원작을 이미 알고 있다면, 각색 작품을 수용하면서 양피지에 지워진 흔적으로서의 원작 텍스트를 끊임없이 인식하게 될 것이다. 미하일 바흐친Mikhail Bakhtin의 말처럼 "각색으로서의 각색이란 우리가 이미 알고 있는 작품과 우리가 지금 체험하는 작품을 비교하게 되는 진행 중의 대화 과정"인 것이다.[33]

허천은 각색의 즐거움이란 부분적으로 변형을 동반한 반복, 즉 놀

---

33 린다 허천, 《각색 이론의 모든 것》, 73~77쪽.

람의 짜릿함을 겸비한 의례의 안정감에 기인한다고 말한다. 인식과 기억이 각색의 즐거움을 이루고 있다는 것이다. 관객이 일본판 〈수상한 그녀〉를 각색으로서 팔랭프세스트적으로 인식한다면, 또 원작과 각색 작품을 자유롭게 왕복한다면 각색을 대하는 즐거움이 더해질 것이다.

반복과 차이의 혼합, 그리고 그 효과

한국영화 〈수상한 그녀〉에서 일본영화 〈수상한 그녀〉로의 각색은 허천의 참여 양식에 따르면 '보여주기'에서 '보여주기'로의 이동에 해당된다. 매체 간, 장르 간의 이동은 아니지만 시간 차이 없이 이루어진 한국 문화에서 일본 문화로의 각색이다. "각색 과정을 대체 과정, 즉 자신의 의도로 이전 텍스트의 의도를 대체하는 과정"이라고 한다면 영화에서 영화로의 이동 역시 각색의 범주에 속한다. 이것은 각색자의 기질과 재능에 따라 "각색되는 재료들은 개인적 상호텍스트를 통해서 걸러"지기 때문이다.[34] 이는 생산물과 각색 과정에 맥락, 즉 시간과 공간, 사회와 문화가 개입된다는 뜻이다. 각색은 복제 없는 반복의 형식이기 때문에 의식적으로 무언가를 바꾸지 않더라도 변화를 동반하기 마련이다. 이 변화에 맥락이 반영되어 각색이 이루어지는 과정에서 특정 문화와 사회를 담게 된다. 한국에서 일본으로 이동하여 제작된 일본판 〈수상한 그녀〉는 이러한 맥락을 반영한 현지화를 통해 일본에서 수용하기 적합한 형태로 변환된 것이다.

이상에서 이 글은 린다 허천의 각색 이론에 의지하여 일본판 〈수

---

34 린다 허천, 《각색 이론의 모든 것》, 192쪽.

상한 그녀〉를 텍스트의 이동으로 빚어진 문화 간 만남으로 발생한 각색 작품으로 분석하였다. 이를 토대로 한국판과 일본판 〈수상한 그녀〉를 비교하여 변형되고 추가된 요소와 변하지 않고 보존된 요소들을 검토하였다. 일본판 〈수상한 그녀〉는 원작과 마찬가지로 70세의 할머니가 가족과 갈등을 겪고 우연히 들어간 사진관에서 사진을 찍은 뒤 20세로 돌아가면서 벌어지는 이야기를 다루고 있다는 점에서 동일한 스토리를 갖고 있다. 그러나 일본판은 현지의 사회와 문화적 요소를 적극 수용하여 모녀 관계로의 가족 구성 변화, 신사와 같은 일본적 공간의 삽입, 유명한 쇼와 가요로의 음악 교체, 시간의 재배열 등 여러 요소가 변용되었다. 이처럼 각색 과정에서 이야기의 큰 줄기는 그대로 유지하되 각 나라의 문화와 시대적 상황에 맞게 세부적인 것을 변경하는 원 소스 멀티 테리토리 전략은, 각색 단계에서 더욱 적극적으로 현지의 공간, 사회 및 문화를 반영하는 현지화의 결과로 나타났다.

〈수상한 그녀〉는 매체 간, 장르 간 변화 없이 동일한 매체의 형태로 시간 차이도 거의 없이 문화권 이동에 집중되어 있는 작품이다. 동일한 매체 내 각색의 경우에도 각색으로서의 각색은 원작 텍스트를 알고 있는 수용자, 청중에게 이미 알고 있는 작품과 체험하고 있는 작품 사이를 왕복하게 한다. 각색은 원작인 각색되는 작품과 함께 언제나 맥락 속에, 즉 시간과 공간, 사회와 문화 속에 존재[35]하고 있기 때문이다. 이는 각색을 체험하는 수용자의 문화적·사회적 맥락의 중요성을 상기시켜 준다. 즉, 〈수상한 그녀〉는 청중이 수용 과정에서 그 저변에 깔려 있는 원작과의 왕래를 통해 팔랭프세스트적

---

35 린다 허천, 《각색 이론의 모든 것》, 295쪽.

인 각색의 즐거움, 다층적인 해석의 묘미를 발견할 수 있는 텍스트
이다.

린다 허천,《각색 이론의 모든 것》, 손종흠 외 옮김, 앨피, 2017.

존 어리,《모빌리티》, 강현수 · 이희상 옮김, 아카넷, 2014.

공몽어,《한 · 중 시나리오 공유 영화에 대한 중국 관객들의 인식과 평가에 관한 연구: 〈수상한 그녀〉(중국판 〈20세여 다시 한 번〉)를 중심으로》, 건국대학교 대학원 석사학위논문, 2016.

김명희 · 정윤자, 〈영화 〈수상한 그녀〉를 활용한 한국어 의사소통 교육 연구〉,《새 국어교육》No. 115, 2018.

민신기, 〈원소스 멀티 테리토리 영화의 시각요소 함의 비교 연구 - 수상한 그녀 의 한국, 중국, 일본판 포스터를 중심으로 - 〉,《조형미디어학》Vol. 22 No. 1, 2018.

박정현,《노년 여성에 대한 사회적 상상력의 한 · 중 비교: 영화 〈수상한 그녀〉(한 국)와 〈20세여 다시 한 번〉(중국)을 중심으로》, 연세대학교 대학원 석사학위 논문, 2017.

배순정 · 이현심, 〈Arnold Van Gennep의 '통과의례'를 적용한 노인심리 분석— 영화 〈수상한 그녀〉를 중심으로〉,《문화와 융합》41권 3호, 2019.

서성은, 〈린다 허천의 각색 담론〉,《우리어문연구》Vol. 48, 2014.

신동희 · 김희경, 〈트랜스미디어 콘텐츠 연구: 스토리텔링과 개념화〉,《한국콘텐 츠학회논문지》10(10), 2010.

이진형, 〈확장된 각색 인식과 상호텍스트성의 정치학—린다 허천의 각색 이론을 중심으로〉,《대중서사연구》Vol. 22 No. 4, 2016.

이헌율 · 장요문, 〈한국 영화 중국 리메이크에 나타난 문화적 차이—수상한 그녀 와 중국판 20세여 다시 한 번을 중심으로〉,《한국콘텐츠학회논문지》17(12), 2017.

임소신,《한국 영화 원작과 중국 리메이크 영화 비교 연구: 〈수상한 그녀〉와 〈20 세여 다시 한 번〉을 중심으로》, 청주대학교 대학원 박사학위논문, 2019.

임채원, 〈영화 산업에서의 글로벌 진출과 원소스멀티테리토리 전략—CJ E&M 〈수상한 그녀〉를 중심으로-〉, 《글로컬 창의 문화연구》 Vol. 6 No. 2, 2017.

천봉, 《영화 〈수상한 그녀〉의 리메이크 현지화에 관한 연구: 콘텐츠 및 홍보 전략 중심으로》, 건국대학교 대학원 석사학위논문, 2017.

최경순, 〈근대 일본인 해외이주의 궤적과 신도(神道)의 역할〉, 《일본사상》 28, 2015.

〈수상한 그녀〉 이번엔 미국 진출…영어 · 스페인어로 제작〉, 《연합뉴스》 2016년 11월 7일자.

〈[매거진M] '수상한 그녀' 한 · 중 · 일 감독 좌담〉, 《중앙일보》 2016년 11월 21일자.

〈田部未華子 伸びやかな歌声披露 韓国映画リメイク〈あやしい彼女〉〉, 《朝日新聞》 2016年 4月 1日.

〈〈あやしい彼女〉若返り 弾けた田部が好演〉, 《朝日新聞》 2016年 4月 8日.

네이버 영화 〈수상한 그녀〉, https://movie.naver.com/movie/bi/mi/basic. nhn?code=107924 (접속일: 2020. 03. 15.)

쇼치쿠 홈페이지, https://www.shochiku.co.jp/cinema/lineup/ayakano/ (접속일: 2020. 09. 22.)

야후 재팬 영화 사이트 〈怪しい彼女〉, https://movies.yahoo.co.jp/movie/ 354392/story/ (접속일: 2020. 10. 05.)

영화닷컴(映画.com) 사이트, https://eiga.com/news/20160404/20/ (접속일: 2020. 09. 17.)

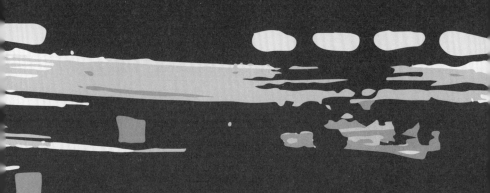

3부

고-모빌리티 시대
서사 연구의 흐름

이동성과 부동성의 서사

: 미야모토 유리코의 《반슈평야播州平野》론

김주영

이 글은 《日本語文學》 제85집(2020.6)에 게재된 원고를 수정 및 보완하여 재수록한 것이다.

'제국'의 기억을 소환하다

《반슈평야播州平野》(1946)는 프롤레타리아 작가답게 전쟁을 반대했던 미야모토 유리코宮本百合子(이하 유리코)의 비판의식이 잘 드러나는 텍스트이다. 일본 패전 직후 발표된 이 소설은 패전의 혼란상을 정교하게 묘사함으로써 일본 제국주의의 본질을 생생하게 느끼게 해 준다. 특히 이 작품은 작가 스스로의 체험을 바탕으로 서술하는 유리코 문학의 특징이 잘 드러난다. 자전적인 현실감이 문학적 표현 속에서 텍스트에 고스란히 살아 있기 때문이다.[1]

그런데 《반슈평야》를 작가의 체험이라는 요소를 강조하여 읽을 경우, 누마자와 가즈코沼沢和子가 지적한 바와 같이 역사적 전환기의 일본을 커다란 조감도로 묘사한 "민족적 서사시"이면서도, 주인공이 "손님"[2]의 시점에서 '여행하는 관찰자', 즉 보는 자에 머문다는 부정적 평가로 이어진다. 그 원인은 서술자이면서 주인공이기도 한 '마치 작가로 보이는' 등장인물에게서 찾을 수 있다. 이 주인공은 텍스트 세계의 주변 상황이나 현실적인 감각과는 거리가 먼 장면들을 자주 연출한다.[3] 이것은 유리코의 다른 소설들에서도 볼 수 있는 특징

---

1 유리코의 자전 삼부작인 《노부코伸子》(1924), 《두 개의 정원二つの庭》(1947), 《도표道標》(1948~1951)는 작가의 전형적인 작법을 보여 준다. 김주영, 〈미야모토 유리코(宮本百合子) 문학에 나타난 주인공 분석〉, 《일본학연구》 35, 2012 · 1, 286쪽.

2 沼沢和子, 〈宮本百合子_戦後の出発の時期の問題_〉, 《日本文学》, 1977 · 12, p. 255.

3 시라카바파白樺派의 휴머니즘을 토대로 프로문학에 경도된 유리코는 기본적으로 돈에 구애받지 않는 집안에서 태어나 평생을 살았기 때문에 특권층 의식이 몸에 배어있다는 비판(渡辺澄子, 〈百合子と反戦 · 平和〉, 《国文学 解釈と鑑賞》 899, 至文堂, 2006, p. 76)에서 자유롭지 못하다. 또한 패전 이후 비전향 작가로서 미야모토 겐지와 더불어 프롤레타리아문학의 권위로서 성역화되어 작품보다 작가에 대해서 칭송하거나 비판할 수밖에 없는 구조에 대한 지적(中川成美, 〈もう一つの庭〉, 《国文学

으로, 그녀의 소설에는 부유층 출신의 아비투스에 대해 지적할 만한 여지가 충분하다. 이 소설에 대해서 패전국 국민들의 고초와 전쟁으로 파괴된 상흔을 기록함으로써 '전쟁의 기억'을 소환한다고 평가하면서도, 작가가 너무 관념적이라는 지적이 제기되는 이유이다.[4]

《반슈평야》에 나오는 유리코의 자전적 인물 히로코ひろ子는 전지전능한 서술자로서 텍스트 세계를 통괄하고 자기 자신의 행동과 심리를 구가하는 여성이다. 패전 직후 혼란에 빠져 있는 일본열도를 횡단하는 이 여성은 이동하는 데에 큰 곤란을 겪으면서도, 그 곤란이 현실적 감각으로 치환되는 모습을 보이지 않는다. 뒤에서 논하는 것처럼, 히로코는 세이칸青函 연락선에 승선이 불가능해졌을 때도 좌절하지 않고, 그 사이 생활이 빈궁해지거나 육체적인 고통을 겪게 돼도 크게 영향을 받지 않는다. 그녀는 오히려 좌절이 올수록 긍정적인 마인드로 미래의 희망을 구가한다. 선행 연구들의 지적은 이처럼 텍스트 세계를 지배하는 시선이 작가로 보이는 주인공에게 부여되는 특권과 연결된다고 보기 때문일 것이다.

그런데 이처럼 인물론에 의지하여 유리코의 텍스트를 읽을 경우,

解釈と鑑賞》899, 至文堂, 2006, p. 149)이 있다. 이 부르주아 아비투스에 기초한 프로작가이면서, 비전향 작가라는 권위는 2000년대 이후 유리코 문학의 평가와 관련하여 늘 따라붙는 의문부호와도 같은 것이다. 일본의 논단에서 비전향 작가의 권위에 대해서 쉽게 비판하기 힘든 윤리적인 구조가 있었다는 것은 가라타니 고진(柄谷行人,《倫理21》, 平凡社, 2000)이 잘 지적하고 있듯이, '전후'가 유효한 20세기에 겐지나 유리코 비판은 쉬운 문제는 아니었을 것이다.《반슈 평야》도 이런 관점에서 읽으면 비전향 작가의 분투기라는 식으로 일종의 자랑거리로 보일 수도 있다는 점도 염두에 두어야 한다.

4 그 관념성의 예로 중상류층 출신인 작가의 아비투스 문제와 소설에 등장하는 조선인에 대한 무한 긍정이 제시된다. 羽矢みずき,〈播州平野論̲表象としの〈朝鮮人〉〉,《国文学　解釈と鑑賞》899, 2006・4, pp. 158-164)

긍정적이든 부정적이든 텍스트가 가진 또 다른 매력적인 요소들을 놓칠 수 있다. 물론 유리코가 페미니즘의 대표적 작가로 인식되고 있고, 미야모토 겐지宮本顯治와 함께 '전후' 프롤레타리아문학의 기수로서 대표성을 가지게 된 탓도 있다. 이런 텍스트 외적인 사항들이 작가 연구에 강하게 영향을 주어 온 것도 사실이다. 필자는 이전에 《반슈평야》를 작가론의 영향에서 벗어나 패전 직후 '제국'의 심상지리로 읽을 수 있는 가능성을 탐색한 적이 있다.[5] 그 연장선상에서 이 글은《반슈평야》를 이동성과 부동성의 맥락에서 서사를 분석함으로써 잊혀 가는 '제국'의 기억을 소환하고자 한다. 문학 텍스트가 가진 문맥은 빛을 잃지 않고 현재를 투사함으로써 다양한 사고의 기점이 되기 때문이다.[6]

'부동성'의 공간 '아바시리형무소'

소설 세계에서는 미야모토 겐지로 보이는 주키치重吉의 아내이자 주인공인 히로코가 1945년 8월 15일을 기점으로 일본열도를 횡단하며 서사한다. 소설은 미군의 공습으로 불을 켤 수 없는 집에서 시작된다. 그런데 이 소설에서 처음부터 등장하는 중요한 기표signifiant가 아바시리網走형무소이다. 일반적으로 형무소의 기의signifié는 '수형자의 구속 시설' 정도로 이해할 수 있을 것이다. 그런데 이 소설에서 아바시리형무소의 기의는 '일본제국주의 압제'라는 이데올로기

---

5 김주영, 〈미야모토 유리코의 《반슈 헤야(播州平野)》론 – 1945년 8월 15일의 풍경과 '제국'의 '전후' –〉,《일본어교육》58, 2011 · 12, 193~205쪽.

6 2020년도 현재 일어나고 있는 경색된 한일관계와 콜로니얼 역사 청산 과제들은 망각과 소환의 이중주를 이루며 변주한다.

〈그림 1〉 아바시리형무소. 출처 https://www.kangoku.jp/exhibition_facility_goyokuhousha.html

로 확산된다.

　일본의 수형시설 중 가장 최북단에 위치한 아바시리형무소는 1890년 아바시리 범인외역소網走囚犯外役所로 출발하여[7] 1903년 아바시리감옥으로 명명된 뒤, 일본 안에서 가장 혹독한 형무소로서 두려움의 대상이 되었다.[8] 아바시리형무소는 〈그림 1〉에서 보듯이 방사형으로 5개의 단층 감방을 조망하는 감시실을 두고 있어, 소수로도 "360도 회전 모니터처럼 전체 수감자를 감시"[9]할 수 있다. 이 구조는 푸코Michel Foucault가《감시와 처벌: 감옥의 탄생》[10]에서 분석한

7　周愛民, 〈한중일 대만 근대 감옥의 설립 배경과 특징에 관한 비교 연구〉,《한국근현대사연구》78, 2016 · 9, 296쪽.

8　博物館 網走監獄, 〈監獄秘話－第5話 ここは地の果て－〉, https://www.kangoku.jp/kangoku_hiwa5.html(접속일: 2020. 04. 13.)

9　周愛民, 〈한중일 대만 근대 감옥의 설립 배경과 특징에 관한 비교 연구〉, 302쪽.

10　미셸 푸코,《감시와 처벌》, 오생근 옮김, 나남, 2003(재판), 23~465쪽.

'파놉티콘panopticon'의 "중앙의 감시탑을 중심으로 수감자들의 독방을 원형으로 둘러싸듯이 배치해서 최소한의 비용과 관리로 감시의 효율성을 극대화한 구조를 형상화한 것"[11]과 같은 원리를 띠고 있다. 이처럼 일망 감시의 원리가 작동하는 아바시리형무소의 기의는 '부동성immobility'[12]이라는 점에 주의를 기울여야 한다. 중앙 감시탑에 연결된 다섯 동의 건물에 수용된 죄수들은 감시하는 시선 밖으로 이동할 수 없다. 이 건물들은 나무숲에 에워싸여 외부와 고립된 형태를 띤다. 외부와 고립된 부동성이야말로, 아바시리형무소의 기의인 것이다.[13]

히로코는 "아바시리라는 곳은 이름만 알고 있었다. 거기로 보내진 주키치와 나 사이에는 좁은 일본땅 안에 있지만 첩첩이 산천으로 가로막혀 있다. 공습이 더욱 심해지고 상륙전 소문까지 도는 요즘 상황에서 보면, 이 첩첩이 가로막힌 산천이 경우에 따라서는 우리 두 사람을 몇 년간 완전히 차단시킬지도 모른다는 불안감이 엄습했다."(15)[14]라는 서술처럼, 아바시리는 특화된 '부동성'의 공간이었던

---

11 한희진, 〈미셸 푸코의 파놉티시즘에서 인식, 권력, 윤리의 관계〉, 《의철학연구》 13, 2012 · 6, 76쪽.

12 이 글에서 이동성mobility은 이동하는 사람과, 그 사람이 관계 맺는 네트워크, 그리고 장소를 포함하는 개념으로 사용한다. 여기에는 이동 기술 수단도 포함된다. 이동성의 반대되는 개념인 부동성immobility은 고정성, 또는 부동성의 개념이다. 뉘앙스에서 알 수 있듯이 이동의 접근권이 배제되거나 또는 이동하지 않고(못하고) 고정적이라는 의미이다. 김주영, 〈모빌리티로 본 미야모토 유리코 문학의 재해석〉, 《일본어문학》 82, 2019 · 9, 280쪽.

13 다카쿠라 겐高倉健이 열연한 이시이 데루오石井輝男 감독의 영화 〈아바시리 번외지網走番外地〉(1965)도 동어반복으로 읽을 수 있다. 번외지란 말 그대로 주소가 없는 곳, 즉 갈 수 없는 곳을 의미하는 부동의 땅을 가리키는 말이다.

14 《반슈 평야》의 인용은 《宮本百合子全集》 6卷(新日本出版社刊, 1979)에 의한다. 한국어문은 필자가 번역한 것이고 인용문 뒤에 전집의 쪽수를 표기한다.

것이다. "1945년 8월 15일 저녁 무렵"(7) 쇼와 천황의 '항복방송'으로 시작되는 이 소설은 그 다음날 바로 아바시리로 초점이 이동한다.

　15일은 낮에서 그대로 저녁으로 이어져 이윽고 밤이 되었지만 마을 전체에 마비된 고요함은 그대로였다.
　다음날, 히로코는 너무나 오랜만이라서 오히려 몸이 적응하기 힘든 평화로운 밝음 속에서 몸뻬바지를 벗고 아바시리 감옥에 갇힌 주키치에게 편지를 쓰기 시작했다. …
　히로코는 조금 쓰다가 손을 멈추고 생각에 잠겼다. 아바시리의 높은 작은 창에서 주키치는 분명 이제 전쟁이 끝난 것을 알고 있을 것이다. 12년 동안 감옥에서 지내온 주키치. 6월에 도쿄에서 그리로 가기 전 면회소 창문으로 "뭐 반년이나 길어도 10개월 정도의 피난일걸" 하고 말하며 웃은 주키치(12-13).

《반슈평야》에서 아바시리형무소는 중죄인의 수형시설이라는 본래 의미에서, 이동을 제한하고 감시하는 파쇼권력의 상징으로 표상되었다. 일본의 패전으로 아바시리형무소에 수감되어 있던 주키치가 제국주의 압제가 해제됨과 동시에 자유의 몸이 된다는 것은 소설 서두부터 매우 중요한 이슈가 된다. 이것은 단순히 수감된 죄수에 한정해서만 생각할 일이 아니다. 제국 내에서 통제당하는 사람들은 이동의 부자유를 겪어야 했고, 히로코가 남편 주키치를 만나러 갈 수 없게 만드는 장애 요소들이 곳곳에 도사리고 있었다. 부동성의 신체에서 '이동성mobility'의 신체로 바뀌는 시간이 1945년 8월 15일(제국주의 패망)이라는 문학적 서술이 역사적 기억을 증폭시킨다. 이로써 제국주의에 의한 부동성이 해제되는 것이다. 물론 히로코가 주키치를 만나려고 했던 것은 전쟁 말기부터였다. 그러나 제국주의 전쟁으로 인한 공습이 그녀의 이동을 금지시켜 버렸다.

미미 셸러Mimi Sheller에 의하면, 자유의사에 반해서 이동을 금지하거나 제한하는 것은 모빌리티 정의正義를 훼손하는 것이다.[15] 우리는 냉전 시대의 이동 제한을 기억하고 있고 현재도 심심치 않게 벌어지는 사건들을 목도한다.[16] 따라서 일본의 패전은 주키치의 부동성이 이동성으로 변환되는 것을 의미함으로써 '국가'로서는 절망적이었을 패망이 인권의 회복으로 이어지는 아이러니를 보여 준다. 패전을 알리는 '항복방송'으로 이 소설이 시작되는 것도 우연은 아니다. '항복방송' 이후 미군의 공습이 돌연 멈췄기 때문이다. 공습이 계속될 때 '그들'은 등화관제로 불을 끈 채 지내야 했는데, 방향과 길을 식별할 수 없는 '어둠'이야말로 부동성의 또 다른 표현이다. 미군의 공습이 멈췄기 때문에 일본열도는 불을 밝히고 사람들은 집 안에서의 짧은 거리를 포함해서 이동할 수 있게 되었다. 주키치에게 편지를 쓰는 히로코가 "평화로운 밝음"을 느낀 것도 이 때문이다.

그런데 여기에서 히로코가 형무소에서 나올 주키치를 마중하기 위해 홋카이도의 아바시리형무소로 간다는 것은 상식적이지 않다. 소설의 앞뒤 문맥을 조금 설명하면, 12년간 형무소에서 재판을 받던 주키치가 치안유지법에 의해 무기징역이 확정되어 중죄인이 수감되는 아바시리형무소에 이감된 것이 1945년 6월이다. 히로코는 다음

---

15 Mimi Sheller, "The Triple Crisis", In *Mobility Justice*. Ed. Mimi Sheller, London:Verso, 2018, pp. 1-19.

16 남북한의 왕래가 금지된 것은 두말할 필요도 없다. 재일작가 김석범이 한국을 자유롭게 오갈 수 있었던 것도 최근의 일이고 국가 간의 관계가 경색되어 비자가 문제가 되는 일도 비일비재하다.

달인 7월에 아바시리로 이주하여 남편의 옥바라지를 하며 살기로 결심한다. 앞에서 인용한 것처럼 그녀는 형무소가 지리상 아주 외진 곳에 있고, 공습과 상륙이 예상되는 전시 상황 때문에 몇 년 동안 남편을 못 만날 수도 있다는 불안감을 느끼고 있었다.

> 히로코는 살고 있던 도쿄 동생의 빈집 처리를 전속력으로 해치우고, 어쨌든 동북의 이 마을(동생 가족이 소개한-인용자)에 왔다. 그리고 1 리一里 정도 떨어진 정거장이나 교통공사에 가서 쓰가루津軽해협을 건너는 표를 구하게 될 때를 기다리면서 여행 준비를 했다.
> … 벌써 그 무렵 바다를 건너는 여행은 몸 하나조차 건너가기 어려워지고 있었다. 도구 비슷한 것은 무엇 하나도 가지고 갈 수 없다. 그래도 살 곳은 아바시리 한 군데로 생각을 정하고, 히로코는 아오모리가 공습을 받을 때마다 '어머, 또'라고 탄식했다. 아오모리시는 불에 타고 연락선의 대부분이 소실되었다(15).

이동 역량의 입장에서 보면 여성이나 노인, 유아들이 패전 직후 혼란기에 혼자서 여행한다는 것은 비상식적인 일이었다. 그런데도 왜 히로코는 아바시리로 향해야만 했을까? 일차적으로 읽으면 한시라도 빨리 사랑하는 사람을 만나기 위해서라고 할 수 있다. 그렇지만 그 당시는 남동생이든 누구든 남성을 동반하여 함께 여행길에 오르는 것이 일반적인 시대였다. 따라서 '아바시리형무소'라는 제국의 메시지를 독자와 공유하려는 서사 전략이 아니라면 이 설정은 이해하기 힘들다.

소설에서 히로코는 부동성에서 벗어나는 상징적인 기표로서의 아바시리형무소에 결국 도달하지 못했는데, 이것은 그만큼 '일제라는 상상의 공동체'가 견고하다는 것을 의미하는 것인지도 모른다.

부동성은 이동의 권리를 금지·제한하는 영역에서 흔히 발생한다.[17] 한국에서 남북 간 이동의 부자유가 그 대표적 사례이며 난민이 국경을 넘는 경우도 그러하다. 스탈린이 취했던 악명 높은 강제이주에 의한 민족 재배치나 히틀러의 강제수용소 역시 부동성의 현저한 예이다. 역사에 기록되는 부동성을 《반슈평야》의 주인공은 온몸으로 체현하고 있다. 이와 같은 부동성이 현대적 의미에서도 중요한 것은, 지금도 일상에서 구조적으로 여전히 금지된 이동들이 존재하기 때문이다.[18]

그런 점에서 이동성 측면의 약자인 여성 주인공이 일본열도를 종횡무진 이동하는 것을 보여 준 《반슈평야》의 의미를 과소평가해서는 안 된다. 존 어리John Urry는 이동성의 능력을 정하는 인자에 육체적 특징, 열망, 교통·통신에 대한 접근성, 시공간 제약, 지식, 면허 등이 포함된다고 설명한다.[19] 물론 경비 지불 능력인 자본은 기본적인 물적 토대라 할 수 있다. 이 이동성의 능력에 비추어 볼 때, 히로코는 주키치와 만나고 싶다는 '열망'과 전쟁의 혼란기이지만 경제적 능력은 충분히 있는 것으로 보인다. 나머지 육체적 능력은 특별히 기술되어 있지는 않지만 건강한 편으로 판단할 수 있고, 교통과 통

---

17 Mimi Sheller, "What Is Mobility Justice?", In *Mobility Justice*, Ed. Mimi Sheller, London:Verso, 2018, p. 20.

18 대놓고 금지하지 않더라도 계단과 휠체어, 도로 이용료(자동차, 철도, 버스) 지불 불능처럼 이동 능력이 없어서 이동의 부자유를 경험하는 경우뿐만 아니라 다양한 사례가 일상적으로 일어난다. 어느 구역에는 차단기가 설치되어 허가된 자(또는 자동차)만 출입할 수 있는 것처럼 우리는 부동성의 위기라고 부를 만한 상황과 직면하고 있다.

19 Urry, John, *Mobility*, Polity Press: Cambrige, 2007, pp. 38-39.

신에 대한 접근성은 쉽지 않은 상황으로 보인다.

히로코는 더욱더 주키치가 있는 아바시리에 가고 싶다고 생각했다. 거기에서 히로코는 혼자서 맨발로 생활해야만 한다. 사상범의 아내라는 협소한 생활이 기다리고 있을지도 모른다. 그러나 거기에서 히로코는 히로코 나름대로 사랑을 받아도 미움을 사도 그것은 모두 스스로 감내하며 살아갈 수 있을 것이다. 일본은 변한다. 변하는 물결 하나하나를 히로코는 주키치의 아내로서 분명히 입장을 세우고 절실히 감당하며 살아 보고 싶었다.

공습으로 두절되었던 세이칸 연락선은 지금은 복원復員 병사들을 태우느라 일반인을 태우지 않게 되어 버렸다(밑줄 인용자, 2).

위 인용문에서 보면, 아바시리에 가려는 히로코의 열망은 "주키치의 아내로서" 변하는 일본의 물결을 체험하고 싶다는 것으로 귀착한다. 그것이 아바시리라는 험로이기 때문에 더욱더 "절실히 감당하며 살아 보고" 싶다는 것이다. 히로코의 이동은 패전 이전에는 미군의 공습으로, 패전 후에는 복원병(귀환 병사)과 귀향민들로 인해 가로막힌다. 히로코의 독백으로 보이는 '일본은 변한다'는 열망은 시공간의 제약을 뛰어넘어 그녀의 이동을 촉진시키는 중요한 인자가 되고 있다.

'제국'의 해체를 노정하다

위에서 본 것처럼 히로코의 이동에 대한 열망을 세이칸 연락선이 또다시 가로막는다. 제국주의의 잔재가 여전히 이동을 가로막는 이 상황도 예사롭게 넘길 대목은 아니다. 히로코는 입대한 시동생 나오지直次가 히로시마에서 행방불명이 되었다는 시어머니의 편지를 받고 북으로 가려던 생각을 단념하고 시어머니를 찾아 남하하기로 한다. 셋째 시동생 신조進三도 남방에 출정하여 생사를 알 수 없는 상태였다.

이렇게 보면 제국주의는 희망하지 않는 '이동'을 강제로 집행하고, 스스로의 의지에도 불구하고 이동하지 못하게 하는 '부동성' 체제를 노정한다. 강제 이동과 부동성은 스탈린 체제에서처럼 이동성의 정의를 훼손하는 통치술이다. 이런 관점에서 보면 히로코가 이동을 가로막는 장벽들을 헤치고 이동해야 하는 이유가 분명해진다. 히로코가 품은 '일본은 변한다'라는 내면의 믿음은 제국주의 체제에 대해 개인이 항거할 수 있는 이동성의 실천인 것이다. 따라서 이동성의 서사로서 《반슈평야》는 제국의 해체를 확인하고 새로운 일본을 찾는 판타지와도 같다. 이 판타지에서 서사가 시작되고 진행되는 동력을 얻는 것이다.

그런데 이 남서쪽으로의 여행도 쉬운 길은 아니었다. 운 좋게 자리를 잡은 히로코의 눈앞에 펼쳐진 열차 풍경은 다음과 같이 묘사된다.

소동이 가라앉은 뒤 바라본 객실은 큰 짐들이 선반은 물론 통로, 좌석 사이까지도 꽉 채워져 있었고 타고 있는 사람들은 온통 남자들뿐이었다. 어떤 방면이든 간에 군과 관계가 있어 보이는 풍채가 있는 남자들만 있었던 것이다. 여자라고 하면 히로코 외에 아이를 데리고 탄 부인이 한 명 함께 타고 있을 뿐이었다(34).

패전 이후 극심한 혼란기에 일본열도에서는 복원병, 인양자引き揚者, 피난疏開에서 원래 살던 곳으로 돌아가는 사람들로 인해 대규모

〈그림 2〉 1945년 9월 복원병 열차. 히로시마에서 촬영. 출처: https://bunshun.jp/articles/photo/13401?pn=4

이동이 일어났다. "나고야를 지나자 통로까지 땀과 먼지를 뒤집어쓴 복원병과 그 짐들로 넘쳐났다"[49]고 기술하는 것도 무리는 아니다. 1945년 9월에 히로시마에서 촬영된 사진(〈그림 2〉)을 보면《반슈평야》의 표현이 매우 사실적임을 알 수 있다. 이 사진이 게시된 기사는 다음과 같이 당시 상황을 전한다.

1944년 이후에는 미군의 공습도 본격화되어 철도 시설이 피해를 받은 수도 많아진 반면 피난 수송의 중요성도 높아졌다. 최소한 운송의 안정을 도모하기 위해서 긴급 및 공무 여행 이외에는 승차권 구입이 거의 불가능한 상황이었다. … 즉, 전쟁 말기의 철도망은 화물을 중심으로 한 군사 수송을 최우선으로 단거리 통근 수송 및 피난 등의 긴급 수송만 간신히 이어지는 상황이었던 것이다. 물론 지금처럼 일반인이 부담 없이 여행하는 일 따위는 도저히 이루어질 수 없는 시대였다.[20]

전쟁 말기와 패전 직후의 부동성은 "승차권 구입이 거의 불가능한 상황"이라는 한마디로 요약할 수 있다. 시어머니의 집에서 남편 주

---

20 鼠入昌史, 〈1945年8月15日も《日本の鉄道は時刻表通りに走っていた》は本当か？ある新米車掌の手記〉, https://bunshun.jp/articles/-/13401?page=2(접속일: 2020. 04. 15.)

키치가 석방된다는 기사를 본 히로코가 주키치를 맞이하러 도쿄로 향하려 하자, 시어머니 도요豊代는 "역장을 만나서 주키치가 석방된 사정을 이야기하고 특별허가로 8일 처음 개통되는 구레선吳線 순환 열차표를 한 장 끊어 주었다"(131-132). 이처럼 이동의 부자유는 일상적이었다. 1945년 11월 22일 공개된 뉴스 영화 〈일본뉴스日本ニュース〉 261호는 전차를 배경으로 '발의 고민'이라는 제목으로 시작하면서 "언제 해결될까요? 요즘 기차나 전차를 타는 것은 그야말로 결사적인 고난 고행. 전차나 기차를 타는 것만으로도 커다란 노동이라고 통근자의 한 사람이 혼자서 뇌까리고 있었습니다"라는 아나운서의 멘트가 나온다.[21]

당시의 콘텍스트와 마찬가지로 히로코의 여행은 이동을 가로막는 "고난 고행"의 여정이었고, 그녀는 이를 통해서 멸망하는 제국 광경을 스케치한다. 히로코는 신체, 공간, 시간, 테크놀로지 등이 제대로 작동하지 않는 지점을 관찰하고 부동성의 기호들을 초점화하는 것이다.

시동생의 행방불명 소식을 듣고 시댁에 가기 위해 탄 기차에서 히로코는 처음에는 명랑하게 농담도 잘하던 한쪽 다리를 잃은 상이군인을 만난다. 목적지가 가까워지자 그 상이군인은 불구로서 가족을 대면해야 하는 무거운 중압감에 긴장을 한다.[22] 다리란 걷기, 즉 인간의 가장 기초적인 신체 이동 수단이다. 신체의 완전한 부동성은 죽음

---

21 《NHK戦争証言アーカイブス》, 〈超満員の買い出し列車〈悩みの種〉〉, https://www2.nhk.or.jp/archives/shogenarchives/jpnews/movie.cgi?das_id=D0001300576_00000&seg_number=008(접속일: 2020. 04. 14.)

22 이상복, 〈미야모토 유리코의《반슈평야(播州平野)》- 히로코의 시각에서 본 전쟁과 여성 -〉,《일본문화연구》32, 2009 · 10, 337쪽.

을 의미하는데, 행방불명된 히로코의 둘째 시동생은 죽은 것과 다름 없고 남방에 파병된 셋째 시동생도 소식이 단절된 상태. 큰아들 주키치를 비롯한 3형제 모두 제국에 의해 부동성의 신체가 된 것이다. 여기서 텍스트 세계는 이동의 자유를 가로막거나 강제하는 제국주의의 민낯이 고스란히 드러난 패망 후의 일본열도를 히로코의 눈을 통해 서사한다. 그것은 부동성의 표식들로 가득 차 있는 세계였다.

히로코가 시댁으로 가기 위해 탄 기차는 "객차 전등이 고장 나 어둠 속에서 질주"(52)하다가 철로가 훼손되어 멈추어 버린다. 뿐만 아니라 자유의 몸이 된 주키치를 맞이하러 히로시마 근처의 시댁에서 도쿄로 갈 때는 한층 더 부동성이 강화된다. 그녀의 이동을 가로막은 것은 자연재해 탓으로 나오지만 실은 파괴된 시스템이 문제였다. "복구 예상"조차 할 수 없는 철로는 철도 시스템으로 대표되는 일본 그 자체의 전유다. 끊어진 철로 구간을 도보, 트럭, 마차를 이용하여 이동하는 동안 '철도 시간'은 마비되고 철로 복구에 테크놀로지가 발휘되지도 않는다.

그런데 오후 네 시쯤 되어 차내에 불안한 소문이 전해져 왔다. 구레吳까지 오는 동안에도 여전히 수해 피해가 남아 있어 상당히 지연된 열차는 아마도 스나미須波에서부터 앞으로는 안 갈 거라는 것이었다. 스나미와 그 다음 미하라三原 역 사이에 큰 철교가 있는데 그것이 내려앉았지만 아직 복구 예상조차 어렵다고 했다(135).

히로코는 길동무가 된 '눈이 잘 안 보이는' 모 회사 지점장과 함께 "도로 절반 정도가 무너진 곳조차 있는"(138) 진흙탕 길을 걸어 어렵사리 그의 지인 집에서 하룻밤 신세를 지고 다시 열차에 올랐다. 길동무가 된 지점장이라는 사람과 히로코에 대한 다음 설명은 흥미롭다.

> 발이 빠르고 힘 좋은 남자들이 자기들만 쭉쭉 앞으로 지나쳐 갔다.
> 히로코와 동반자가 된 남자는 녹내장으로 거의 양안 시력이 손실된 사
> 람이었다.
> … 히로코는 다리가 약하다. 그 남자는 눈이 보이지 않는다. 이 두 사
> 람이 각각의 목적으로 스나미와 미하라 사이의 비 내리는 밤길을 걸으
> 려고 하는 것이었다(138).

히로코와 길동무 두 사람의 공통점은 이동하는 신체 능력이 떨어
진다는 점이었다. 그럼에도 불구하고 히로코는 길동무가 가진 모빌
리티 네트워크의 도움을 받아 악조건 속에서도 숙박을 할 수 있었
고, 연락 트럭을 타거나 짐마차를 탈 수 있었다. 두 사람의 또 하나의
공통점은 모빌리티 자본이 풍부하다는 것이었다. 이런 관점에서 보
면 부동성을 이동성으로 바꾸어 나가는 이동이 이 소설의 서사 대부
분을 차지하고 있다. 이들에게 난관은 끝없이 이어진다.

이 열차는 다시 "수해 때문에 히메지姫路에서 멈추고", 승무원에게
물어보았지만 "결국 히메지 앞의 수해 고장이 언제 회복되는지 어느
지점이 고장인지조차 확실하지 않았다."(144) 역에 "철도 전화"는 불
타서 없고 "벌써부터 전신電信 불통" 상태가 이어지고 있다. 게다가
"철도 라디오"(144)조차 역에는 없었다. 역은 이동을 이어 주는 이동
성의 핵심 장소이지만 이곳의 이동 테크놀로지는 정지된 채 일본제
국의 현주소를 보여 주고 있었다.

'부동성'과 '이동성'의 서사

아바시리형무소는 제국의 번외지로서 정치범을 수용한 제국 권력의 상징적인 장소다. 패전 이전에 아바시리에 가서 주키치의 옥바라지를 하려고 마음먹은 히로코는 제국주의의 잔재가 남긴 부동성에 가로막힌다. 히로코가 세이칸 연락선을 타려고 하는 이유는 주키치라는 존재가 부동의 상태로 그곳에 있기 때문이다. 전시, 패전 후 혼란기에 이동성에 취약한 여성의 몸으로 아바시리형무소를 좌표로 설정한 것은, '아바시리형무소'라는 제국의 압제 메시지를 독자와 공유하려는 서사 전략으로 분석할 수 있다.

이어서 이 소설은 시댁에 가기까지 제국의 패망 현장을 겪으며 고초를 겪는 히로코의 이동을 서사한다. 그런데 시댁의 시동생들 역시 제국이 강제하는 부동성의 희생자들이다. 마지막 남은 주키치가 아바시리에서 석방되었다는 소식에 도쿄에서 만나려는 기대를 안고 히로코는 다시 도쿄로 이동한다. 이 도쿄행은 이동을 가로막는 수많은 장애를 뚫고 가야 하는 여정이었다.

다음 인용문은 《반슈평야》에서 히로코가 왜 부동성과 이동성 사이에서 계속 이동해야 하는지 함축하고 있다.

> 새로운 고장, 새로운 동반자. 그들은 히로코의 정신을 당분간의 필요를 위해 안정시켜 주고 긴장감을 주었다. 하나씩 하나씩 이런 단계를 거듭하여 도쿄, 그리고 히로코에게 있어서 주키치라는 절정에 달한다. 그 과정의 우여곡절을 하나하나 정성껏 강력하게 지나가는 것, 그것이 야말로 히로코에게 10여 년의 인내 중, 몸도 마음도 다 기울여 부르려 하는 환희의 노래에 적합한 서곡의 전개라고 느껴졌다(148-149).

이동성의 서사로서《반슈평야》가 제국의 해체를 확인하고 새로운 일본을 찾는 판타지라는 점은 여기에서 명확해진다. 히로코는 "계속해서 이런 고장을 정복하며 한 발자국, 한 발자국 도쿄를 향해 다가간다. 이 상황은 도리어 히로코의 마음을 진정시키는 작용을 했다."(248)고 서술된다. 도쿄에서 주키치를 만난다는 희망은 '일본은 변한다'라는 제국 멸망과 서로 호응되는 것이다.

참고문헌

김주영, 〈미야모토 유리코의《반슈 헤야(播州平野)》론 – 1945년 8월 15일의 풍경과 '제국'의 '전후' –〉,《일본어교육》58, 2011 · 12.

김주영, 〈미야모토 유리코(宮本百合子) 문학에 나타난 주인공 분석〉,《일본학연구》35, 2012 · 1.

김주영, 〈모빌리티로 본 미야모토 유리코 문학의 재해석〉,《일본어문학》82, 2019 · 9.

미셸 푸코,《감시와 처벌》, 오생근 옮김, 나남, 2003(재판).

이상복, 〈미야모토 유리코의《반슈평야》(播州平野) – 히로코의 시각에서 본 전쟁과 여성 –〉,《일본문화연구》32, 2009 · 10.

周愛民, 〈한중일 대만 근대 감옥의 설립 배경과 특징에 관한 비교 연구〉,《한국근현대사연구》78, 2016 · 9.

한희진, 〈미셸 푸코의 파놉티시즘에서 인식, 권력, 윤리의 관계〉,《의철학연구》13, 2012 · 6.

柄谷行人,《倫理21》, 平凡社, 2000.

鼠入昌史, 〈1945年8月15日も《日本の鉄道は時刻表通りに走っていた》は本当か? ある新米車掌の手記〉, https://bunshun.jp/articles/-/13401?page=2 (접속일: 2020. 04. 15.)

中川成美, 〈もう一つの庭〉,《国文学 解釈と鑑賞》899, 至文堂, 2006 · 4.

《NHK戦争証言アーカイブス》, 〈超満員の買い出し列車〈悩みの種〉〉, https://www2.nhk.or.jp/archives/shogenarchives/jpnews/movie.cgi?das_id=D0001300576_00000&seg_number=008 (접속일: 2020. 04. 14.)

沼沢和子, 〈宮本百合子—戦後の出発の時期の問題—〉,《日本文学》, 1977 · 12.

博物館 網走監獄, 〈監獄秘話 – 第5話 ここは地の果て –〉, https://www.kangoku.jp/kangoku_hiwa5.html (접속일: 2020. 04. 13.)

羽矢みずき, 〈播州平野論—表象としの〈朝鮮人〉〉,《国文学 解釈と鑑賞》899, 2006 · 4.

渡辺澄子, 〈百合子と反戦 · 平和〉,《国文学 解釈と鑑賞》899, 至文堂, 2006 · 4.

Urry, John, *Mobility*, Polity Press: Cambrige, 2007.

Sheller, Mimi, "The Triple Crisis," In *Mobility Justice*. Ed. Mimi Sheller, London: Verso, 2018.

한국 SF문학의 시공간 및
초공간 활용 양상 연구

: 배명훈 · 김초엽 · 김보영의 소설을 중심으로

박인성

이 글은 《현대소설연구》 제77호(2020)에 게재된 원고를 수정 및 보완하여 재수록한 것이다.

재현의 위기와 SF의 크로노토프

이 글의 목표는 2010년대 한국의 SF 텍스트를 대상으로 하여, 시공간과 초공간성의 소설적 형상화 및 기능이 가지는 의미에 대하여 고찰하는 것이다. 특히 2010년대 이후의 한국 문학장을 고려하면서 본격문학과는 구별되는 방식으로 SF문학이 가지게 되는 개성과 지향성에 대하여 짚어 나갈 것이다. 특히 이 글은 리얼리즘의 쇠퇴와 포스트모던의 경험 이후 문학에 있어 재현을 둘러싼 위기를 전제로 한다. 하지만 일반적으로 문학에 있어 재현의 위기라는 포괄적인 전제와 달리, SF가 가지는 방법론적 유리함과 소설적 효과에 대하여 강조하고자 한다. 이는 최근 2000년대 이후 한국문학이 직면하고 있는 동시대적 현상과도 맞물리며, 재현의 딜레마를 극복하려는 2010년대의 여러 문학적 경향들과 비교했을 때에도 개성적인 측면이 있다.

최근 한국의 SF를 대상으로 하는 연구들이 활발하게 전개되고 있다. 이를 몇 가지 경향으로 정리하면 다음과 같다. 본격문학의 주변부에 존재했던 근대문학 범주 내부의 SF에 대한 연구들은 물론이고,[1] 2000년대에 나타난 순문학 내부의 장르적 실험 혹은 슬립스트

---

[1] 김지영, 〈1960~70년대 청소년 과학소설 장르 연구: 《한국과학소설(SF)전집》(1975) 수록 작품을 중심으로〉, 《동남어문논집》 35호, 2013; 모희준, 〈냉전시기 한국 창작 과학소설에 나타난 종말의식 고찰: 한낙원의 《잃어버린 소년》, 《금성탐험대》와 문윤성의 《완전사회》를 중심으로〉, 《어문론집》 65호, 2016; 이숙, 〈문윤성의 《완전사회》 (1967) 연구〉, 《국어문학》 52호, 2012; 이지용, 〈한반도 SF의 유입과 장르 발전 양상: 구한말부터 1990년대까지의 남북한 SF에 대한 소사(小史)〉, 《동아인문학》 40호, 2017; 최애순, 〈1960~1970년대 과학소설에 대한 인식과 창작 경향: 《학생과학》 지면의 과학소설을 중심으로〉, 《대중서사연구》 41호, 2017; 현금윤, 〈과학소설의 환상성과 과학적 상상력〉, 《현대소설연구》 12호, 2000 등.

림slipstream 현상이라 부를 수 있는 작가들에 대한 주목도 있었다.[2] 또한 SF가 새로운 문학 장르로 주목받고 있는 일련의 동시대 현실과 그 경향에 대하여 주목하기도 한다. 포스트휴먼 등의 구체적 주제어를 통해서 과학기술과 연관된 소설적 상상력에 집중하는 것이다.[3] 그 외에도 장르문학의 틀에 충실하게 한국 SF의 계보를 정리하는 연구들이 있으며,[4] 이를 작가 중심으로 전개할 경우에는 복거일, 듀나, 배명훈, 김보영 등의 작가가 중점적으로 다루어졌다.[5]

장성규의 연구[6]는 2000년대 한국 SF문학의 경향을 크게 세 가지로 요약한다. ① 과학기술의 발전에 따라 도래할 미래에 대한 윤리적 질문, ② 알레고리적 장치로 SF적 상황을 사용하여 현실의 모순을 환기, ③ 디스토피아적 미래의 파국을 막기 위한 대안적 상상력.

2 백대윤, 〈한국 문학과 SF—박민규 소설의 포스트콜로니얼 탈장르화를 중심으로〉, 《한국문예비평연구》 24호, 2007; 한창석, 〈환상소설을 통한 서사 확장의 가능성: 복거일, 박민규를 중심으로〉, 《우리문학연구》 34호, 2011; 김윤정, 〈테크노사피엔스(Tschnosapience)의 감수성과 소수자 문학-윤이형 소설을 중심으로-〉, 《우리문학연구》 65집, 2020; 복도훈, 〈SF(Science Fiction)와 계급투쟁 : 박민규와 윤이형의 최근 SF를 중심으로〉, 《자음과 모음》 2015년 가을호.

3 노대원, 〈포스트휴머니즘 비평과 SF—미래 인간을 위한 문학과 비평 이론의 모색〉, 《비평문학》 제68호, 한국비평문학회, 2018; 노대원, 〈한국 문학의 포스트휴먼적 상상력—2000년대 이후 사이언스 픽션 단편소설을 중심으로〉, 《Comparative Korean Studies》 23권 2호, 국제비교한국학회, 2015; 이소연, 〈한국소설에 나타난 포스트휴머니즘의 상상력—조하형의 《키메라의 아침》과 《조립식 보리수나무》를 중심으로〉, 《대중서사연구》 52호, 2019.

4 이지용, 〈한반도 SF의 유입과 장르 발전 양상: 구한말부터 1990년대까지의 남북한 SF에 대한 소사(小史)〉; 이지용, 〈한국 SF의 장르적 특징과 의의-근대화에 대한 프로파간다부터 포스트휴먼 담론까지〉, 《대중서사연구》 50호, 2019.

5 복도훈, 〈한국의 SF, 장르의 발생과 정치적 무의식: 복거일과 듀나의 SF를 중심으로〉, 《창작과 비평》 2008년 여름호; 우미영, 〈한국 현대 소설의 '과학'과 철학적 · 소설적 질문: 김보영과 배명훈의 SF를 중심으로〉, 《외국문학연구》 55권, 2014.

6 장성규, 〈2000년대 한국 SF 문학 연구〉, 《스토리앤이미지텔링》 제16집, 2018.

이러한 경향성에 대한 진단을 참고하면서도, 이 글은 SF의 시공간의 특징에 좀 더 집중하려 한다. SF의 하위 장르인 유토피아 혹은 디스토피아 장르가 직관적으로 지시하듯이, SF는 무엇보다도 미래라는 시간을 매개로 하는 공간적 장르다.[7] 우선 언급해야 하는 것은 SF소설의 시공간에 접근하기 위한 연구 틀이다. SF는 문학의 공간 연구가 시공간의 개념으로 확장될 수밖에 없음을 가장 잘 보여 주는 장르다. 무엇보다도 바흐친Mikhail Bakhtin의 크로노토프chronotope 개념이 아인슈타인의 상대성이론에 영감을 받았음은 잘 알려진 사실이다.[8] 크로노토프가 시간과 공간 사이의 응집성 있는 결합 개념이라면, 이는 비단 SF에만 적용되는 개념은 아니다. 특히 상대성이론과 같은 과학 이론을 지나치게 의식하여 크로노토프를 복잡하게 활용하는 것이야말로 이 개념의 구체적 적용을 어렵게 한다.

그런데도 사실주의적인 접근이 아니라 SF를 통하여 크로노토프를 이해하는 것은 유용하다.[9] 크로노토프라는 개념은 SF 시공간을

---

7 Fredric Jameson, "Science Fiction as a Spatial Genre: Vonda McIntyre's *The Exile Waiting*", *Archaeologies of the Future: The Desire Cealled Utopia and Other Science Fiction*, Verso, 2005. pp. 296-313.

8 "이는 홀퀴스트Holquist(2002:115-6), 미테랑Mitterand(1990:181-9), 모슨Morson, 에머슨Emerson(1990:366-9), 네프Neff(2006), 숄즈Scholz(2003:149-56) 그리고 콜링턴Collington(2006:25-37)의 논의에 기반을 두고 있다. 일반적인 바흐친적 사유에 아인슈타인 이론이 미친 영향에 대한 최근 논의는 스톤Stone(2008)의 글에서 찾을 수 있다." Nele Bemong(ed), *Bakhtin's Theory of the Literary Chronotope : Reflections, Applications, Perspectives*, Academia, 2010.

9 "SF 장르의 독자는 빠르게 크로노토프를 확인하는 전문가가 된다. 왜냐하면 이런 장르 안에 작업은 종종 시공간의 드문 유형의 함축을 중심으로 하기 때문이다. 그것의 잠재성과 한계는 우리가 익숙했던 것들과 대단히 다르다. 사실주의 소설을 읽는 독자는 더 어렵게 크로노토프의 정체를 찾게 될 것이다. 왜냐하면 사실주의의 주요 관습 중 하나가 공간과 시간의 균일성이기 때문이다." ibid, p. 213. 142번 각주.

위한 일차적이며 포괄적인 틀에 불과하다. SF소설의 시공간을 다루기 위해서는 크로노토프를 너무 복잡한 개념으로 받아들이기보다 직관적인 인지의 차원으로 끌어내릴 필요가 있다. 즉, 크로노토프가 가진 스키마schema적 성격을 강조해야 한다. 프레드릭 제임슨Fredric Jameson이 언급하듯 "SF는 재현에 대한 의심과 양심의 가책으로 인해 손상되지 않았다. 오히려 SF는 재현에 대한 딜레마가 문학에 침투하기 시작한 순간에 장르로서 발돋움하는데, 전통적인 리얼리스트에게서 불안정해지는 것과는 다른 종류의 재현적인 도구를 소유하기 때문이다."[10] SF의 시공간은 마치 그림을 그리듯이 제시되기 때문에, 기존의 문학적 재현보다도 스키마적이며 축자적이다.[11] SF의 크로노토프는 일반적인 리얼리즘 문학의 시공간과 비교했을 때 물질적으로 다른 시공간이라서 중요한 것이 아니라, 장르적 특징을 활용하여 직관적이고 압축적으로 시공간을 제시하기 때문에 중요하다.

SF소설이 가지고 있는 이러한 특징들은 근대문학이 수행해야 하는 재현 앞에 놓인 난관을 극복하기에 유리하다. 특히 오늘날 SF에서 시공간을 본격적으로 문제 삼아야 하는 이유는 우리가 살아가고 있는 실제 세계가 하나의 통합적 세계관을 제공하지 않는다는 인식

---

10 프레드릭 제임슨, 〈하이퍼공간에서On Hyperspace〉, 박인성 옮김, 《자음과 모음》 2016년 봄호, 165쪽.
11 "위대한 근대 작가들은—말라르메, 조이스, 무질 등—재현에 대한 무능함을 재현함으로써 불가능성과 당위 사이의 이중구속을 달성했다. 그들은 '그림-생각picture-thinking'에 대항하는 방식으로 '그림-사유' 자체를 사용함으로써 숭고성sublimity에 대한 권리를 획득했으며, 그들에게 있어 실패는 곧 성공이었다. 포스트모던의 경우 재현에 대한 불가능성을 받아들이고 즐기는 방식으로, 불가능성 자체를 떠안음으로써 고통스러운 임무를 포기한 것처럼 보인다." 프레드릭 제임슨, 〈하이퍼공간에서〉, 165쪽.

때문이다. 포스트모던적인 인식이 형성된 이후, 실재 세계이건 허구 세계이건 간에 사람들은 하나의 동질적인 세계를 살아가고 있다는 감각에서 멀어진다. 특히 2000년대 이후 한국 SF소설 텍스트들은 통합적인 시공간에 대한 인식에서 벗어나는 방식으로 재현의 문제를 갱신하거나 변주한다. 그렇다면 SF 장르가 가지고 있는 시공간에 대한 특수한 표현 형식과 그 효과를 구체적으로 살펴볼 필요가 있다.

'세계없음worldlessness'이란 프레드릭 제임슨이 말하는 '인지적 지도 그리기cognitive mapping'[12]가 불가능한 세계다. 쉽게 말해 주체가 세계 속에 의미 있게 개입할 여지가 사라진 세계이기도 하다. '총체성totality'이라는 개념의 불가능성만큼이나 재현의 불가능성이 대두되는 세계에서는 별도의 인식직 틀이 작동한다. 그렇다면 SF 텍스트에서 시공간의 활용은 대안 세계에 대한 공상이라기보다 '합리적인 외삽'이 될 수 있다. 단순히 실제 세계에 대한 비교나 유추가 아니라, 좀 더 직접적인 세계의 변형 혹은 사고실험에 가깝다. 따라서 개념과 사유가 점유하고 있었던 재현의 장을 새롭게 재구성하는 시도가 될 수 있다. 특히 SF의 시공간은 리얼리즘 문학의 재현이 달성하고자 하는 목표로서의 '전체성'을 위한 것이 아니라, 부분적이고 지엽적이라고 할지라도 동시대적인 현실의 구체적 단면을 그려 내는 데 더욱 효과적이다. 미래 세상을 낯설게 하면서도 평범한 것으로 그려 내는 이러한 수단은 '인지적 소외'와 '스키마적 시각성' 두 가지를 핵

---

12   Fredric Jameson, *Postmodernism : Or, the Cultural Logic of Late Capitalism*, Duke Univ Pr, 1992, p. 51.

심으로 한다.[13]

'인지적 지도 그리기'로부터의 의도적인 이탈이야말로 SF가 인지적 소외를 활용하는 방식이다. 소설의 현실에 실제 현실의 외삽을 통해서(혹은 그 반대로) 친숙한 것과 낯선 것 사이의 변증법적인 조율을 수행한다.[14] "SF는 우리에게 다른 전제에 기초한 세계를 제공하면서 자연스럽고 불가피한 것처럼 보이도록 해 놓은 아이디어와 관습에 맞서도록 강요한다."[15] 사실주의적 의미에서의 재현의 전통과는 다른 방식으로 텍스트적 현실에 받아들이게끔 하면서, 그와 동시에 텍스트의 시공간을 통해 다시 독자가 살아가는 현실의 리얼리티를 낯설게 볼 수 있도록 유도한다. 인지적 소외가 이화異化된 현실을 보여 준다고 해서, SF를 단순히 실제 세계의 리얼리티에 대한 대안적 상상력이나 공상으로만 읽을 수 없는 이유이다.

두 번째로 스키마적인 시각성은 인지적 소외를 뒷받침하는 구체적인 도상적 지표를 구성한다. 프레드릭 제임슨은 SF가 재현의 곤경을 손쉽게 극복하는 수단으로 스키마를 활용함으로써 얻는 이점을 강조한다. "SF에는 스키마가 있다. 우리가 축자성이라고 부르는 것, 세계를 재현하는 것이 아니라 세계에 대한 우리의 사유를 재현하는 시각적 물질성을 사용하는 것"[16]이다. 세계에 대한 사람들의 스키마

---

13 이에 대해서는 셰릴 빈트의 《에스에스 에스프리》의 3장 〈인지적 소외〉를 자세히 참고하라. 셰릴 빈트, 《에스에스 에스프리》, 전행선 옮김, arte, 2019, 65~94쪽.

14 "SF는 그 필요충분조건으로 낯설게 하기와 인지작용이 존재하고 상호작용이 있어야 하며, 작가의 실증적 경험에 대한 상상적 대안이 주요 형식적 장치인 문학 장르이다." Darko Suvin, *Metamorphoses of Science Fiction*, Peter Lang Publishing Inc., 1979/2016, pp. 7-8.

15 셰릴 빈트, 《에스에스 에스프리》, 68쪽.

16 프레드릭 제임슨, 〈하이퍼공간에서〉, 166쪽.

적 인지와 그에 대한 시각적 표지들은 인지적 소외를 발생시키는 낯선 세계를 다시 단숨에 친숙하게 만드는 촉매 역할을 한다. SF의 시공간은 미래 사회의 가능성을 현란하고 복잡하게 제시하는 과학 이론이 아니라, 어디까지나 우리에게 친숙하며 수용하기에 쉬운 도식, 그리고 그러한 도식을 기술적으로 매개하고 있는 특정 지시 대상들을 활용한다.

　SF 특유의 시공간 구성의 방법론을 고려함으로써, 이 글은 SF 텍스트의 크로노토프를 훨씬 더 직관적으로 구체화할 수 있을 것이다. 이 글에서는 SF의 창작 및 비평이 활발해진 2000년대 이후 한국 SF가 구성하고 있는 시공간의 경향을 크게 세 가지로 나누어 접근할 것이다. 첫 번째는 한국 SF에서 다수 발견되는 알레고리적 시공간의 활용이다. 어쩌면 많은 SF 작가들에게 가장 일반적으로 활용된 전략이라고도 말할 수 있다. 알레고리의 활용은 완벽하게 축자적인 의미에서 시공간을 제공한다기보다는 실제 세계를 도식적으로 압축하여 환기한다. 이러한 시공간의 외삽은 인지적 소외를 만들면서도, 종래의 현실 인식과 유사성을 가지며 독자에게 익숙함을 환기할 수 있어야 한다. 특히 알레고리적 시공간은 미래 세계에 대한 손쉬운 인지적 이해보다는 우리가 살아가는 실제 현실의 구조적 문제를 드러내는 것에 집중한다.

　알레고리적인 시공간이 비유적이고 우회적이라면, 두 번째 방식은 좀 더 축자적이고 직접적으로 인식 가능한 미래 세계의 크로노토프다. 일반적으로 미래 사회의 시공간은 우선 현재의 전망과 대안을 표시하는 이념적 공간으로 나타나기 쉽다. 특정한 사유를 스키마적 시각성에 매개할 때, SF에서 '미래'라고 하는 내포된 시간성은 서사의 배경 차원에 그치는 것이 아니라 공간적 용적으로 드러난다. 즉,

시간 자체가 이념과 대안에 대한 축자적인 대응물로 드러난다. 이념을 복잡한 우회적 수단이나 비유적 언어로 복잡화하기보다는, 단순한 형태라고 할지라도 실제로 실현한다. 이 글에서는 이러한 경향에 주목하여 축자적이고 스키마적인 시공간이 일반적인 재현의 복잡성에서 벗어나 자신의 지향성에 합목적적으로 작동하기 위한 도구가 될 수 있을지를 살필 것이다.

이때 시간의 인식은 상대화될 수 있지만, 여전히 공간에 매개되는 시간은 거대한 공간적 거리와 범위를 직접 표현한다. 기존의 문학이 소설의 서술적 의식이 가진 인지적 능력에 매개하여 공간의 활용을 제한적으로 수행하는 것과 달리, SF는 좀 더 유물론적으로 환원된 시간성을 전달할 수 있다. 즉, 시간은 세계의 공간적 분절이나 하나의 시대성으로 환원되지 않는 시간 병렬의 축자적 배열이 되는 셈이다. 미래 사회의 시간성은 통합되지 않는 시간적 병렬성을 강조함으로써, 실제로 우리가 살아가고 있는 실재 세계의 '비동시성의 동시성'을 직접적으로 지시한다.[17] '미래'라는 기표 아래 하나의 시대가 공통적 시대성으로 환원되지 않으며, '나란히' 놓인 세계들이 병행하는 미래를 통하여 구체화된다. SF 텍스트에서는 하나의 포괄적 텍스트적 현실 내부에 여러 시대성을 병렬한다고 해서 자신만의 핍진성

---

17 이러한 의미에서 SF의 시공간은 에른스트 블로흐가 언급한 '비동시적인 것들의 동시성'을 훨씬 더 축자적으로 드러내기에 적합하다. 블로흐에 따르면 비동시성은 그저 시대와 불화하며 매개되지 않고 사라지는 시간성이 아니다. 비동시성은 시대성 내부에 동시에 존재하며, 따라서 하나의 시대성 역시 균질적 장소가 아니라 다중적인 시공간이다. 물론 비동시성은 비합리적으로 보이며 더 나아가 비가시적인 것이기에 그에 접근하기 위해서는 다소 복잡한 우회로를 필요로 한다. 그러나 SF의 경우, 우회로보다는 더 축자적이고 직접적인 시공간의 제시를 통하여 이를 구현하는 것이 가능하다. Ernst Bloch, "Nonsynchronism and the Obligation to Its Dialectics", *New German Critique* 11 (Spring, trans. Mark Ritter), 1977.

이나 개연성을 해치지 않는다.

마지막으로 우주의 시공간성을 확장하고 비틀어, 통상적으로 우리가 알고 있는 물리적인 시공간 이상의 초공간성을 활용하는 방식이 있다. 우주 공간에 대한 이해는 종래의 문학적 공간을 떠나 SF가 제시하는 시공간의 확장을 위한 핵심적 요소이다. 초우주 및 초공간은 시간과 공간이 분절되어 드러나기 어려우며, 어떤 경우에도 종합적인 인식을 요구한다. 따라서 단순히 미래 사회 등을 재현하는 것보다 훨씬 더 구체적인 사유의 형태를 띠며, 앞서 강조한 인지적 소외를 강화할 수는 있지만 스키마적 성격은 줄어들거나 파괴될 수밖에 없다. 초우주는 SF 텍스트 중에서도 흥미로운 시공간적 상상력의 매개물이기는 하지만, 역설적으로 인간이 인지 가능한 공간성의 용적을 넘어선다는 점에서 사유나 이념의 공간이라기보다는 초이념적 특징을 가진다.

정리하자면 이 글은 SF라는 특정 장르가 세계없음의 인식을 넘어서는 소설적 방법론을 제시하고 있으며, 그것이 한국 SF문학의 광범위한 기획이라는 사실을 검토한다. 한국 SF가 본격적인 확장을 시작한 것은 2000년대 이후이며, 다양한 문학적 시도를 통해서 주목받게 된 것은 그리 오래되지 않았다. 기존 SF의 역사를 폄하하거나 무효화할 수는 없겠으나, 유의미한 변화를 지적하기 위해서는 2000년대 이후의 SF 텍스트를 대상으로 삼는 것이 불가피하다. 특히 앞서 언급한 포스트모던적 세계 인식과, 인지적 지도 그리기의 불가능성이 제기되고 있는 2010년대에 이르러 SF 작가들에게 있어서 우주 공간을 배경으로 하는 시공간의 적극적 활용이 두드러진다. 특히 이 글은 대표적으로 배명훈의 《첫숨》(2015), 김초엽의 《우리가 빛의 속도로 갈 수 없다면》(2019)과 김보영의 《저 이승의 선지자》(2017)의 시공간 활용을 비교하여 살펴보려 한다.

배명훈은 2000년대 이후로 넓게 활용된 알레고리적인 시공간 활용을 가장 명시적으로 활용한 작가라는 점, 그리고 지구와 외계를 우주적 차원에서 균질화하는 방식으로 우주 공간을 활용한다는 점에 주목할 것이다.[18] 마찬가지로 2000년대부터 활동을 시작한 김보영은 좀 더 하드 SF의 경향이 뚜렷한 작가로 현실의 구조적 알레고리보다는 타자성과 관련하여 인간성에 대한 인지적 소외를 극대화하기 위해 초공간성에 이르는 사유의 장을 선보인다. 김초엽의 경우는 앞서 두 작가에 비하여 데뷔 시기는 늦지만 효과적인 SF의 스키마적 전달에 충실한 시공간을 보여 주었다. 비록 세 작가에 대한 비교가 오늘날 다양하게 전개 중인 한국 SF문학의 경향을 망라할 수는 없겠으나, 대표적인 경향을 압축하여 규명할 수 있을 것이다. 세 작가는 모두 우주를 배경으로 낯선 시공간을 창출하고 있으나 그 구체적 양상과 의미는 꽤 다르기 때문이다.

알레고리적 시공간과 우주론적 균질성 : 배명훈, 《첫숨》

SF의 여러 하위 장르들 사이에서도 전통적이며 여러 장르를 포괄하는 넓은 시공간적 구성 방식이 바로 알레고리의 활용이다. 순문학은 물론이고 판타지를 포함하는 장르문학에서도 알레고리는 독자의 실제 세계를 이화화며 '거리'를 구성하는 비동일적인 수사학이다.[19]

---

[18] 우미영, 〈한국 현대 소설의 '과학'과 철학적 · 소설적 질문-김보영과 배명훈의 SF를 중심으로〉,121~142쪽.

[19] "상징은 동일성이나 동일화의 가능성을 상정하는 반면, 알레고리는 근본적으로 그 자신의 근원에의 관계 속에서 거리를 지칭한다. 그리고 알레고리는 일치를 위한 향

일반적인 리얼리즘의 수단으로 총체성을 회복할 수 없게 된 소설적 세계에서 종래의 리얼리즘을 비틀면서도 효과적으로 보완하는 수단이기도 하다. 알레고리는 포괄적인 수사학적 전략이지만, 그동안 많은 SF 작가들은 텍스트 내부의 허구적 시공간을 실제 세계의 대안적 세계로 제시하기 위해서 알레고리를 활용해 왔다. 알레고리적 시공간은 비록 실재 세계와 일정한 유사성을 가지지만, 명시적으로는 새로운 인지적 소외와 거리를 제공하기 때문에 SF의 사고실험을 감당하기에 유리하다.

배명훈은 초기 단편집 《타워》(2009)에서부터 SF 장르의 개성을 공간성의 차원에서 적극적으로 보여 준 작가이다. 이 작품집은 공통의 공간적 배경을 활용하는 연작소설집으로 높이 2,408미터, 674층, 거주 인구 50만으로 이루어진 '빈스토크'라는 기대한 다워를 공통의 배경으로 활용한다. 이 텍스트가 바벨탑을 환기하는 거대 마천루에 들어선 도시국가를 실제 세계 대한민국의 알레고리로 활용했음은 분명하다. 물론 이 시공간은 특정한 국가와 사회상에 대한 환기만이 아니라, 권력과 계급으로 이루어진 자본주의 세계의 알레고리이기도 하다. 배명훈은 알레고리적 시공간 내부에서 발생하는 여러 미시적 움직임들을 소설화하여, 실질적으로는 독자가 살아가는 실제 세계의 실체를 더욱 명료하게 전달하려 했다.

《첫숨》은 알레고리적 상상력에 있어서는 《타워》와 유사하지만 훨

수와 욕망을 포기한다. 그것은 이러한 시간적 차이의 허공 속에 자신의 언어를 수립한다. 그런 과정을 통해 알레고리는 이제 자아가 아닌 것으로 인식된, 비록 이 인식은 고통스러운 것이지만 비자아non-self와의 환영적 동일시로부터 자아를 막아준다." Paul de Man, "The Rhetoric of Temporality", *Blindness and Insight: Essays in the Rhetoric of contemporary Criticism*, Univ Of Minnesota Press, 1983, p. 207.

씬 더 촘촘하게 구성된 인공 도시를 그려 내고 있다. 바로 '첫숨'이라는 스페이스콜로니다. 지구와 화성, 그리고 달 출신자들이 공존하는 '첫숨'에서 거주 구역에 따라 다르게 적용되는 중력은 회전축과 거리에 따라서 달라진다. 물리적인 중력의 차이가 계급적인 문화와 삶의 양태를 결정하는 것이다. 그리고 그러한 계급적 격차는 개개인의 '걸음거리'로 강조되는 아비투스habitus로 드러난다. '송영'으로 대변되는 화성 이주민들은 전체적으로 '첫숨'에서 상류계급의 문화권력을 대변한다. 물론 다양한 역사적 맥락이 '첫숨' 내부의 권력 구조와 그 자연화를 만들어 낸 것이지만, 독자들은 그것이 오늘날 우리가 살아가고 있는 실제 세계와 알레고리적 유사성에 있다는 사실을 안다.

'첫숨'을 하나의 유기적 사회로 유지하는 것은 적어도 자생 가능한 상업 체계를 유지할 수 있는 규모의 논리이며, '인공 중력'처럼 주변에 영향력을 발생시킬 수 있을 만큼 큰 권력 체계이기도 하다. '첫숨'은 우리가 살아가는 현실이 얼마나 조작적이며 무자각적인지를 강조하는 시공간이다. 따라서 이 소설의 중심 인물들은 알레고리적 시공간을 실체화하는 자각적인 인물들로 설정되어 있다. 주인공 최신학은 비자금을 추적하다가 지구에서 쫓겨나듯 망명해 왔지만 '첫숨'에서도 여전히 닫혀 있는 비밀의 문을 열려고 하는 사람이다. 그것은 '첫숨'이라는 시공간의 폐쇄성을 개방하는 과정에 비견된다. "첫숨 주민들은 자기네 도시 바깥에 다른 세계가 존재한다는 사실 자체를 완전히 잊어버리곤 했다"(124쪽). 이 소설은 세계를 3차원 이상으로 읽어 내는 것, 다른 사람들의 이야기로 가득 찬 세계를 읽어 내려는 노력을 강조한다.

따라서 이 소설을 풀어 나가는 중심 인물들은 중력으로 물화된 구조적 권력을 다시 사유하기 위하여, 한층 중력에서 자유롭게 '첫숨'

을 탐사하고 사람이라는 용적에 담긴 이야기를 밝혀내려 한다. 지구에서 쫓겨나듯이 망명해 온 최신학은 인간이라는 방의 문을 열고 그 안의 이야기를 보려는 자로서, 그리고 달에서 무용수로 활동하다가 이주해 온 한묵희는 '첫숨'의 구조적인 중력을 넘어서서 비현실적인 무대를 구성하는 자로서, 서로의 목적을 위해 연대하면서 현실적 구조를 반성하는 것이다. 특히 '송영'이 감추고 있는 비밀의 진상에 도달하는 클라이맥스에서 소설의 초점자는 한묵희 쪽으로 이동한다. 중력에서 상대적으로 자유로운 한묵희의 움직임은 전체 시공간을 자신의 무용 무대로 활용하는 것처럼 비현실적으로 묘사된다. 비현실성이야말로 '첫숨'이라는 현실적 공간의 변화에 필수불가결하다는 점을 강조하는 것이다. "무대는 비현실이다. 약속된 마법이며 경계가 분명한 격리된 시공간이다. 그래서 무대는 여간해서는 현실로 번지지 않는다. 경계를 확실히 해서 거리낌 없이 비현실을 담아내게 하는 것. 그게 바로 무대의 기능이다. 좋은 무대를 갖는다는 것은 좋은 마법이 담길 신전을 지니는 것과 같다"(362쪽).

'첫숨'은 완전히 전모가 드러나지 않는 미래 사회인 동시에, 우리가 살아가는 실제 세계의 구조적 문제를 답습한다. 그러나 배명훈이 배치하는 해답은 물질적 시공간을 넘어서는 비현실적 가능성의 시공간이기도 하다. 이러한 비현실적 가능성에 대하여 최신학은 이미 사람을 '집'이라는 공간에 비유한 바 있다. "사실 사람은 문이 아니라 집이다. 삶의 공간은 네모난 이차원 통로가 아닌 삼차원으로 되어 있고, 그 안에는 저마다의 이야기들이 들어차 있기 마련이다"(7쪽). 사람들은 3차원적 존재이며, 그들이 만드는 공동체는 따라서 3차원 이상의 시공간적 위상을 지닐 수밖에 없다. 최종적으로 이 소설은 우주 시민 공동체가 성립하기 위해 필요한 인간적 연대를 다시 강조하고 있다.

이처럼 이 소설은 '첫숨'이라는 알레고리 시공간을 통해서 실제 세계에 대한 비판적 메시지를 비유적 우회로를 통해 제시할 수 있다. 인공의 시공간 내부에서 비현실을 드러내고, 실제 세계에 대한 엄밀한 재현보다 알레고리는 의도적인 거리두기를 통해 반성적인 재구성의 가능성을 발견하기 때문이다. 이처럼 "알레고리는 늘 윤리적이다."[20] 알레고리를 활용하는 텍스트적 주체는 그 자신이 내포된 텍스트에서 거리를 두는 방식을 취한다. 이때 알레고리적 시공간이 낳는 효과는 큰 틀에서의 인지적 소외라기보다는 윤리적 거리에 가까우며, 실재 세계의 구조적 증상을 구체화하기에 유리하다.

다른 한편으로 알레고리적 세계관의 약점 또한 분명해 보인다. 알레고리적 시공간은 이 글에서 강조하고자 하는 재현의 위기를 우회하는 전통적 시도에 가깝다. 여전히 그러한 의미에서 알레고리는 전통적인 리얼리즘을 극복한다기보다는 도식화하여 응축한다. 알레고리가 취하는 거리와 세계에 대한 이해는 지나치게 실재 세계의 구조에 종속되어 있으며, 구조적 증상의 형태로 환원된다. 이는 앞으로 살펴볼 축자적 시공간에 비해 텍스트가 가리키는 지시성을 제한하며, 텍스트 해석에 맞추어 구조적인 틀을 형성하게 된다. 《첫숨》에서도 '첫숨'이라는 스페이스콜로니와 중력을 둘러싼 복잡한 설정과 세계관은 독자적 매력이 있을지언정, 서사적 논리 전개에 있어서는 갈등이 없는 세계처럼 보인다. 구조적 현실 내부에서 다양하게 충돌하고 있었던 갈등과 차이는 구체화되지 못하고, 알레고리의 거리감에 의해서 출현한 '생명주의'와 '공동체주의'에 의해서 우주적 시공간이 손쉽게 균질화된다.

---

[20] 폴 드 만, 《독서의 알레고리》, 이창남 옮김, 문학과지성사, 2010, 281쪽.

결과적으로 《첫숨》의 알레고리적 시공간은 실제 세계의 구조적 문제를 비유적으로 환기하기에는 유리한 반면, 텍스트가 제안하는 최종 결론인 생명주의의 범주 안에서만 대안적 세계로 작동하는 것처럼 보인다. 그리고 '생명주의'라는 표어는 지구중심주의와 인간중심주의를 극복하고 있을지언정, 외계성에 대한 새로운 관점과 급진적인 사유로까지 나아가지는 않는다. 송영이 감추고 있던 아이의 비밀 역시 어디까지나 인간적 시선과 사유에서만 보호받고 있을 따름이다. 이처럼 《첫숨》에서 미래 사회에 대한 재현은 실제 세계의 구조를 알레고리적으로 묘사하며 반성적으로 성찰하지만, 우주의 시공간이 가지는 무제한적인 성격을 다소 제한하기도 한다. 이는 알레고리라는 수사가 만드는 '거리'의 조절이 일련의 주제의식 전달을 위한 편의적 도구에 그칠 수 있기 때문이다. 이 경우 광활한 우주적 시공간은 생명주의라는 이념적 틀 안에서만 의미화되며 균질화되는 것이다.

외삽적 시공간과 스키마적 지시성: 김초엽, 《우리가 빛의 속도로 갈 수 없다면》

앞서 언급한 것처럼 포괄적인 SF에서 시공간은 단순한 실제 세계의 대안이 아닌 외삽을 통한 변형이며 독자의 인지적 소외를 낳는다. SF의 시공간이 실재 세계에 대한 대안적 가능세계alternative possible world일 수는 있으나, 그것은 개별적 세계로서 존재하는 것이 아니라 어디까지나 통합적인 체계 내부에서 기능한다. 재현하고자 하는 세계의 총체성이 존재하지 않을지라도 SF는 텍스트 속 세계를 손쉽게 지시할 수 있다. 따라서 SF는 하나의 세계 내부에 존재하는

'다른 세계', 다른 시공간과의 능동적인 뒤섞임을 직관적으로 그릴 수 있다. 이러한 뒤섞임은 독자가 놓인 실제 세계의 시대성을 파괴하지 않으면서도, 그것과 병행하는 '다른 시대성'을 환기한다. SF가 제시하는 '미래'가 실재 세계의 '현재'에 대응하는 전망이나 예측으로만 출현한다고 생각하는 것은 SF에 대한 오해 중 하나다. 오히려 SF가 보여 주는 것은 이미 실재 세계에 내포되어 있다고 여겨지는, 동시대성에 대한 다른 인식이다. SF에서의 시간성이란 언제나 인식론적인 시간여행 서사time-travel narrative이며,[21] SF에서의 공간성이란 그러한 시간여행을 통해 동시대 내부에서 다른 시간을 살아가는 사람들의 삶을 병렬화 가능하듯 그림처럼 그려 놓는다. 또한 SF는 '재현'의 인식론적인 한계를 반성적 사유로 이끄는 것이 아니라, 마치 그러한 제한이 없는 것처럼 넘나든다. 인식적 한계 너머에 개념으로나 가능하다고 생각했던 현실을 다소 단순화할지라도 스키마적인 이해로 제공한다.

앞서 살펴본 것처럼, 알레고리적인 시공간은 지나치게 실제 세계와의 구조적 유사성을 강조하는 경향이 있다. 반면에 스키마적인 이해는 반드시 구조적 유사성에 천착하지 않으며, 현실의 소외된 영역이나 이질적인 영역을 다소 과대평가할지라도 지시적으로 그려 낸다. 대표적으로 김초엽의 소설들은 오늘날 한국 SF가 활용하고 있는 시공간의 이해가 사실 '미래'에 대한 전망이나 현실의 핍진한 구조 자체가 아니라, 다종다양한 시간성 아래 뒤섞인 이념적 인식의 중층지대라는 사실을 보여 주기에 적합하다. 그중에서도 〈순례자들은 왜 돌아오지 않는가〉는 유토피아와 디스토피아의 의도적인 병렬과 그

---

[21] 프레드릭 제임슨, 〈하이퍼공간에서〉, 179쪽.

에 따른 대칭성을 살피고 있다. 언뜻 유토피아적 공동체로 보이는 '마을'의 구성원들은 성년을 맞이하면 시초지인 '지구'로의 순례를 떠난다. 이 순례 과정은 미래에서 과거로의 여행처럼 보이며, 명백하게 하나의 시대 아래 존재하는 '다른 시간들'의 병렬화이다.

중요한 점은 이 소설에서 유토피아와 디스토피아가 자연발생적으로 출현한 세계가 아니라, 소설 내부의 세계에서도 실험을 통해 출현한 세계라는 사실이다. 소설의 시공간은 어디까지나 논리적인 외삽을 통해서 작동하고 있으며, 소설 속 인물들 역시 그러한 논리적 조직화를 그대로 받아들이고 있다. 유전자 조작을 통해서 '신인류'를 디자인한 과학자 '릴리 다우드나'는 신인류와 구인류 사이에 발생한 차별적 사회에 실망한 뒤, 완전히 새롭게 디자인한 '결함'을 가진 사람들로만 이루어진 공동체를 조직한다. 그것이 바로 시술자인 데이지의 '마을'이다. 이곳은 어떠한 차별도 존재하지 않는 공동체로 보이지만, 실제로는 사람들을 수많은 경험과 감정으로부터 격리하고 있는 감옥에 지나지 않는다는 사실이 밝혀진다. 이처럼 이 텍스트에서 시공간의 배치는 일차적으로는 명백한 이항대립적 구조로 배치되지만, 그 대립을 통합하려 하지는 않는다.

릴리 다우드나는 자신의 이념적 의도에 의해 세계에 대한 인지적 소외를 수행한다. 그러나 의도와 결과, 그리고 가설과 실험은 결코 일치할 수 없다는 인식을 스스로 경험한다. 이처럼 소설은 독자의 인지적 소외를 위하여, 일단 소설의 서술적 의식 역시 인지적 소외를 경험하게 한다. 이는 릴리 다우드나에 대한 추적 과정을 거치고, 그리고 그 이야기를 다시 매개하여 소피에게 전달하는 데이지의 입장에서 세계에 대한 의식이 축적되며 발전하는 과정으로 선명해진다. 한 명의 뚜렷한 이념을 가진 서술적 의식이 자신의 세계에 대한 이해에 이념적 지향성을 곧바로 투사하기보다는, '전달자'의 입장에서 일련의 실험 과정처럼 차근차근 세계를 경험하고 확인함으로써 최종적으로 자신이 놓인 현실에 개입할 수 있도록 유도한다. 마찬가지로 SF에서 독자의 인지적 소외란 허구 세계에 대한 편의적 몰입이 아니라, 자신이 살아가는 세계에 대한 이해를 재점검하도록 유도하는 것 같다.

독자는 이러한 미래 시공간이 결코 자신의 실제 현실과 무관한 층위에 존재하는 것이 아니라는 사실을 손쉽게 이해할 수 있다. 다소 단순화되어 있다고 할지라도 이러한 외삽적인 시공간들의 의도적인 병렬은 실제 현실 내부의 시공간에 대한 다른 이해를 강조한다. 따라서 이 소설의 결론은 미래에 존재 가능한 유토피아적 상상력이 아니라, 오히려 현재 시점의 지구에서의 경험적 삶으로 향해 가는 것이다. "가장 아름다운 마을과 가장 비참한 시초지의 간극. 그 세계를 바꾸지 않는다면 누군가와 함께 완전한 행복을 찾을 수도 없으리라는 사실을 순례자들은 알게 되겠지"(53쪽). 이러한 언급에서 시초지 지구의 시공간 없는 유토피아도 의미를 잃는다. 디스토피아는 유토피아라는 개념을 지탱하는 유일한 실체에 가깝다.[22] 현실과 무관한 유토피아가 선험적으로 존재할 수 없으며, 그것은 구체적 현실에 대해 외삽되는 다른 세계의 가능성일 따름이다.

이처럼 SF에서 인지적 소외를 낳는 병렬적 시공간들은 단순히 시

---

22 "많은 비평가들이 지적했듯이, 유토피아는 '좋은 장소good place'와 '무장소no place'의 하이브리드다." David Seed, op.cit. p. 73. 달리 이야기하자면, '나쁜 장소'로 상정되는 구체적인 경험 세계가 없다면 유토피아는 순수한 사유의 영역에만 남게 된다. 그렇다면 오직 유토피아의 실체화는 그러한 개념의 실천을 수행할 수 있는 바탕이자 매개로서 디스토피아를 필요로 한다.

공간 사이의 대체 가능성을 암시하기 위해서가 아니라, 있는 그대로의 비동시적 실재를 환기한다. 즉, 이러한 시공간은 그저 잠재적 시공간이 아니며 스키마적 리얼리티를 통해서 효과적으로 강조될 수 있다. "초기 SF 작가들에 의해 인정받은 스키마 이론이 이후에 발전된 형식은 우주론적인 환상성을 축자적으로 취하거나, 인간의 언어로 전달되기에는 너무 크거나 너무 작은 세계의 역동성을 시각적(혹은 이후의 영화적인) 양식 속에서 재연re-enact했다."[23] 이렇게 초기 SF에서부터 확보된 스키마적 시공간은 오늘날 소프트 SF의 보편적 특징으로 드러난다. 아무리 거대한 우주 공간이라고 할지라도 시각적인 축자성은 인간의 인지적 한계를 벗어나는 거리나 규모의 문제를 압축하여 해결하는 것이 가능하다.

모든 항로가 폐쇄되면서 버려진 우주정기장을 배경으로 히는 〈우리가 빛의 속도로 갈 수 없다면〉과 같은 텍스트는 이러한 시각적 축자성을 대변한다. 버려진 우주정거장에 무단으로 머무르면서 떠나지 못하는 안나에게 있어서 남편과 아이가 떠나간 행성 '슬렌포니아'는 이제는 도달할 수 없는 광년의 거리를 표현한다. 웜홀 통로를 통한 우주여행이 상용화되면서, 장기간의 여행 동안 인체를 냉동 보존하는 '딥프리징' 기술과 기존의 우주정거장을 연결하는 노선이 구시대의 유물이 되어 버렸기 때문이다. 이제 '슬렌포니아'라는 공간은 인간의 인지적 한계를 넘어서는 '먼 우주'에 해당하는데, 문제는 이때의 거리가 어디까지나 우주적인 차원의 상대성에 의해서 좌우된다는 사실이다. "슬렌포니아의 문제는 바로 거기에 있었어. 한때 슬렌포니아는 우리에게 가까운 우주였는데, 웜홀 항법이 도입되면

---

23   프레드릭 제임슨, 〈하이퍼공간에서〉, 174쪽.

서 순식간에 '먼 우주'가 되어 버렸다네. 그곳에는 통로가 없었던 거지"(168쪽). 이 소설은 2개의 기술적 메커니즘을 매우 손쉽게 병렬함으로써, 우주 공간의 시공간적 상대성이 결국에는 여러 세계의 병렬화처럼 표현 가능하다는 사실을 보여 준다. 웜홀 항법은 수만 광년 떨어져 있는 외우주들을 현재의 시간들과 연결하는 방식으로 우주적인 시공간을 압축한다. 반면에 웜홀 항법과 대조적으로 압축되지 않는 우주적 거리를 표현하기 위하여 폐쇄된 우주정거장과 '딥프리징' 기술이라는 매개물이 강조된다. 웜홀 통로가 발견되지 않은 우주는 여전히 압축될 수 없는 시공간을 강조하며, 병렬화되어 있지만 결코 균질하지 않다.

소설의 주인공 안나는 100년 동안 우주정거장을 무단으로 점유하고 기다리기 시작했다. 이 100년이라는 시간은 물론 딥프리징을 통한 동면 기술에 의해서 가능하다. 하지만 실제로 더욱 중요한 것은 작위적 수단에 의해 길게 연장된 안나의 삶이 표현하는 시간성이다. 그것은 단순히 기계를 매개로 연장된 시간의 상대성을 표현하는 것이 아니라, 구식 유물처럼 방치된 우주정거장과 마찬가지로 이제는 지나가 버린 '우주개척기'라는 시대착오적 시간성이다. 균질적인 현 시대로부터 이탈했다는 '시대착오anachronism'의 감각이야말로 이 소설의 시공간을 더욱 부각시켜 주는 것이다. 시대착오라는 뉘앙스는 그저 과거가 빠르게 지나간 것이 아니라, 거대한 시간의 가속이 나머지 사람들을 낡은 것으로 밀어내 버렸다는 인식이다. 그런 의미에서 안나는 '노년성'이 아니라 시대성이나 시의성과 불화하며 적극적으로 '말년성'[24]을 표현하는 인물이다.

---

[24] 에드워드 사이드의 《말년의 양식에 관하여On Late Style》에서는 시의성과 말년성

시각적 축자성을 통해서 병렬화된 SF의 시공간성은 하나의 '동시대성'이 결국에는 '시대착오적' 결합에 의해서만 성립한다는 사실을 보여 주는 것 같다. 이때의 시대착오란 의도적이며 더욱 적극적인 시대/시간의 뒤섞음mixing이기에 능동적 뉘앙스가 더욱 강조될 수 있다.[25] "동시대성이란 거리를 두면서도 자신의 시대와 맺는 독특한 관계이다."[26] "우리가 결코 있어 보지 못한 현재로 되돌아가는"[27] 것이야말로 동시대성의 핵심이다. 즉, SF의 포괄적인 시공간은 자기 자신의 시대성을 동시대적으로 재구성하기 위한 시도가 된다. 특정한 SF 텍스트들은 오늘날의 파편화된 세계적 인식을 오히려 새롭게 연결하는 작업을 시도하고 있다. 이러한 SF만의 시공간 표현은 병렬화된 세계를 다시 하나의 세계로 통합하는 것도, 미시적이고 파편적 개인의 인식적 한계로 후퇴하는 것도 아니라는 점에서 개성적이다.

일견 SF라는 장르는 역설적으로 우주 너머에 완전한 미지성, 우리의 인지적 능력으로는 결코 파악할 수 없는 다른 세계가 존재하는 것이 아니라는 사실을 보여 주기 위한 시도처럼 보인다. SF에게 가능한 스키마적 인식이 보여 주는 것은 파악 불가능한 미지성이 아

을 구분하고 있다. 삶 전체의 경험적 종합을 통해서 출현하는 노년성과 달리 말년성이란 '뒤늦음'에 대한 감각이며, 더 나아가 오히려 삶의 종합불가능함을 스스로 표현하는 방식이다. 에드워드 사이드는 베토벤과 아도르노의 말년성을 통하여, 노년이 상징하는 안정적인 삶에의 긍정성이 아니라, 오히려 이전의 삶과는 전혀 다른 지향성을 표현하는 힘에 주목한다. 에드워드 사이드, 《말년의 양식에 관하여》, 장호연 옮김, 마티, 2008.

25 Jeremy Tembling, *On Anachronism*, Manchester University Press, 2010, p. 1.

26 조르조 아감벤, 《아우슈비츠의 남은 자들》, 정영문 옮김, 새물결, 2012, 72쪽.

27 조르조 아감벤, 《아우슈비츠의 남은 자들》, 85쪽.

니라, 실제 현실에 맞닿아 있는 동시대성에 대한 지시 대상들이다.[28] 2010년대의 SF가 한국문학의 지형에 있어서 새로운 경향으로 이해될 수 있는 측면 또한 여기에 있다. 재현이라는 틀에 얽매여 재현 불가능한 '타자성'을 텍스트 내부에 암시하거나 의미화하려고 하는 일반적인 문학 경향과 달리, 오늘날의 SF 텍스트들은 기본적으로 텍스트성에 따른 의미 체계의 이해로만 소설 텍스트를 바라보는 경향성에 의문을 제기하기 때문이다. 텍스트의 기표와 기의가 일대일로 대응될 것이라는 일반적인 기대와 달리, 스키마적 시각성은 현실적 대상들을 직접적으로 지시하는 것이 가능하다. 우리가 기대하는 바와는 다르게 일반 독자들에게 있어서 '사실주의'에 기대하는 세계에 대한 재현의 공감은 점점 불가능해지는 반면, '사실'의 지평이 복잡다양해진 시대에서 여러 동시대적 사실들이 병행하는 구체적 세계를 지시하는 데 있어서 SF가 가진 장점은 선명하다.

사유적 초공간과 독아론적 폐쇄성
  : 김보영, 《저 이승의 선지자》

초공간과 관련된 논의들은 SF의 시공간에 대한 논의 가능성을 다시 확장한다. 초공간은 일반적인 기하학적 세계 인식을 넘어서는 4차원을 상정한다는 점에서, 현대 과학 내부의 초우주론과 연결되어

---

[28] 프레드릭 제임슨은 SF의 축자적 시각성에 언어의 구조적 형식으로 환원되지 않는 제3의 요소로서 지시대상, 의미로만 환원되지 않는 실재 대상이 있다는 점을 강조한다. "시니피에와 시니피앙 곁에는 미스터리한 사물, 바로 지시대상referent이 있다고 여겨진다. 그것은 그저 심리적 이미지가 등록되어 있는 인간의 마음 바깥, 즉 현실 속의 대상이다." 프레드릭 제임슨, 〈하이퍼공간에서〉, 174쪽.

있다. 초우주는 기하학적 공간성을 넘어서며 4차원 이상의 공간 위상을 지닌다.[29] 이러한 공간 개념을 소설의 시공간으로 활용하는 핵심적인 논리는 과학적 이론 및 가능성과 맞물려 있으나, 실제로는 소설에 매개되어 있는 사변적 의식에 가깝다. 따라서 이러한 텍스트들은 앞서 스키마적인 축자성을 가지고 있는 SF들과는 달리, 인지적 소외를 목적으로 하기보다는 인지적 한계 너머와 씨름하기 위하여 사변성을 활용하게 된다. 특히 일련의 하드 SF들은 기존 SF가 내세우는 단순한 미래주의나 역사주의를 거부하고자 한다.

다르코 수빈Darko Suvin은 이러한 경향을 고민하며 하드 SF의 제한적인 태도에 회의를 보인 바 있다. 하드 SF는 "작가의 현실 속에서 그리고/또는 그가 몸담은 문화의 과학적 패러다임에 따라 가능할 수도 있는 하나의 '실제 가능성'"[30]에 부합하도록 요구한다. 즉, 하드 SF는 오히려 SF의 스키마적 재현, 외삽적인 시공간에 내포된 이상적인 가능성을 배제하고 과학적 실재성에 의지하는 경향을 보이기 때문이다. 과학 자체를 세계에 대한 이해의 틀로 활용하려 한다는 점에서, 하드 SF의 주제와 소설적 형상화는 과학의 발전 가능성만큼이나 인간의 인지적 한계의 확장을 전제로 한다. 그러한 경향이 강해지면 인간의 제한적인 시선보다는 신적인 존재나 우주적인 존

---

29 일반적으로 물리학과 수학의 영역에서 언급되는 초공간superspace은 초대칭성 supersymmetry과 관련되어 있으며, 일반적인 기하학적 구조(위상공간, 거리공간 등)를 따르지 않는 초다양체의 일환으로 설명된다. 〈스타트렉〉이나 〈스타워즈〉와 같은 작품 등으로 유명한 하이퍼공간hyperspace의 경우는 SF 작가인 존 캠벨에 의해 명명되었으며, 공간을 접어 압축하는 듯한 방식으로 시간을 연결하는 초공간적 위상을 지닌다. 제니 랜들스, 《시간의 장벽을 넘어》, 안태민 옮김, 불새, 2015, 67~70쪽 참고.

30 Darko Suvin, *Metamorphoses of Science Fiction*, p. 66.

재의 시선을 소설의 중심적 서술 의식으로 채택하게 되는 것 또한 일부 SF의 특징이다. 이러한 SF 텍스트는 사실주의적 경향과도 무관하지만, 축자성 너머의 초월적 현상들을 지향하게 된다.

2000년대 이후 한국 하드 SF의 대표적 작가라고 말할 수 있는 김보영의 소설 《저 이승의 선지자》는 초공간성과 초월적 존재를 함께 다루고 있다는 점에서 주목할 만한 텍스트다. 이 텍스트의 시공간은 우리가 알고 있는 일반적인 우주에 대한 이해를 넘어서는 초우주를 배경으로 하고 있으며, 그것은 인간의 인지적 능력을 넘어서 있는 순수한 사유의 공간이다. 소설에 등장하는 인물들은 '명계'라 불리는 4차원 세계의 선지자들이며, 동시에 명계 내부에 자신들의 육체로 직접 만들어 낸 '중음'이라는 고유의 영역에서 살아간다. 반면 인간이 사는 '하계'는 이러한 선지자들의 무한한 분열에 의해 반복적으로 발생하는 전생의 삶들이 펼쳐지는 허상의 세계(3차원적 세계)에 불과하다. 주인공인 선지자 '나반'은 자신에게서 분열했음에도 차츰 '타락'해 가는 다른 선지자 '아만'을 저지하기 위하여 스스로 타락을 감당하는 방식으로 자신에게서 분열한 존재들을 다시금 '합일'하고자 결단하는 인물이다.

이러한 시공간은 포괄적인 SF의 시각적 축자성에서 벗어나, 우주적 시공간을 입체적인 것으로 만들기 위하여 개념적으로 복잡화한다. 특히 인물들이 세계를 이해하고 바라보는 시선 자체에 4차원과 3차원의 이해가 동반된다. 소설의 핵심 개념인 '합일'은 "3차원의 시각에서 보면 두 세계가 합쳐져 하나가 되는 것이고, 4차원의 시각에서 보면 밀도 분포가 달랐던 두 개체의 밀도를 균일하게 만드는 과정이다. 엔트로피의 증가로 볼 수 있다"(262쪽). '분리'는 합일의 반대이며 반대로 엔트로피의 감소 현상으로 이해할 수 있다. 나반에 의해서 명계의 존재들이 '분리'되어 가는 것은 우주의 질서가 구성되는 과정이지만, 반대로 이제는 다시 원초적인 합일의 상태로 돌아가야 한다는 점에서 이 이야기는 기독교적인 창세와 종말에 대한 우화적 이야기이기도 하다.

또한 아만에 의해서 명계를 위기에 빠뜨리는 '타락'이란 개념은 요약한다면 3차원적 육체의 경계를 진짜 경계로 믿는 것, 일시적인 인격에 대한 과도한 집착을 의미한다. 즉, 초우주와 결합되어 있는 자기 존재의 초월성 자체를 잊으며, 자아 내면에 갇힌 폐쇄적 상태를 가리킨다. 초공간성을 자신의 내면과 등치하여 타자성 없는 독아론적인 공간으로 만드는 것이야말로 타락이라는 의미가 된다. 작가 스스로 제시한 설정에 의하면 "'아만'은 불교 용어로 '자신에게 집착하는 마음'을 뜻하기도 한다"(267쪽). 명계는 4차원적인 시공간이며 하나에서 시작했지만, 차츰 개별화된 선인들이 자기 존재의 경계인 중음을 구성하는 사이에 아만처럼 자아에게 집착하는 이기적 주체로의 변질 역시 막을 수 없었다.

이 SF의 세계관은 작가가 스스로 소설 말미에 제공하고 있는 '설정'란의 설명을 크게 벗어나지 않으며, 소박한 유사-종교적 깨달음을 대단히 복잡하게 반복하는 것처럼 보인다. 소설의 주제는 사건을 통해 구체화되기보다는 종교적 선문답에 가까운 수많은 대화들로 전개된다. 그런데 실제로 이 대화는 '분열'이라는 설정만큼이나 사실은 '나'와 다른 '나들'의 대화이며, 따라서 실상은 대단히 독백주의적이다.[31] 엄밀하게 '캐릭터' 간의 질적 차이가 존재하지 않는다는 점에서,

---

31 "시간여행 이야기에 있어서 궁극적이고 전형적인 서사 논리의 완성은 '나는 세상에 단 한 명이며, 그러므로 충분히 논리적으로 나는 나 자신의 조상이다'라는 사실을

이 소설의 시공간은 말 그대로 나반의 내적 갈등을 담는 용적일 뿐이다. 내면의 분열과 갈등을 위하여 4차원적인 시공간을 동원한다는 점, 그리고 오직 그러한 시공간적 이해가 소설집에 첨부된 '설정' 란의 이해를 벗어나지 않는다는 점에서, 이 소설의 4차원적 초월성이란 과학적 실체가 아니라 개념적인 사유의 차원을 벗어나지 않는다.

흥미로운 점은 이 소설이 시공간과 매개된 인지적인 한계와 시각적 축자성을 일부러 배제함으로써만, 그 예외성을 부각하고 있다는 점이다. 달리 이야기하자면, 이 소설의 복잡한 개념과 사유는 그러한 개념과 사유의 지지대라 할 수 있는 물질적이고 소박한 실체적 세계를 의도적으로 과소평가함으로써 역설적으로 더욱 강조된다. 소설의 개개인이 객관적인 시공간의 좌표에 있지 않기 때문에 《저 이승의 선지자》가 엄밀한 의미에서 현재 발생하는 연속적 사건의 재현이라고 정의하기는 어렵다. 나반에게서 비롯된 수많은 '나들'은 여러 시간적 좌표이자 분열적 자아라는 점에서 그들의 대화는 끊임없는 시간여행 속에서 자아의 병렬적인 연결과 분리에 가까우며, 그러한 연결-분리에 의해서만 시공간이 대체된다.

그럼에도 불구하고 이 텍스트의 전체 이야기가 하나의 초우주적 세계관에서 벌어지는 먼 과거이자 미래의 이야기라는 점은 분명하다. 주인공 나반은 자신의 자아를 포기할 위험을 감수한 채 아만을 포함한 자신의 분열체들과 다시금 합일하고자 하며, 결과적으로 이는 그 자신의 타락과 함께 하계에의 미혹에 다가서게 한다. 초월적

깨닫는 것으로 끝맺는다. 어느 순간부터 시간적이고 역사적인 우주는 단지 타인뿐만이 아니라 소위 타자성 자체가 아예 존재하지 않는 유아론적인 감옥이 되어 버린 것이다." 프레드릭 제임슨, 〈하이퍼공간에서〉, 172쪽.

인 존재의 시점에서 3차원적인 하계로 추락하는 결말이기도 하지만, 주제적인 차원에서 설득력이 있다. SF소설의 문법으로도 도저히 감당할 수 없는 초우주를 포기하고 비로소 인간적 세계로 내려가야 한다는 결말이기 때문이다. 텍스트의 구성적인 초우주란 오히려 독아론적인 자아의 감옥임을 깨닫고 있으며, 오히려 초우주에서 다시 명료한 시공간을 회복하고자 하는 의지로 읽힌다. 그렇다면 이 소설은 하드 SF의 형식 내부에서 과도한 초월적 개념과 과학적 사유에 대한 새로운 반성적 시선을 확보하려는 시도이기도 하다.

이러한 주제의식을 바탕으로 한다면 역설적으로 나반에게서 분열된 여러 인물 가운데 '탄재'만이 진정한 의미에서 이미 주제의식을 구현하고 있었던 중요 인물이라고 말할 수 있다. 그는 자신이 놓인 초우주적인 공간에 만족하지 못한 채 하계를 의식하며, 우리가 익히 알고 있는 전형적인 3차원적 우주선을 만드는 식으로 자기 세계를 실체화하려고 애쓰기 때문이다. 그는 나반이 어디까지나 초월적인 관점을 유지하면서 타락을 감당하는 것과 달리, 이 텍스트 내부에 매개된 3차원적인 시선, 즉 축자적인 시각성을 대변한다. 탄재야말로 우리가 온전하게 감정이입할 수 있는 3차원적 시선을 가진 인물임에도 불구하고, 나반을 서술적 중심 지성으로 선택한 이 텍스트에서 탄재는 인지적으로나 기능적으로나 소외되어 있다.

탄재에 대한 소외를 통해서만, 이 소설의 결말에서 나반은 '공감'과 '의지'를 가질 때에만 3차원적 공간성 내부에서 타락에 이르지 않는다는 사실, 3차원 너머의 '타자'와의 만남에 도달할 수 있는 가능성을 강조하게 된다. 물론 4차원에서 3차원으로의 이행에 대한 강조는, 나반이 탄재를 '가르치는' 종교적 선문답 사이에서만 전달된다. 김보영의 소설은 주제적으로는 4차원에서 다시 3차원으로의 회귀를 이야기하고 있지만, 소설적인 구성의 차원에서는 초월적 시선과 사유적 언어로만 그것을 제시한다. SF가 자기 이념을 위한 매개로 초공간성을 활용하게 될 경우 스키마적 시각성은 폭넓은 탄력성을 잃는다. 개념화된 하이퍼공간은 언제나 더 초월적인 시선의 주체, 그리고 특권적 관찰 위치에 대한 사유적 이해와 관련되기 때문이다.

이러한 시공간적 인식에서 출현하는 종교적인 의미에서의 탈아적 주체는 사실상 개념적인 초월성과 구분하기 어렵다. 이때의 초공간적인 세상과 존재에 대한 이해는 불교적 의미에서의 '열반'처럼 묘사되기 때문이다. 특히 선불교적인 의미의 선문답처럼 이루어지는 나반과 탄재의 대화처럼, 사실 모든 인물들의 말은 사변을 통한 내적 독백에 가까우며 대화로서의 다성성을 잃는다. 또한 인물들의 몸 그리고 사유와 연결되어 있는 초공간은 손쉽게 오염되고 타자와 감염된다. '아만'을 포함한 명계의 타락은 단순히 외부적인 감염이 아니라 내부적인 것이기도 하며, 이때의 '접촉' 역시 대단히 추상적이다. 초공간 내부에는 접촉'면'이 없으며, 3차원적인 연결성으로 지시되지도 않기 때문이다. 이는 결국 나반이 강조하고 있는 '공감'과 '이해'를 매개하기 위해 그보다 우선적으로 요구되는 경험 세계의 갈등이 없다는 점에서 더욱 선명하게 드러난다.

이 소설이 반성적으로 확보하고 있는 인식은 4차원적 초공간이란 끊임없이 반복하여 출현하는 메타적 시선에 가깝다는 사실이다. 그리고 영원히 자기지시적인 시선의 재귀성은 오직 사유의 무한성에 의해서만 성립한다. 메타언어의 무한성이란 일종의 미장아빔mise en abyme, 자아를 끊임없이 늘어놓는 강박적 자아인식의 내적 순환에 수렴해 간다. 탈아적 주체가 오히려 독아론이 된다는 점에서, 이제 초공간은 시공간이 가지고 있는 스펙트럼을 지나치게 넓혀서 사실상 무화하는 것과 같다. 지나치게 광범위해진 초우주적 공간성은 어떤 좌표나 깊이를 가지지 못하는 역설적인 '점'으로 환원 가능해진다. 결국《저 이승의 선지자》에서 제시되는 초공간성은 스스로를 비판적으로 바라보기 위한 내재적 한계를 제시한다. 시공간의 초월성이야말로 사변적이고 재귀적인 주체로 귀결되며, 그러한 주체의 한계는 경험도 성장도 내면도 확보할 수 없는 모순에 놓인다. 역설적으로 이 소설에서는 3차원의 '하계'를 소설적 시공간으로 활용하지 않기에, 실제로는 3차원을 더욱 의식하며 그에 의존하고 있다. 시각적 축자성과는 달리, 이 소설의 사변적 의식화는 3차원에 대한 의도적인 생략을 통해서 그 부재의 현존을 강조하는 것이기도 하다.

이 소설은 결과적으로 3차원적 시공간으로의 회귀를 강조한다. 텍스트의 주제는 3차원적 경계선 내부에서 자아로만 수렴하는 것을 타자와의 만남으로 극복해야 한다는 사실을 삶의 필요조건으로 드러내는 것이다. 초공간적인 매듭에 의하여 실상 모든 시공간이 가지고 있는 타자와의 접촉면이 무화될 수밖에 없으며, 자아의 독아론적 감옥이 된다. 따라서 초공간적 사유의 시공간에 대한 해체는 오직 다시 타자와의 물질적이고 경험적인 접촉면을 회복하는 것이다.

3차원으로 되돌아가기 위한 4차원 여행

이 글의 목표는 스키마적인 시각성이 SF 장르 내부에서 더 나은 방법론임을 강조하기 위한 것이 아니다. 나머지 시공간의 활용을 평가절하하는 것도 아니다. 오히려 이 글이 강조하려는 것은, 앞선 텍스트들이 보여 주듯이 SF에 있어 과학적 이해나 과학기술 자체가 소설의 구성에 본질적으로 중요한 것은 아니라는 사실이다. 과학기술은 우리가 가지고 있는 시공간에 대한 이해를 확장하지만, 이때의 확장이 단순히 초월성에 대한 사유의 차원에 그친다면 그것은 인간적 인지의 확장으로 이어지지 않을 뿐더러 적극적인 인지의 소외로도 이어지지 않는다. 앞서 외삽적인 시공간이 인지적 소외를 가져올 때, 오히려 더욱 확장된 지시성을 얻을 수 있었던 것을 상기할 필요가 있다. 알레고리의 우회성이나 4차원이라는 개념적 확장이 3차원적 좌표의 불가능성을 지시할 뿐이라면, 그것은 3차원적인 삶에 대한 어떠한 이해로도 이어지지 않을 것이다.

따라서 초공간성에 대한 논의가 시각적인 축자성을 통해서 4차원을 보여 준 시도를 함께 언급해야 할 것이다. 영화 텍스트지만 좋은 비교가 되는 작품은 크리스토퍼 놀란Christopher Nolan 감독의 〈인터스텔라Interstellar〉(2014)다. 이 영화 후반부에 주인공 쿠퍼는 생사의 경계에서 4차원의 우주적 시공간에 도달한다. 우주적인 존재(동시에 미래의 인류)에 의해서 구현된 것으로 추정되는 이 공간은 무한한 시간과 공간의 교차점이다. 그러나 SF에서의 초공간이 실제로 하나의 구체적 3차원 세계와 만나지 않는다면 아무런 의미도 찾을 수 없는 무한성에 불과하다는 사실을 명확하게 보여 준다. 그리고 4차원 공간에서 쿠퍼가 머피의 방에 들여다볼 수 있게 되는 것은 스스로가 이야기하듯 시간을 초월하여 존재하는 '머피에 대한 사랑' 때문이다. 이 구체적인 감정이 의미를 구할 수 있게 되는 지평은 오직 인간의 삶이 자신의 인지적 제한성에도 불구하고 조야한 자기이해를 축자적으로 받아들이기 때문이다.

쿠퍼가 4차원의 세계에서 3차원에 존재하는 머피에게 모스 부호로 방정식을 보내기 위해 활용하는 매개물이 지극히 고전적인 과학적 사물, '시계'라는 축자적 사물에 의해서 수행된다는 점 역시 상징적이다. 정지한 것처럼 제자리에서 움직이는 초침들은 무한성에 가까운 시간 내부에 정박한 인간 존재를 지시하기 위한 시대착오적인 과학적 사물이다. 4차원적인 초공간의 활용은 자기 자신의 과거이자 미래이며 현재이기도 한 3차원적 좌표에 '귀환'할 경우에만 의미를 지닌다. 결국 쿠퍼가 딸인 머피보다도 젊어진 시간의 상대성을 경험하게 될지라도 현재로 귀환해야 하는 이유 또한 마찬가지다. '현재로의 귀환'[32]은 SF를 시간성의 장르로 이해하는 논의를 다시 공간성의 차원으로 이행시킨다. 크로노토프에 대한 이해에서 더욱 강조되어야 하는 것은, SF가 동시대적인 이야기로 읽히기 위한 실체화된 삶의 지평이며 3차원적인 존재론이다.

정리하자면, SF의 초공간성은 결국 지나치게 초월적인 사변적 4차원이 아니라, 오히려 다시 인지적인 한계를 통해서 3차원의 시공간을 확보하기 위한 경유지에 가깝다. 진정으로 유의미한 SF의 시공간은 여전히 자신의 인지적 한계를 받아들여야만 하기 때문이다. SF의 시공간은 인지적 소외를 수행하지만, 그저 인지적 한계를 벗어나기 위해서가 아니라는 사실을 강조해야 한다. 오히려 포괄적인 SF 장르의 인지적 소외는 다시 구체적인 인지적 한계 내부에서 세상을 사유하기 위해서 필요하다. 앞선 논의들을 통해서 알 수 있는 것은 SF의 시공간이 일반적인 소설적 시공간과는 다르게 특수한 기능을 수행하기 위해서는 오히려 소박한 장르적 인식과 방법론에 충실할

---

32 "새로운 우주적 개념은 철학을 논의하는 신세대들에게 영감을 주었을 뿐 아니라, 시간적이라기보다는 공간적인 방식으로 우리를 자기 자신의 출발점으로 돌아오게 만들었다. 유토피아적인(혹은 비유토피아적이거나 반유토피아적인) 타자他者는 미래에 있는 것이 아니라, 우리가 그들을 받아들일 수 있다고 할지라도 여전히 평행하는 현재에 놓여 있다." 프레드릭 제임슨, 〈하이퍼공간에서〉, 170쪽.

필요가 있다는 것이다.

　마찬가지 이유에서 과도한 설정에 기대어 있는 SF가 우회적인 방식으로 시공간에 적용하는 복잡성은 현실에 외삽되기보다는 오히려 현실로부터의 이탈, 중력으로부터의 이탈일 수도 있다는 점을 주의해야 한다. 이것은 과학기술에 대한 사유가 SF라는 장르를 규정하는 것은 아니라는 사실과 관련되어 있다. SF라는 장르가 실제로 과학기술에 수동적으로 매여 있는 장르가 아니라, 그것을 철저하게 매개적으로 활용하는 장르라는 사실 역시 중요하다. 특히 2010년대 한국의 SF가 주목받으며 기성의 문학장을 넘어선 새로운 장르 서사의 가능성을 보이는 현재의 시점에서 포괄적인 SF 장르의 장점과 가능성을 정확하게 지시하기 위해서라도, SF의 시공간성은 지속적인 관심의 대상이 되어야 할 것이다.

참고문헌

기본 자료

김보영,《저 이승의 선지자》, 아작, 2017.

김초엽,《우리가 빛의 속도로 갈 수 없다면》, 허블, 2019.

배명훈,《첫숨》, 문학과지성사, 2015.

논문

김윤정, 〈테크노사피엔스(Tschnosapience)의 감수성과 소수자 문학 – 윤이형 소설을 중심으로 –〉,《우리문학연구》65집, 2020.

김지영, 〈1960~70년대 청소년 과학소설 장르 연구:《한국과학소설(SF)전집》(1975) 수록 작품을 중심으로〉,《동남어문논집》35호, 2013.

노대원, 〈포스트휴머니즘 비평과 SF—미래 인간을 위한 문학과 비평 이론의 모색〉,《비평문학》제68호, 한국비평문학회, 2018.

_____, 〈한국 문학의 포스트휴먼적 상상력— 2000년대 이후 사이언스 픽션 단편소설을 중심으로〉,《비교한국학》23권 2호, 2015.

모희준, 〈냉전시기 한국 창작 과학소설에 나타난 종말의식 고찰: 한낙원의《잃어버린 소년》,《금성탐험대》와 문윤성의《완전사회》를 중심으로〉,《어문론집》65호, 2016.

박인성, 〈다형장르로서의 SF와 SF연구의 뒤늦은 첫걸음〉,《한국문학이론과 비평》제84집, 2019.

백대윤, 〈한국 문학과 SF—박민규 소설의 포스트콜로니얼 탈장르화를 중심으로〉,《한국문예비평연구》24호, 2007.

복도훈, 〈한국의 SF, 장르의 발생과 정치적 무의식: 복거일과 듀나의 SF를 중심으로〉,《창작과 비평》2008년 여름호.

_____, 〈SF(Science Fiction)와 계급투쟁 : 박민규와 윤이형의 최근 SF를 중심으로〉,《자음과 모음》2015년 가을호.

우미영, 〈한국 현대 소설의 '과학'과 철학적 · 소설적 질문: 김보영과 배명훈의 SF

를 중심으로〉,《외국문학연구》55권, 2014.

이소연, 〈한국소설에 나타난 포스트휴머니즘의 상상력—조하형의《키메라의 아침》과《조립식 보리수나무》를 중심으로〉,《대중서사연구》52호, 2019.

이숙, 〈문윤성의《완전사회》(1967) 연구〉,《국어문학》52호, 2012.

이지용, 〈한반도 SF의 유입과 장르 발전 양상: 구한말부터 1990년대까지의 남북한 SF에 대한 소사(小史)〉,《동아인문학》40호, 2017.

_____, 〈한국 SF의 장르적 특징과 의의—근대화에 대한 프로파간다부터 포스트휴먼 담론까지〉,《대중서사연구 50호》, 2019.

최애순, 〈1960~1970년대 과학소설에 대한 인식과 창작 경향:《학생과학》지면의 과학소설을 중심으로〉,《대중서사연구》41호, 2017.

한금윤, 〈과학소설의 환상성과 과학적 상상력〉,《현대소설연구》12호, 2000.

한창석, 〈환상소설을 통한 서사 확장의 가능성: 복거일, 박민규를 중심으로〉, 2011,《우리문학연구》34호, 2011.

프레드릭 제임슨, 〈하이퍼공간에서On Hyperspace〉, 박인성 옮김,《자음과 모음》 2016년 봄호.

단행본

복도훈,《SF는 공상하지 않는다》, 은행나무, 2019.

장정희,《SF 장르의 이해》, 동인, 2017.

셰릴 빈트,《에스에스 에스프리》, 전행선 옮김, arte, 2019.

에드워드 사이드,《말년의 양식에 관하여》, 장호연 옮김, 마티, 2008.

제니 랜들스,《시간의 장벽을 넘어》, 안태민 옮김, 불새, 2015,

조르조 아감벤,《아우슈비츠의 남은 자들》, 정영문 옮김, 새물결, 2012.

폴 드 만,《독서의 알레고리》, 이창남 옮김, 문학과지성사, 2010.

해외 논저

Darko Suvin, *Metamorphoses of Science Fiction*, Peter Lang Publishing Inc., 1979.

David Seed, *Science Fiction: A Very Short Introduction*, Oxford University Press, 2011.

Ernst Bloch, "Nonsynchronism and the Obligation to Its Dialectics," *New*

German Critique 11 (Spring, trans. Mark Ritter), 1977.

Fredric Jameson, *Postmodernism : Or, the Cultural Logic of Late Capitalism*, Duke Univ Pr, 1992.

_____, *Archaeologies of the Future: The Desire Cealled Utopia and Other Science Fiction*, Verso, 2005.

Nele Bemong(ed), *Bakhtin's Theory of the Literary Chronotope : Reflections, Applications, Perspectives*, Academia, 2010.

Paul de Man, "The Rhetoric of Temporality," *Blindness and Insight: Essays in the Rhetoric of contemporary Criticism*, Univ Of Minnesota Press, 1983.

재일서사와 '서울'의 생산

: 이회성의 《이루지 못한 꿈》과 이양지의 《유희》를 중심으로

양명심 · 박종명

이 글은 《日本語文學》 83집(2019.12)에 게재된 원고를 수정 및 보완하여 재수록
한 것이다.

재일서사 속 '서울'이라는 공간

조선인들은 과거 반세기 동안 식민지 지배, 제2차 세계대전과 한국전쟁, 군사정권에 의한 정치적 억압 등을 경험하였고, 상당수의 사람들이 한반도에서 세계 각지로 이산하였다.[1] 그중에서도 특히 식민지 시기에 일본으로 이동하여 일본이 패전한 후에도 귀환하지 않고 잔류한 사람들에 의해 형성된 재일조선인 사회는 '이동' 그 자체가 그들 삶의 본질이었다.

재일조선인은 일본으로 건너가 그곳에 정주하면서도 심리적으로 탈구된 상태에 있는 존재여야 했으며, 정주국과 조국(고향) 사이에서 언제나 갈등하고 고뇌하는 삶을 살 수밖에 없었다. 이러한 삶은 그들로 하여금 일본의 가혹한 식민정책, 동족상잔으로 인한 겪변과 조국의 분단, 뒤이어 도시화와 근대화[2]로 이어지는 험난했던 한반도의 역사를 고스란히 체험하면서도 '조국'의 문제에서 완전히 벗어날 수 없게 만들었다. 그들은 어떤 형태로든 조국과의 관계를 통해 자신의 존재 근거를 찾고자 했다. 재일조선인의 삶은 "오른쪽으로 왼쪽으로 흔들리는 진자振子"처럼 한국과 일본 사이를 왕래하는 진자운동의 연속이었다.[3] 이러한 흔들림과 갈등의 반복이었던 재일조선인의 삶이 지금까지 재일서사의 주된 모티브로 자리매김되었고 재일서사 연구의 주요 테마가 되어 왔다.

1　서경식, 《디아스포라기행》, 김혜신 옮김, 돌베개, 2010, 14쪽.

2　존 리, 《자이니치》, 김혜진 옮김, 소명출판, 2019, 6쪽.

3　송석원, 〈갈등과 적응의 진자(振子)운동: 올드커머 재일한인과 일본 사회〉, 《翰林日本學》 28, 2016, 150쪽.

재일서사에서 조국과 민족, 정체성, 고향 상실의 문제는 작가의 개인사적 체험에 근거하여 세대별, 시기별로 다각적인 측면에서 형상화되었다. 1945년 해방 이후 본격화된 재일서사는 1960년대에는 재일조선인에 대한 제도적인 차별 문제, 1965년 한일협정으로 인한 재일 사회의 분열, 한국의 경제 발전과 남북 대립 문제 등을 그렸으며, 1970년대 이후에는 민족 차별이라는 국가나 민족을 둘러싼 거대한 담론이 주류를 이루었다. 1980년대 이후 재일서사는 재일의 문제를 민족, 집단적 의식보다는 개인의 문제에 주목한 내면화, 보편화, 개별화의 문제로 승화[4]시켜 나가게 되는데, 여기서 시기별 재일서사의 흐름을 관통하는 하나의 주제는 1세대에게는 고향, 2·3세대에게는 모국이자 조국에 대한 끊임없는 갈망이었다.

이 글에서는 위에서 언급한 기존의 재일서사의 변화와 흐름을 수용하면서도 그동안 재일서사의 핵심 키워드로 다루어졌던 '고향', '조국'이 함축하고 있는 이데올로기적인 공간의 이미지를 '서울'의 공간으로 구체화시켜 보려고 한다. 2, 3세대 재일조선인의 마음에 새겨진 '서울'의 이미지는 더 이상 고향이라는 애착을 가지고 조상의 뿌리를 찾기 위해 방문하는 곳, 언젠가는 돌아가야 할 곳이 아니기 때문이다. 오히려 그들에게 조국 '서울'은 모국임에도 불구하고 낯선 이질적인 공간이자 분열된 공간이다.

구체적으로 이 글에서는 재일작가 이회성의 장편《이루지 못한 꿈見果てぬ夢》(1977~1979)과 이양지의 작품《유희由熙》(1989)를 분석 대상으로 하여 공통적으로 주인공이 '유학'이라는 형태로 '서울'을 체험하면서 '서울'이라는 장소가 특별한 곳으로 인식되고 의미가 부여

4　임채완 외, 《재일코리안 디아스포라 문학》, 북코리아, 2012, 34~38쪽.

되면서 '생산'되는 과정을 분석해 보고자 한다. 1970~80년대 작품을 다루는 것은 1970년대 한국에서는 박정희 독재정치 체제 아래에서 수많은 정치 사건이 일어났고, 이어 1980년대는 중요한 정치적 과제였던 한반도의 민주화가 실현된 격동의 시기로서 '서울'이 갖는 시간적 · 공간적 변화의 의미가 가장 잘 드러나는 시기이기 때문이다.

이회성의 《이루지 못한 꿈》은 한 · 일 양국의 연구자들에게 크게 주목받지 못했지만, 1988년 《금단의 땅》이라는 제목으로 국내에서 번역본이 출간되면서 당시 한국의 대학생들에게 주목받았다. 선행 연구로는 평론가 임헌영이 《금단의 땅》에 대해 '1970년대 집권층의 권력 유지책에 대항하는 변혁 주체 세력들의 성격과 민주화운동에 대한 열망을 소설 속에 잘 그려 내고 있다'고 평가한 바 있으며, 박광현이 재일서사에서 재현된 문세광 사건에 대해 논하면서 작품 《금단의 땅》과 소재의 연관성을 언급하였다.[5] 일본 문단에서는 작품 《이루지 못한 꿈》을 1970년대 어두운 한국 현대사를 배경으로 남북한 통일 문제를 형상화한 이례적인 정치소설로 평가하였다.[6]

이양지의 작품은 국내에서 주요 작품들이 번역 출판되면서 많은 연구자들의 관심을 받았으며, 특히 《유희》는 국내의 많은 연구자들

---

5   임헌영, 〈분단현실을 보는 재일작가의 시각: 이회성의 "금단의 땅"을 읽고〉, 《출판저널》 25, 1988, 8쪽; 박광현, 〈'문세광'이라는 소문 – 재일조선인 문학에 재현되는 양상을 중심으로 –〉, 동국대일본학연구소, 《일본학》 48, 2019, 26쪽.

6   李丞玉, 〈奴隷志願の三年の結実〉, 《日本読書新聞》, 1979. 8. 6; 菅井彬人, 〈分断祖国へのメッセージ-李恢成と《見果てぬ夢》〉, 《新日本文学》, 1980. 3; 渡邊澄子, 〈李恢成の文学: 《見果てぬ夢》を視座として, 特集 時代と文学(2)〉, 《世界文学》 129, 2019. 7; 三木卓, 〈自由と勇気-李恢成〈見果てぬ夢〉を読む〉, 《文芸》 18(10), 1979. 11; 安岡章太郎, 李恢成, 〈文学 · 革命 · 人間-李恢成〈見果てぬ夢〉をめぐって〉, 《群像》 34(10), 1979. 10; 篠田一士, 〈叙事と劇のあいだで-李恢成〈見果てぬ夢〉(新書解体)〉, 《文学界》 33(8), 1979. 8 등

이 주목해 왔다. 그러나 민족과 조국, 정체성 문제를 중심에 두고 디아스포라 문학이라는 틀 안에서 주인공의 경계인 의식, 모국과 모국어 체험, 이를 둘러싼 주인공의 자기분열 의식에 초점을 맞추어 제한된 범위 내에서 연구가 진행되었다.[7]

세대별로 서로 다른 문학적 특징을 보여 왔던 재일서사에서 1세대가 민족, 국가에 대한 강한 애착을 드러냈다면, 2세대를 대표하는 이회성은 분단 조국과 일본 사이에서 흔들리는 정체성 문제로 고뇌하였다. 그 뒤를 이어 등장한 이양지를 비롯한 신세대 작가들은 민족보다는 개인의 문제, 지역적 문제에 관심을 갖는 가운데 탈민족화와 탈영토화 경향을 보여 주고 있다.[8] 이 글에서 두 작품을 분석 대상으로 삼은 이유 역시 두 작가가 조국의 핵심적인 공간 '서울'을 배경으로 하여 1세대와는 구별되는 분열된 재일의 민족의식을 잘 포착하고 있기 때문이다.

앙리 르페브르Henri Lefebvre는 《공간의 생산》에서 사회적 공간의 생산을 '공간적 실천', '공간 재현', '재현 공간'의 세 가지로 구분하여 제시하고 있다. 여기서 '공간적 실천'은 지각되는 공간 안에서 일

---

7 김환기, 〈이양지의 《유희》론〉, 《일어일문학연구》 41, 2002; 김환기, 〈이양지 문학론—현세대의 '무의식'과 '자아' 찾기〉, 《일어일문학연구》 43, 2002; 윤명현, 〈이양지 문학과 조국〉, 《일본학보》 53, 2002; 김환기, 〈이양지 문학과 전통 '가락'〉, 《일어일문학연구》 45, 2003; 윤명현, 〈이양지 문학에 나타난 집단적 폭력〉, 《동일어문연구》 19, 2004; 박종희, 《이양지 문학의 경계성과 가능성》, 숙명여자대학교 대학원 석사학위논문, 2005; 강영기, 〈이양지의 문학 연구—정체성 인식의 양상〉, 《교육과학연구》 8, 2006. 8; 조관자, 〈이양지가 찾은 언어의 뿌리〉, 《사이》 3, 2007; 이한정, 〈이양지 문학과 모국어〉, 《비평문학》 28, 2008; 차청은, 〈이양지 문학에 나타난 트라우마 고찰〉, 《일본어문학》 51, 2011; 엄미옥, 〈재일디아스포라 문학에 나타난 언어경험—김학영, 이양지, 유미리의 작품을 중심으로〉, 《한민족문화연구》 41, 2012 등.

8 Jinhyoung Lee, 〈A study on the Perspective for Zainichi Literary Studies in the High-Mobility Era〉, 《International Journal of Diaspora&Cultural Criticism》 8-2, 2018, p. 149.

상적인 현실과 도시 현실을 밀접하게 연결 지으며, '공간 재현'은 인지된 공간, 즉 학자들이나 계획 수립자들, 그리고 체험된 것과 지각된 것을 인지된 것과 동일시하는 일부 예술가들의 공간을 의미한다. '재현 공간'은 이미지와 상징을 통해서 재현된 공간, 즉 예술가, 작가, 철학자들에 의한 공간[9]을 의미한다. 이때 르페브르가 제시한 생산 개념은 만들어진 결과나 과정뿐만이 아니라 생산 주체인 인간의 '상상'까지도 포괄적으로 담아내고 있다.[10]

팀 크레스웰Tim Cresswell에 의하면, 집은 사람들이 애착과 뿌리내림의 감정을 느끼는 본보기적인 장소이며 다른 어떤 장소보다도 의미의 중심이자 관심의 영역이고, 당신이 당신 자신일 수 있는 곳[11]이다. 그러나 한편으로 에드워드 렐프Edward Relph의 말처럼 장소에는 끔찍한 고역과 같이 이 장소에 꼼짝없이 묶여 있다는 느낌, 이미 만들어져 있는 환경과 상징 그리고 틀에 박힌 일상에 속박되어 있다는 느낌이 있기도 하고, 일상 속에는 지루한 일들, 굴욕, 끊임없이 충족시켜 주어야 하는 기본적인 필요들, 고난, 보잘것없음, 탐욕이 점철되어 있기도 하다. 개인과 장소 간에는 융합뿐만 아니라 긴장도 존재하며, 집에 대한 경험은 벗어나고 싶은 욕망과 정착하고 싶은 욕구가 균형을 이루기도 한다.[12]

따라서 이 글에서는 재일조선인의 '조국 체험'이 고향에 대한 그리움이나 떠나온 집 찾기를 위한 행위로서만 간주되었던 기존 선행

9   앙리 르페브르, 《공간의 생산》, 양영란 옮김, 에코, 2014, 87~88쪽.

10   김남주, 〈차이의 공간을 꿈꾸며: 공간의 생산과 실천〉, 《공간과 사회》 14, 2000, 66쪽.

11   팀 크레스웰, 《장소》, 심승희 옮김, 시그마프레스, 2012, 38쪽.

12   에드워드 렐프, 《장소와 장소상실》, 김덕현 외 옮김, 논형, 2005, 101~102쪽.

연구의 분석 범위를 확장시켜 보고자 한다. 이를 위해 시기적으로 차이를 두고 있는 작가 이회성과 이양지의 작품에서 '서울'을 체험하고 '상상'하는 방식에 대해 살펴보고, 심리적·물리적 이동을 통해서 재일조선인의 한국 의식이 어떻게 '재현의 공간'으로서 '서울'을 생산하는지 그 과정을 분석할 것이다. 그리고 이를 통해 다양한 층위에서 재구성된 '서울'의 경험과 이미지가 재일조선인에게 어떠한 의미를 갖는지 고찰해 보고자 한다.

역사의 재생과 정치적 장소의 생산
: 이회성의《이루지 못한 꿈》

이회성의 장편《이루지 못한 꿈》은 1976년 7월부터 1979년 4월에 걸쳐 잡지《군상群像》에 연재되었다.[13] 이회성은 1970년대에 두 번에 걸쳐 한국을 방문했는데 첫 번째는 1970년 10월에 비공식적으로 열흘간 어머니의 고향을 방문하였고, 두 번째는 1972년 6월 한국일보의 공식 초청으로 15일간 서울을 방문하였다. 두 번에 걸친 한국 체험은《이루지 못한 꿈》창작의 중요한 모티브가 된다.

작품 속의 시간적 배경은 서울대학교 대학원에 유학하고 있는 재일조선인 2세 조남식이 김포공항에서 한국의 중앙정보부에 체포되는 1971년 1월 15일부터 1975년 2월 20일까지로 설정되어 있다. 앞서 1968년 봄, 남식은 어학연구소에서 1년 동안의 모국어 연수를 마

---

13 《이루지 못한 꿈見果てぬ夢》은 1977년 11월부터 1979년 5월에 걸쳐 단행본으로 전 6권이 간행되었고, 그 후 1986년 1월부터 5월에 걸쳐 전 5권으로 문고본이 간행되었다.

치고 서울대학교 대학원 사회학과에 입학했다. 등장인물이 과거를 회상하는 방식으로 내용 전개가 이루어지고 있으며, '서울'이 작품의 주요 배경이 되고 있다.

비행기는 남한산 상공에 다가가고 있었다. 이제 곧 서울이다. 눈 아래, 영동국도嶺東國道가 창자처럼 뻗어 있었다. 비행기는 서울 거리에 인사를 하듯 크게 선회할 태세를 취했다. 붉은 흙빛이 너무나 선명해서 눈이 맑아지는 것 같다. 저 멀리 한강이 유유히 굽이치고, 청계천의 가느다란 물줄기가 교태를 부리고 있다. 반짝반짝 빛나는 빌딩의 불빛과 청계천변에 어수선하게 늘어선 거무칙칙한 판자촌, 비행기는 양 날개를 삐걱거리며, 얇은 구름장을 뚫고 고도를 낮추어 갔다.[14]

당시 김포공항은 한국으로 입국하기 위해서는 누구나 처음 거쳐야 하는 상징적인 장소로, 조남식이 이러한 공항의 광경을 처음 본 것은 4년 전인 1967년이다. 일본에서 대학을 졸업한 뒤 서울대학교 석사 과정에 입학하기로 결심하는데, 그것이 조국과의 첫 만남이었다. 이 장면에서는 앞으로 재일조선인 유학생 남식에게 펼쳐질 '서울'에서의 생활이 상징적으로 묘사되고 있다. 남식은 오사카 이카이노猪飼野에서 태어났으며, 한국의 혁명운동에 참가하기 위해 '유학'을 명분으로 한국으로 건너왔다. 유학을 결심하게 된 계기는 4·19 혁명을 이끌었던 학생 대표로 일본에 온 적이 있는 박채호에게 사상

---

14 이회성,《금단의 땅》1권, 이호철·김석희 옮김, 미래사, 1988, 5쪽. 본문은《見果て
ぬ夢》, 講談社, 1977~1979를 참고하되, 인용은 번역본《금단의 땅》에 따름. 이하 쪽
수만 표기함.

적으로 깊은 영향을 받은 것이 결정적인 이유이다.

재일조선인 청년들이 모국 유학을 위해 한국으로 건너오기 시작한 것은 1960년대 한일협정이 체결되고 난 이후부터였다. 그리고 1971년 이들 유학생은 한국 내 정치 사건의 주인공이 되어 공론장에 등장했다. 서승과 서준식 씨의 '재일교포유학생 간첩단 사건'을 시작으로 한국에서 비슷한 사건이 터져 나왔고, 이때 공론화된 사건들은 1950~60년대와 비교해 빈도나 규모 등 여러 면에서 현저한 차이를 보였다.[15]

거친 목소리와 함께 한 사내가 남식의 목덜미를 꽉 잡아 눌렀다. 그는 남식의 몸을 앞으로 잔뜩 굽히게 한 뒤, 다시 두 손을 목 뒤로 깍지 끼게 했다. 그리고 나서야 비로소 여유를 보이며 한 사내가 담배를 피워 물었다. 또 한 사내는 몸을 앞으로 구부린 거북한 자세로 얼굴이 붉게 물들어 있는 남식의 모습을 무표정하게 바라보고 있었다. 어디로 연행해 갈 작정일까. 그러나 그건, 서울 사람이라면 세 살짜리 어린애도 알고 있는 일이다. 지프 비슷한 이런 모양의 검은색 승용차는 중앙정보부가 사용하는 차량이었다. 남식은 비로소 자기가 누구한테 체포당했는가를 깨달았다. 배가 눌려서 몹시 괴로웠다. 그러나 그것은 육체적인 압박감이라기보다 정신적인 긴장이 초래하는 고통인지도 몰랐다. 벌써 제2한강교를 건너고 있었다. 드디어 서울 시내였다. 한시라도 빨리 그 혼잡 속에서 빠져나가려는 듯, 자동차는 번화가를 달린다. 차가 네거리를 건너 오른쪽으로 홱 구부러진 다음 언덕길을 올라가기 시작했을 때,

---

15 임유경, 〈일그러진 조국—검역국가의 병리성과 간첩의 위상학〉, 《현대문학의 연구》 55, 2015, 55~56쪽.

남식은 남산이로구나 하고 마음속으로 중얼거렸다.《금단의 땅》1권, 11쪽)

서승 씨[16]가 조국에 유학한 1960년대 말부터 1970년대 후반은 한국의 정치권력과 통제 시스템이 절정에 달하고 '서울'이 자본과 권력을 상징하는 공간으로 새롭게 구성되는 혼란의 시기였다. 1968년 1월, 북한 무장 게릴라 31명 서울 침입, 8월 통일혁명당 사건, 1969년 학생들의 3선개헌 반대운동, 1971년 제7대 대통령 선거, 박정희 3선, 1972년 7·4 남북공동성명 발표, 12월 북한의 사회주의 헌법 채택, 김일성 국가주석 체제 성립, 한국 유신헌법 공포, 1973년 8월 김대중 납치 사건, 1974년 4월 민청학련 사건, 8월 박정희 저격 사건(문세광 사건), 1975년 4월 인민혁명당 8인 사형 등 수많은 정치적 사건이 바로 이 시기에 일어났다.[17]

1960~70년대 서울의 재탄생은, 한국이 급격한 경제성장과 자본 축적을 토대로 산업사회로 진입하고 나아가 세계 자본주의체제에 편입하는 과정과 비슷하다. 1960년대 초반까지만 해도 한국전쟁의 상처가 남아 있었지만, 그 이후 한국 사회는 급격한 정치, 경제적 변화의 시기를 겪었다. 그 '역동적인 과정의 상징적인 축약도'가 바로 '서울'이라는 공간이다.[18] "서울은 겉보기에는 분명 화려한 변모를 이루었지만, 그래도 '서울이란 무엇인가', '서울은 무엇을 상징하고 있

16 이회성은 서승, 서준식 형제가 당시 재일조선인 청년상의 전형으로서 작품 창작에 많은 시사점을 준 것은 사실이지만, 주인공 조남식과는 사상적인 면이나 시기, 내용적으로도 차이가 있으며, 서 형제를 모델로 하지는 않았음을 에세이에서 밝히고 있다.《青春と祖國》, 214쪽.

17 文京洙,《韓国現代史》略年表, 岩波新書, 2005, 11쪽 참조.

18 송은영,《현대도시 서울의 형성과 1960-70년대 소설의 문화지리학》, 연세대학교 대학원, 2008, 2쪽.

는가' 하는 폭탄과도 같은 문제를 안고 있는 도시야"(1권, 128쪽), "지금 의 서울은 겉만 번지르르하지 열매를 맺을 수 없는 수꽃이야. 한국 경제의 모순이 집중적으로 나타나 있는 곳이 바로 서울이지. 우리나라 경제는 미국과 일본이 손을 떼면 와르르 무너져 버릴 만큼 허약한 식민지적 산업구조를 가지고 있어"(1권, 130쪽). 서울은 이렇게 당시 "한국 사회의 모든 현상들이 모이고 가로지르는 집합적 교차점이자 대표적 상징물"[19]로 그려지고 있다. 작품 속에서 서울은 단순히 정치적 혁명을 이루기 위한 목적지가 아니라, 양쪽으로 분열된 남북한과 그 분열된 원으로 흡수된 재일조선인 청년들의 연대를 가능하게 하는 중심 공간으로 상징화되고 있다. 작품의 주인공 남식이 조국에 유학하러 왔을 때, 박채호가 제일 먼저 그를 안내해 준 곳이 바로 남산공원이었다는 점은 매우 상징적이다. 당시 '서울'을 한눈에 내려다볼 수 있었던 남산은 인구 6백만에 달하는 규모를 자랑하고 있었으며, 네온사인으로 화려함을 장식하고 있었지만, 그 이면에는 부정과 부패, 국가의 폭력과 권력이 집중되어 있는 '모순의 장소'였다.

이러한 '서울'을 활동 배경으로 해서 이 소설에는 두 가지 형태의 서로 다른 혁명가들이 등장한다. 하나는 북한의 김일성주의에 뜻을 모아 서울로 온 사람들이고, 다른 하나는 한국인에 의한 토착 사회주의혁명을 이루고자 하는 청년들이다. 즉, 북한의 사회주의가 아닌 남한의 사회주의를 꿈꾸는 사람들이며 남한의 현실에 맞는 남한의 민중들에 의한 사회주의를 주장하는 토착 사회주의자들이다.

남한의 역사와 정치적 조건에 맞지 않은 혁명 방식은 모두 조화造花

---

19   송은영, 《현대도시 서울의 형성과 1960-70년대 소설의 문화지리학》, 3쪽.

에 불과하니까. 그런 가짜 꽃은 대지의 영양분을 빨아들여 나무가 되고 숲이 되어 갈 수는 없지. 이제부터는 실천의 무기가 되는 혁명을 모색해야 할 단계이고, 그 주역은 어디까지나 한국 민중이라고 생각하네.(《금단의 땅》1권, 309쪽)

작품 속에서 박채호를 통해 말하고 있듯이, '토착 사회주의' 사상은 남한의 혁명이 한국 민중의 주체적인 힘으로 수행되어야 한다는 데 있다. '토착 사회주의' 사상은 북한 체제에 대한 반대에서 생겨난 것이 아니라 남한 내부의 요구 속에서 생겨났다는 것이다. 토착 사회주의가 생각하고 있는 남한혁명의 기본 임무는 '첫 번째는 전두환으로 대표되는 유신 세력을 무너뜨리고 정치, 경제, 사회, 문화의 여러 분야에 민주주의를 정착시키고자 하는 것이며, 두 번째는 그 민주주의를 통해 경제의 사회주의화를 모색한다'는 것이다.

남식은 박채호와 함께 있는 동안에, 잠자고 있던 자신의 정신이 조국의 손길에 의해 조금씩 눈을 떠 가는 듯한 기분을 느꼈다. 그것은 한 개인의 영향을 받고 있다기보다, 조국이라는 커다란 존재에 의해 눈을 뜨고 그 품 안에 안기는 듯한 기분이었다. 커다란 5천만의 원. 3,300만을 포용하고 1,500만과 합류하여, 60만을 끌어당기고 있는 커다란 원….(《금단의 땅》1권, 312쪽)

인용문에서도 알 수 있듯이 박채호의 사상적 영향을 받은 남식이 서울 유학을 결심한 것은 비록 일본에서 태어났지만 자신에게 본토의 사람들이 할 수 없는 어떠한 역할이 있을지도 모른다고 생각했기 때문이다. "5년 전 남산전망대에서 바라본 서울을 머릿속에 아득

하게 떠올려 보았다. 그때 남식은 부옇게 떠오른 서울 거리를 눈부
신 듯이 바라보았었다. 무엇보다도 기뻤던 것은, 저 거리 구석구석
에 같은 동포가 살고 있다는 신선한 느낌"(2권, 226쪽)이었다. 박채호를
통해 이런 단순한 사실에 감동했던 남식이지만, 옥중에 갇힌 그를
엄습해 온 것은 결국 '도대체 왜 나는 이런 조국으로 건너온 것일까',
'과연 이 조국은 목숨을 던질 만큼 가치가 있는 나라였던 것일까?',
'조국에 대한 동경과 희망을 이런 형태로 돌려주는 것이 조국의 진
정한 모습은 아니었을까' 하는 인간적 절망이었으며 후회와 원망이
었다.

하늘은 드넓게 땅을 덮고 있었다. 도심지 쪽 밤하늘이 불그스름한
색깔로 물들어 있었다. 아직 11시 전이니까, 술집이나 유흥가는 흥청
대고 있을 것이다. 불가사의한 서울. 아무리 두들겨 맞고 짓밟혀도 사
람들은 살아간다. 집에 돌아가기가 아쉬워서 한잔 술에 얼근히 취해 노
래자랑이라도 한바탕 하고 싶어 하는 회사원의 모습도 서울의 얼굴이
고, 객석을 누비며 껌을 파는 야간학교 여학생이나 어린애의 모습도 서
울의 얼굴이었다. 그러나 이 우울한 사람들에게 있어서, 서울은 영원히
아름다운 마음의 거리다. 서울은 자기의 삶과 죽음의 장소, 비참한 기
억과 희망찬 내일을 사람들의 가슴속에 새겨 주는 곳이다. 때로는 이
혼잡한 거리에서 도망치고 싶은 충동을 느끼지만, 너무 정이 들어서 차
마 떠날 수 없는 서울.(《금단의 땅》 2권, 306쪽)

이 작품은 독재정권에 반대하는 사회 분위기가 고조되었을 때 이
에 대한 엄격한 탄압이 전개되던 1970년대를 배경으로 하여 '서울
을 재구성'하고 있다. 바흐친Mikhail Bakhtin에 의하면 다성성은 텍스

트에서 저자가 차지하고 있는 지위와 관련된 것인데, 다성적 소설은 "독립적이며 병합되지 않은 목소리들과 의식들의 복수성, 즉 완전히 정당성을 갖는 목소리들의 진정한 다양성"을 특징으로 한다.[20] 인용문에서 알 수 있듯이 도시와 농촌의 위계화, 재벌과 노동자계급의 격차, 암울함과 화려함을 동시에 보여 주는 도시의 양면성, 판자촌·빈민굴과 대비되는 고층빌딩, 이렇게 역사와 현재가 공존하는 상징적 공간이 바로 '서울'이었다. 이곳 '서울'은 서로 다른 의식을 가지고 목소리를 내는 혁명 청년들의 행위와 관계를 통해 저자의 상상력이 집약된 사회적 공간으로서 재생산되고 있었다.

《이루지 못한 꿈》 속의 재일 청년들은 저자에 의해 만들어졌지만, 작품 속의 등장인물들은 당시 남북한의 정치 상황과 재일조선인 사회와의 관계를 두고 다양한 목소리를 내며 서로 대립하고 있다.

1970년대 서울은 독재정권이라는 어두운 시대 아래에 있었으며, 이러한 한반도의 정치 상황을 배경으로 하고 있는 이 소설 속에서 '서울'은 조국에 희망을 걸었던 재일조선인 청년들에게 독재정권에 의해 '억압된 다성성'의 공간이었음을 알 수 있다.

경계넘기를 통한 장소 생산과 장소 착오
: 이양지의 《유희由熙》

이양지는 1988년 서울대학교 국어국문학과를 졸업하고 이화여자대학교 대학원 무용학과에 입학한다. 그해 작품 《유희》를 《군상》 11

---

20 게리 솔 모슨·캐릴 에머슨, 《바흐친의 산문학》, 오문석·차승기·이진형 옮김, 앨피, 2020, 423쪽.

월호에 발표한다. 그리고 1989년《유희》가 제100회 아쿠타가와상芥川賞을 수상하면서 이양지는 한국과 일본에서 주목받는 여성 재일작가로 이름을 알리게 된다.

1980년대 재일조선인 사회에서 모국의 전통 예능이나 모국어를 배우는 개인적인 노력을 통해 민족적 아이덴티티를 회복하려는 시도는 특히 신세대의 적극적인 자기 찾기의 방법 중 하나였다. 그리고 많은 젊은 재일조선인이 조국을 방문하고 그곳에서 생활하며 모국어를 습득함으로써 민족적 아이덴티티의 기반을 견고히 하고자 했다.[21]

작품《유희》는 서울대학교에서 언어학을 전공하는 유학생 유희가 학교를 중퇴하고 일본으로 돌아간 이야기를, 유희가 하숙을 했던 하숙집의 주인인 '숙모'와 조카 '나'를 통해 그리고 있다. 흥미로운 점은 작품 속에서 작가-서술자-주인공(유희)의 관계를 복잡하게 구조화하고 있다는 점이다. 작가는 서술자이면서 동시에 주인공 '유희'이기도 한데, 한국인으로서의 작가가 '서술자'라면 일본인으로서의 작가는 유희에 투영되어 있다. 특이하게도 작품 속에 유희는 직접 등장하지 않고 서술자인 '나'와 숙모의 기억을 통해 재구성되고 있다. 작가는 여러 명의 등장인물의 의식 속으로 들어가 내면을 직접적으로 서술하면서 심리를 그대로 묘사하는 방식을 취하고 있다.

숙부가 세상을 떠나고 '나'와 숙모 두 사람이 함께 생활하던 집에 재일조선인 유희가 하숙생으로 들어오면서 세 사람의 관계가 시작된다. 서술자와 숙모가 처음 유희를 맞아들일 때 주고받는 대화를 보면 "착실한 학생이었으면 좋겠는데, 지저분하거나 시끄러운 학생

---

21 金熏我,《在日朝鮮人女性文学論》, 作品社, 2004, 108쪽.

은 곤란하겠지. 그리고 사상적으로도 일본에서 왔다니까 위험한 일이 있을지도 모르지. 일본에는 북쪽의 조총련이 있으니까. 한국에 유학 와 있는 재일동포 학생들은 거의가 이태원 언저리서 놀기만 하고 조금도 공부는 하지 않는다"(23쪽).[22]고 하는 당시 재일조선인에 대한 한국인의 의식을 엿볼 수 있다. 이처럼 두 사람 역시 처음에는 재일조선인에 대해 경계하는 태도를 보이지만, 그 경계심은 죽은 남편의 대학 후배이자 같은 민족이라는 동질감으로 변하면서 유희를 가족처럼 따뜻하게 받아들인다. '나' 역시 "내성적이고 쉽게 남에게 마음을 터놓지 못하는 자신과 닮았다"고 생각하며 유희에게 친근감을 느낀다. 그러나 이러한 친근감은 동시에 같은 민족에 대한 강한 애착과 집착으로 이어지고, 유희에게 진정한 '한국인'이 될 것을 강요하기노 한나.

나는 말이죠, S대 학생이 무엇 때문에 군이 이렇게 먼 동네에다 하숙을 구하려 하는 걸까 생각해서 물었어요. 여기서는 S대학까지 버스로 1시간 이상은 걸리니까요. 갈아타기도 해야죠, 그러니 통학하기가 고생 아닙니까. 그런데, 좌우지간 이 일대가 마음에 들기 때문이라는 거예요. 인상은 좋은 학생이에요. 하숙을 여러 번 바꾼 끝에 이제야 여기다 하고 생각되는 동네를 찾았다는 겁니다. 모국에 와서 꽤 불편스런 일을 겪은 모양이지요.(21쪽)

이렇게 좋은 집은 아니었어요. 이렇게 조용한 동네도 아니었고요. 나

22 본문은 《〈在日〉文学全集》第8巻, 李良枝, 勉誠出版, 2006을 참조하되, 인용은 이양지, 《유희》, 김유동 옮김, 삼신각, 1989에 따름. 이하 쪽수만 표기함.

는 한국 와서 하숙을 여덟 번 바꿨어요. 대학 기숙사는 가기 싫었거든
요. 한국을 알기 위해서는 일반 사람들의 집에 있는 편이 좋고, 생활에
도 빨리 익숙해질 것이라고 생각했기 때문이에요. 그래서 하숙에 있었
지요(31쪽).

인용문에서 알 수 있듯이, 유희는 한국 생활에 익숙해지기 위해
기숙사에 들어가지 않고 일부러 하숙집을 찾아 여기저기 옮겨 다니
다가 지금의 하숙집에 오게 되었다고 말한다.

'나'와 유희가 함께 책상을 사러 가던 어느 날 유희는 버스 안에
서 참을 수 없는 정신적인 혼란 상태에 빠진다. 한국 사람들의 목소
리와 행동이 모두 소음으로 들리고, 무차별적인 폭력으로 유희에게
느껴지는 것이다. 유희를 괴롭히고 목적지까지 가지 못하게 한 것은
다름 아닌 잡담과 소음과 매섭게 찬 바람, '서울' 광경 모두의 탓이었
다. 유희의 행동은 재일조선인으로서 이질적인 한국과 한국 문화에
대한 부적응 현상을 넘어 '서울'이라는 장소가 가지고 있는 불안정
성을 상징적으로 보여 주고 있다.

'서울' 유학을 통해 조국의 경계 안으로 들어옴으로써 자신의 정
체성을 확인하려는 유희의 노력은 결국 대학을 중도에 포기하고 귀
국함으로써 실패로 끝난다.

학교 수업 외에는 좀처럼 밖에 나가지 않고 하숙집의 자기 방에서
일본어와 함께 시간을 보내 왔던 유희는 한국어를 더욱 자기 것으로
만들고 좀 더 한국(조국)에 가까워지려고 한 것이 아니라, 오히려 그
반대였던 것이다. 일본어를 사용함으로써 자기 자신을 확인하고, 자
신을 안심시키고 위로하기도 하며, 또 무엇보다도 자신의 생각을 일
본어로 생각하려 했다. 이렇게 이중적인 유희의 '서울' 생활은 조용

하고 안정적이며 배려심 있는 지금의 하숙집, 즉 제한된 공간 '서울'에서만 가능했다.

> 이 나라에 머무른 보람이 있었어요. 나는 이 집에 있었던 거예요. 이 나라가 아니라 이 집에 말예요.(61쪽)

> 아주머니와 언니의 목소리가 좋아요. 두 사람의 한국말이 좋아요. 두 사람이 하는 한국어는 모두 쏙 하고 몸 안으로 들어오거든요.(82쪽)

인용문의 유희의 말을 통해 알 수 있듯이, 유희의 조국 체험은 서울 안에서도 '하숙집'이라는 공간으로 한정되어 있었다. '하숙집'이 있는 동네를 산책하며 이곳은 '서울' 같지 않다고 느끼는 유희에게 서울은 고향이면서도 타국일 수밖에 없는 분열된 공간이었다.

무엇인가 또는 누군가가 '제자리를 벗어나' 있다고 판단되면 그것은 '경계넘기'를 행한 것이고, 넘어서게 되는 선은 종종 지리적인 선이자 사회문화적 경계를 의미한다. 경계넘기는 그 일을 저지른 사람이 의도한 것일 수도 있고 아닐 수도 있지만, 그것은 그 행위로 인해 고통받는 누군가에 의해 경계넘기로 보일 수 있다.[23]

유희는 일본에 있으면서 새로운 모국과 모국어에 대한 기대를 가지고 '서울 유학'이라는 경계넘기를 시도하였다. 그러나 서울 체험은 유희로 하여금 '제자리를 벗어나' 있다고 느끼게 만들고, 결국 잘못된 장소에 와 있는 것 같은 '장소착오'를 경험하며 유희의 유학 생활은 마무리된다.

---

23 팀 크레스웰, 《장소》, 159~160쪽.

대부분의 디아스포라들이 고향과의 심리적, 문화적 관계를 유지하지만, 그들이 모두 고향 땅으로의 회귀를 궁극적인 목표로 삼지는 않는 것처럼, 고향에 대한 향수 역시 고향 땅으로 돌아가고자 하는 욕망과는 별개의 것이 된다. 오히려 그 향수는 어디에서든지 자신이 뿌리내리며 살아갈 수 있는 집에 대한 욕망이라고도 할 수 있다.[24]

1980년대 민주화 이후 국내 정세는 급변했지만 한국인들의 의식 속에는 여전히 재일조선인을 외국인으로 바라보는 시선이 남아 있었다. 그런 본국인들의 시선 속에서 재일조선인 유학생 유희는 일본에 있으면서 한국인으로서 조국을 마음속에 그려 왔듯이, 한국에 있으면서 또 다시 일본을 생각할 수밖에 없었던 것이다. 1970년대의 정치적인 시대를 지나 1980년대 후반의 '서울'은 새로운 전환기 속에 있었지만 유희에게는 여전히 불안정하고 혼재된 낯선 공간이었고, 결국 유희는 일본과 한국 사이의 경계넘기의 한계를 극복하지 못한다. 1980년대 서울을 체험하는 재일조선인 유학생에게 더 이상 '서울'은 정치적으로 억압받는 장소는 아니었지만, 심리적으로 정착할 수 없는 여전히 분열된 장소였던 것이다.

재일서사와 모빌리티, 그리고 '서울'의 생산

지금까지 재일조선인 작가 이회성의 작품 《이루지 못한 꿈》과 이양지의 《유희》를 통해 공통적으로 주인공들이 '유학'이라는 이동 형태로 서울을 경험하고 상상하는 방식을 통해 재일서사가 생산한 '서울' 표상에 대해서 살펴보았다.

---

24 임경규, 《집으로 가는 길》, 앨피, 2018, 42쪽.

근대화, 도시화 과정을 거치면서 '서울'은 대한민국의 중심적인 장소이자 양면성과 다양성이 공존하는 장소로 자리 잡았다. 두 작품은 재일서사가 이러한 '서울'을 재현하면서 허구적으로 상징화하는 방식, 여러 등장인물들의 의식과 행위, 그리고 그 관계를 통해 '서울'이 하나의 사회적 공간으로서 어떻게 만들어지는지를 보여 주고 있다. 이회성과 이양지의 작품에서 시대적인 차이를 두고 생산된 '서울'의 이미지는 재일조선인에게 모순적이고 역설적이며 한국과 일본, 고향과 타국, 모국과 이향이라는 두 개의 이미지가 중첩되면서 다성성의 공간, 분열된 장소로 생산되고 있다.

이회성의 소설 속에 재현된 '서울'은 단지 국가 행정의 중심으로 기능하는 것이 아니라, 한국 사회를 둘러싸고 관계하는 모든 자본과 인간, 정보, 문화, 욕망까지 모두 집약된 상징의 공간이었다. 재일 지식인들이 바라본 '서울'의 이미지는 1970년대라는 한반도의 어두운 시대가 안고 있던 정치 그 자체의 축약이자 정치적 문제를 대변하는 '다성성의 공간'으로 생산되었던 것이다. 《유희》에서 조국 '서울'의 이미지는 '하숙집'으로만 한정되었으며, '하숙집' 밖에서 체험하는 서울의 모습과 서울의 언어, 사람들의 목소리는 모두 유희에게 폭력적으로 다가오면서 '분열된 서울'의 모습으로 생산되고 있다.

탈구된 상태에 있는 존재, 어디에도 소속되지 못하고 안주하지 못하는 이동적 존재, 정신적으로 흔들릴 수밖에 없었던 작품 속의 주인공들이자 재일 2세들에게 '서울' 체험은 더 이상 고향에 대한 향수나 떠나온 집 찾기를 위한 행위가 아니었다. 그것은 '유학'이라는 형태를 통해 그들이 새롭게 모국의 이미지와 조국의 상징적 공간으로서의 '서울'을 생산하는 과정이었던 것이다.

참고문헌

이양지,《유희》, 김유동 옮김, 삼신각, 1989.

이회성,《금단의 땅》1권, 이호철 · 김석희 옮김, 미래사, 1988.

_____, 이호철 · 김석희 옮김,《금단의 땅》2권, 미래사, 1988.

_____, 이호철 · 김석희 옮김,《금단의 땅》3권, 미래사, 1988.

磯貝治良, 黒古一夫 編,《〈在日〉文学全集》第8卷, 李良枝, 勉誠出版, 2006.

李恢成,《見果てぬ夢》1, 講談社, 1977.

_____,《見果てぬ夢》2, 講談社, 1978.

_____,《見果てぬ夢》3, 講談社, 1978.

_____,《見果てぬ夢》4, 講談社, 1978.

_____,《見果てぬ夢》5, 講談社, 1978.

_____,《見果てぬ夢》6, 講談社, 1979.

게리 솔 모슨 · 캐릴 에머슨,《바흐친의 산문학》, 오문석 · 차승기 · 이진형 옮김,
    앨피, 2020.

김남주, 〈차이의 공간을 꿈꾸며: 공간의 생산과 실천〉,《공간과 사회》14, 2004.

金壎我,《在日朝鮮人女性文学論》, 作品社, 2004.

文京洙,《韓国現代史》, 岩波新書, 2005.

서경식,《디아스포라기행》, 김혜신 옮김, 돌베개, 2010.

송석원, 〈갈등과 적응의 진자(振子)운동: 올드커머 재일한인과 일본 사회〉,《翰林
    日本學》28, 2016.

송은영,《현대도시 서울의 형성과 1960-70년대 소설의 문화지리학》, 연세대학교
    대학원, 2008.

앙리 르페브르,《공간의 생산》, 양영란 옮김, 에코, 2014.

에드워드 렐프,《장소와 장소상실》, 김덕현 외 옮김, 논형, 2005.

임경규,《집으로 가는 길》, 앨피, 2018.

임유경, 〈일그러진 조국—검역국가의 병리성과 간첩의 위상학〉,《현대문학의 연

　구》 55, 2015.

임채완 외, 《재일코리안 디아스포라 문학》, 북코리아, 2012.

존 리, 《자이니치》, 김혜진 옮김, 소명출판, 2019.

팀 크레스웰, 《장소》, 심승희 옮김, 시그마프레스, 2012.

모빌리티 텍스트학

2021년 1월 29일 초판 1쇄 발행

지은이 ┃ 이진형 마리아 루이사 토레스 레예스 유가은 권유리야
　　　　 김수철 함충범 우연희 김주영 박인성 양명심 박종명
펴낸이 ┃ 노경인 · 김주영

펴낸곳 ┃ 도서출판 앨피
출판등록 ┃ 2004년 11월 23일 제2011-000087호
주소 ┃ 우)07275 서울시 영등포구 영등포로 5길 19(양평동 2가, 동아프라임밸리) 1202-1호
전화 ┃ 02-336-2776 팩스 ┃ 0505-115-0525
블로그 ┃ bolg.naver.com/lpbook12
전자우편 ┃ lpbook12@naver.com

ISBN 979-11-90901-18-5